Hikeline
Wanderführer

W0078431

Rund um Hamburg

Die 50 schönsten Wanderungen in und um Hamburg

VERLAG**ESTERBAUER**

Hikeline®-Wanderführer
Rund um Hamburg
© 2013-2021, **Verlag Esterbauer GmbH**
A-3751 Rodingersdorf, Hauptstr. 31
Tel.: +43/2983/28982-0, Fax: -500
E-Mail: hikeline@esterbauer.com
www.esterbauer.com
3. überarbeitete Auflage 2021
ISBN: 978-3-85000-944-7

Bitte geben Sie bei jeder Korrespondenz
die Auflage und die ISBN an!

Dank an alle, die uns bei der Erstellung dieses Buches tatkräftig unterstützt haben, im Besonderen an: M. Maderner; S. Trost; F. Schlinzig; V. Blohm; S. Trost

Das *Hikeline*-Team: Birgit Albrecht-Walzer, Katharina Amon-Schneider, Sabine Bacher-Baumgartner, Beatrix Bauer, Michael Binder, Veronika Bock, Petra Bruckmüller, Roland Esterbauer, Dagmar Güldenpfennig, Martina Kreindl, Ingrid Leidinger, Gregor Münch, Mario Nakić, Karin Neichsner, Carmen Paradeiser, Manuel Randa, Petra Schartner, Sonja Schleifer, Petra Schnetz, Christian Thoren, Isabella Tillich, Martin Trippmacher, Daniel Welser, Carina Winkelhofer, Martin Wischin, Wolfgang Zangerl

Umschlagbild: Tobais Klein
Bildnachweis: Andre Leisner - stock.adobe.com: S.120; BjörnWenglerFotografie: S.242, S.244; © Carl-Jürgen Bautsch - fotolia: S.147; Eisenbahnen und Verkehrsbetriebe Elbe-Weser GmbH: S.194; Elke Hötzel - stock.adobe.com: S.98; fotoselect - stock.adobe.com: S.136; Freilichtmuseum am Kiekeberg: S.180; Gregor Münch: S.60, S.85, S.96; Inselstadt Ratzeburg: S.110; Kara - stock.adobe.com: S.38; Markus Belz: S.11, S.76, S.79, S.82, S.83, S.87, S.88, S.114, S.116, S.124, S.134, S.140, S.142, S.143, S.165; Martin Trippmacher: S.36, S.189; MaT : S.225; © NEWS&ART - fotolia: S.158; Nora Ludolph : S.197; pixabay: S.22, S.40, S.46, S.48, S.56; © pure-life-pictures - fotolia: S.166; pure-life-pictures - stock.adobe.com: S.71; © Ralf Gosch - fotolia: S.218; © ruzi - Fotolia: S.61; Samtgemeinde Hollenstedt: S.202, S.204, S.205; Schneverdingen Touristik : S.239; © SergiyN - fotolia: S.13; Stadtinformation Buxtehude: S.182; Stadt Ratzeburg: S.106; Sven Siebauer - stock.adobe.com: S.138; © TELCOM-PHOTOGRAPHY - Fotolia: S.127; © Thomas Reimer - Fotolia: S.94; Tobias Klein: S.7, S.10, S.11, S.51, S.52, S.90, S.91, S.92, S.100, S.101, S.103, S.130, S.154, S.156, S.159, S.206, S.209, S.210, S.214, S.216, S.220; Touristikverband Landkreis Rotenburg: S.241; Tourist-Info Amelinghausen : S.222; Udo Fischer: S.245; © Visions-AD Fotolia: S.15; Wolfgang Zangerl: S.10, S.20, S.24, S.27, S.28, S.30, S.32, S.45, S.47, S.53, S.54, S.58, S.64, S.68, S.69, S.131, S.148, S.150, S.161, S.162, S.175, S.176, S.178, S.230, S.236, S.237

Vorwort

Rund um die Freie und Hansestadt Hamburg gibt es abwechslungsreichere und spannendere Landschaften, als man vielleicht erwartet. In geringer Distanz zur Elbmetropole oder direkt im Stadtgebiet finden sich idyllische Landstriche, in denen Sie eindrucksvolle Wanderungen unternehmen können.

Die Natur ist hier voller Vielfalt: In der flachen Marsch reicht Ihr Blick bis zum Horizont, andernorts hinterließen Moränen hügelige Landschaften, von deren höchsten Erhebungen sich großartige Blicke ins Umland eröffnen. Und immer wieder finden sich Seen und Moore, Wald und Heide entlang des Weges.

Präzise Karten, genaue Streckenbeschreibungen, zahlreiche Stadt- und Ortspläne, Hinweise auf das kulturelle und touristische Angebot der Region – in diesem Buch finden Sie alles, was Sie zu einer Wanderung rund um Hamburg brauchen – außer gutem Wetter, das können wir Ihnen nur wünschen.

Kartenlegende

* in Auswahl

Wanderweg auf Hartbelag
z. B.: befestigter Fußweg • ruhige Anliegerstraße

Wanderweg
breiter oder gut begehbarer Weg
z. B.: Wald- und Forstweg

Wandersteig, Pfad
schmaler Weg/Pfad • Wiesenweg

Klettersteig, Kletterstelle
• schwierige Stelle
• Trittsicherheit erforderlich
• Leiter

Verkehrsreicher Abschnitt
Strecke auf oder direkt an Straße mit starker Verkehrsbelastung

Variante, Alternativstrecke
z. B.: Ausflüge • Abkürzungen • Ein- oder Ausstiege • alternative Hauptroute

Anschlussetappen und weitere Touren

Wanderweg geplant

Wanderweg gesperrt

Tunnelstrecke, Unterführung

Fährverbindung; Lift

Stadt-/Ortsplan

Routenverlauf; Wegpunkt

Gefahrenstelle; Text beachten

Treppe

Tourist-Information

Hotel, Pension; Jugendherberge

Campingplatz; Zeltplatz

Gasthaus

Einkaufsmöglichkeit; Kiosk

Erlach sehenswerter Ort

Einrichtung im Ort vorhanden

sonstige Sehenswürdigkeit

sehenswerte Kirche; Kapelle

sehenswertes Kloster

sehenswerte Synagoge; Moschee

sehenswerte/s Schloss, Burg

sehenswerte Ruine

sehenswertes Denkmal; Wegkreuz

sehenswerte/s Bergwerk; Höhle

sehenswerter Turm; Leuchtturm

sehenswerte Wassermühle; Windmühle

sehenswertes/r Kraftwerk; Flughafen

Museum

Ausgrabung; Römische Objekte

Tierpark; Natur-Information

Naturpark; sonstige Natursehenswürdigkeit

Aussichtspunkt

Rastplatz; Unterstand

Schutzhütte; Grillplatz

Wanderparkplatz

Brunnen*

Freibad, Badestelle; Hallenbad

Bushaltestelle*

Maßstab 1 : 50.000

1 cm ≙ 500 m   1 km ≙ 2 cm

0   1   2   3   4 km

ᛣ ᛤ Kirche; Kapelle	Wald; Wiese, Weide
ᛞ Kloster	Nassfläche, Sumpf, Moor; Heide
ᛠ ᛡ Synagoge; Moschee	Weinbau; Garten
ᛢ Schloss, Burg	Friedhof; Sand, Düne
ᛣ Ruine	Steinbruch, Tagebau; Gletscher
ᛤ Denkmal	Fels; Schutt
✝ Wegkreuz	Gebäude; Siedlungsfläche
⤬ Bergwerk	öffentl. Gebäude; Industriegebiet
⊓ Höhle	See/Staumauer/Fluss
⊓ historischer Grenzstein, Römerstein	Autobahn
⌂ Grabanlage, Hügelgrab	Schnellverkehrsstraße
ᛥ ᛦ Turm; Leuchtturm	Fernverkehrsstraße
✳ ᛧ Wassermühle; Windmühle	Hauptstraße
ᛨ Funk-, Sendeanlage	untergeordnete Hauptstraße / Pass
ᛩ Kraftwerk	Nebenstraße / Höhenpunkt
⚡ Umspannwerk, Trafostation	Fahrweg; Weg
ᛪ Windkraftanlage	Pfad; Fähre
◯ Sportplatz, Stadion	Eisenbahn / Bahnhof; S-Bahnhof
🏃 🏃 Golfplatz; Tennisplatz	Eisenbahn stillgelegt; Nebenbahn
⊗ ⊛ Flughafen; Landeplatz	Straßenbahn / Haltepunkt; Bergbahn
᛫ Quelle	Materialseilbahn; Sessellift
⌒ Kläranlage	Staatsgrenze / Grenzübergang
⛴ ⊂ Schiffsanleger; Schleuse	Landesgrenze

Autobahn-Symbole: A13, B12, B236

Pass (820 m)

550

Nur in Ortsplänen	Kreisgrenze, Bezirksgrenze
🅿 Parkplatz	Damm
🅿 Parkhaus/Tiefgarage	Stadtmauer, Mauer
✉ Post*	Kanal
🅰 Apotheke*	Naturpark, Nationalpark
🏥 Krankenhaus	Truppenübungsplatz, Sperrgebiet
🚒 Feuerwehr	Höhenlinie 100m
🚓 Polizei	Höhenlinie 25m
🎭 Theater*	Kilometerraster
	mit UTM-Koordinaten

Inhalt

Im Großen und Weißen Moor bei Rotenburg (Wümme)

Rund um Hamburg

Im Umland von Hamburg finden sich die unterschiedlichsten Landschaftsformen mit einer ganzen Reihe landschaftlicher Schönheiten. Da gibt es zum einen die flache Marsch, die ohne Erhebung meist auf Höhe des Meeresspiegels liegt und durch Verlandung von Watt entstanden ist. Die etwas höher liegende Geest hat ihren Ursprung in der Eiszeit und entstand durch Sandablagerungen. Im Schleswig-Holsteinischen Hügelland im Nordosten, geprägt durch Jungmoränen, finden sich wie auch in der Lüneburger Heide im Süden zahlreiche Erhebungen. Schließlich gibt es viele Moore und Wälder – und natürlich den imposanten Mündungstrichter der Elbe.

Die meisten der in diesem Buch beschriebenen Wanderungen führen in Naturoasen, die Ruhe und Erholung bieten. Bei der Auswahl der Touren wurde zudem darauf Wert gelegt, dem Wanderer kulturelle Schätze näherzubringen, die rund um Hamburg in großer Zahl zu finden sind. Nicht zuletzt sind es die kulinarischen Genüsse, die einen Wandertag krönen. Dieser Wanderführer enthält eine Bandbreite an Informationen, von Anreisemöglichkeiten bis zu Hinweisen auf Landgasthöfe und idyllische Biergärten. Wir hoffen, dass dieses Buch Ihnen ein wertvoller Begleiter auf vielen erlebnisreichen Touren sein wird!

Streckencharakteristik

Tourenlänge

Die 50 Wandertouren, die in diesem Buch beschrieben werden, sind überwiegend zwischen 5 und 20 Kilometer lang und für durchschnittliche Wanderer gut zu bewältigen. Bei einigen Wanderungen besteht die Möglichkeit, sie in ihrer Länge den individuellen Vorlieben anzupassen. Außerdem kann ausreichend Zeit für Sehenswürdigkeiten am Wegesrand oder für kleine Abstecher eingeplant werden. Eine Wanderung – die Tour 48 – hat eine Länge von 46 Kilometern und ist als 2-Tages-Tour gedacht. Alle Touren zusammen kommen auf eine Gesamtlänge von 631 Kilometern.

Streckenstatistik

Länge der Hauptstrecken: 631 km

Aufstieg: 4.396 m Abstieg: 4.409 m

Hartbelag: 31 % Wanderwege: 48 % Wanderpfade: 21 %

Summe aller Strecken: 695 km

Höhenmeter

In dem recht flachen Hamburger Umland weisen die Touren keine größeren Steigungen auf, sie verlaufen meist auf einer Höhe zwischen 0 und 100 Metern. Es gibt einige wenige Touren mit etwas längeren Anstiegen, wie z. B. auf den Brunsberg (Tour 44) oder auf den Wilseder Berg (Tour 48), die 200-Meter-Marke wird jedoch nie überschritten. Tour 32 entlang des Geesthangs bei Geesthacht, Tour 37 durch die Schwarzen Berge sowie die Tour 48 in der Lüneburger Heide führen durch eine leicht hügelige Landschaft, sodass hier jeweils 250 Aufstiegsmeter und mehr zu bewältigen sind.

Wegweisung

Die meisten der Touren sind markiert, wobei die Beschilderung in ihrer Qualität sehr unterschiedlich ausfällt. Neben Rund- oder Streckentouren mit einheitlicher und zuverlässiger Markierung gibt es Routen, die eine wechselnde regionale Wegweisung haben. Nur wenige Wanderungen – zumeist zu speziellen Ausflugszielen – weisen gar keine Markierung auf. Hinweise zur Beschilderung der jeweiligen Tour finden Sie auf den Toureninfo-Seiten zu Beginn jeder Tour sowie im Routentext.

Anforderungen

Der Großteil der Routen verläuft auf gut begehbaren Wanderwegen. Bei einigen Touren kommen kurze Abschnitte vor, die etwas verwachsen sein können oder bei Nässe schwieriger begehbar sind, darauf wird im Text aber gesondert hingewiesen. Vor allem im Sommer gibt es auch kurze sandige Bereiche. Empfehlenswert ist speziell für die etwas längeren Routen die Benutzung von Wanderschuhen. Tour 6, Tour 14 und Tour 16 weisen einen hohen Anteil an Asphaltbelag auf.

Entlang der meisten Touren bieten ausreichend Raststellen eine Gelegenheit zur ausgiebigen Pause. Auch Restaurants, Imbisse oder Hofläden gibt es reichlich, achten Sie bei der Tourenplanung jedoch auf die Öffnungszeiten. Zum Redaktionsschlusse Ende 2020 konnten diese leider nicht zuverlässig für die Zukunft recherchiert werden.

Tourenplanung

Infostellen

Hamburg Tourismus GmbH, Wexstr. 7, 20355 Hamburg, ☎ 040/30051701, Fax: 040/30051333, info@hamburg-tourism.de, www.hamburg-tourism.de

Hamburg Information am Hauptbahnhof, Hauptausgang Kirchenallee

Tourist-Information am Hafen, St.-Pauli-Landungsbrücken zwischen Brücke 4 und 5

Tourismus-Agentur Schleswig-Holstein GmbH, Wall 55, 24103 Kiel, ☎ 0431/60058-3, Fax: 0431/60058-44, info@sh-tourismus.de, www.sh-tourismus.de

TourismusMarketing Niedersachsen GmbH, Essener Str. 1, 30173 Hannover, ☎ 0511/27048840, Fax: 0511/27048888, info@tourismusniedersachsen.de, www.reiseland-niedersachsen.de

Herzogtum Lauenburg Marketing und Service GmbH, Hauptstr. 150, 23979 Mölln, ☎ 04542/846860, info@hlms.de, www.herzogtum-lauenburg.de

Lüneburger Heide GmbH, Wallstr. 4, 21335 Lüneburg, ☎ 04131/3093960, info@lueneburger-heide.de, www.lueneburger-heide.de

Tourismusverband Landkreis Stade/Elbe e. V., Kirchenstieg 30, 21720 Grünendeich, ☎ 04142/813838, Fax: 04142/813840, info@tourismusverband-stade.de, www.tourismusverband-stade.de

Flora und Fauna

An- und Abreise mit dem öffentlichen Personennahverkehr

Der größte Teil der Touren ist ideal mit dem öffentlichen Personennahverkehr von Hamburg aus zu erreichen. Besonders bei den Streckenwanderungen empfehlen wir Ihnen eine Anreise mit Bus und Bahn. Die Information zur An- und Abreise finden Sie jeweils bei den Toureninfos.

Einen Liniennetzplan der Öffentlichen Verkehrsmittel in Hamburg (Hamburger Verkehrsverbund) finden Sie auf der hinteren Umschlagseite.

Infostellen

Hamburger Verkehrsverbund (HVV), ☎ 040/19449, www.hvv.de
Zum Hamburger Verkehrsverbund gehören regionale Bahnunternehmen wie AKN, DB Regio, erixx, evb, metronom, nordbahn und start sowie einige Busunternehmen und die HADAG Seetouristik und Fährdienst. Ein **Liniennetzplan** des HVV ist auf der hinteren Umschlagseite dieses Wanderführers zu finden.
Deutsche Bahn AG, www.bahn.de, **Reise-Service,** ☎ 01806/6996633 (€ 0,20 pro Anruf aus dem Festnetz, Tarif bei Mobilfunk max. € 0,60 pro Anruf), Mo-So 0-24 Uhr, Auskünfte über Zugverbindungen, Fahrpreise im In- und Ausland, Buchung von Tickets und Reservierungen.
Kostenlose Fahrplanauskunft ☎ 0800/1507090

Freizeitbusse

Regionalpark-Shuttle: Der kostenfreie Regionalpark-Shuttle erschließt das Gebiet zwischen der S 3 im Norden und der Stadt Buchholz im Süden des Regionalparks Rosengarten. Die beiden Linien verkehren vom Frühsommer bis Anfang Oktober an den Wochenenden und an Feiertagen. In Buchholz (ZOB) und Sprötze haben Sie Anschluss an den Heide-Shuttle der Lüneburger Heide. Informationen und Fahrpläne unter www.regionalpark-shuttle.de.

Bei den Hamburger Landungsbrücken

Heide-Shuttle: Der kostenfreie Heide-Shuttle erschließt mit fünf Ringlinien das Gebiet der Lüneburger Heide und verkehrt von Mitte Juli bis Mitte Oktober täglich. In Buchholz (ZOB) und Sprötze haben Sie Anschluss an den Regionalpark-Shuttle. Informationen und Fahrpläne unter www.heide-shuttle.de.

An- und Abreise mit dem Auto

30 der insgesamt 50 Wanderungen sind Rundtouren, die sich für eine Anreise mit dem Auto bestens eignen. Bei den meisten Streckentouren besteht am Endpunkt oder entlang der Route die Möglichkeit, mit Bahn oder Bus zum Ausgangspunkt der Tour zurückzufahren, sodass die Anreise hier ebenfalls mit dem Auto erfolgen kann.

Beste Reisezeit

Frühling und Herbst sind ideal für Wanderungen. Die meisten der in diesem Buch vorgestellten Touren können Sie aber zu jeder Jahreszeit wandern. Einige Routen verlaufen durch dichte Wälder und vorbei an Badeseen, sodass sie auch bestens für heiße Sommertage zu empfehlen sind. Im zeitigen Frühjahr sind die Frühblüher in manchem Vorgarten zu bewundern, und während der Baumblüte im April und Mai beeindrucken die Blicke auf die Obstplantagen, ganz besonders im Alten Land. Der Herbst bietet oft ein beeindruckendes Farbspiel in den Wäldern, auch die Blicke über die Seen sind häufig faszinierend, wenn sich das bunte Laub im Wasser spiegelt. Im Spätherbst sollten Sie beachten, dass einige wurzelüberzogene Wege und

Pfade bei anhaltender Nässe sehr rutschig sind, hier ist Vorsicht geboten. Ganz besonders reizvoll können Winterwanderungen sein, wenn die Landschaft mit Schnee überzogen ist. Wählen Sie für diese Zeit möglichst nicht zu lange Wandertouren oder planen Sie zur Sicherheit die Möglichkeit eines vorzeitigen Abbruchs der Tour ein, um nicht von der Dunkelheit überrascht zu werden.

Bekleidung, Ausrüstung

Für eine gelungene Wanderung ist die Ausrüstung ein wichtiger Faktor. Der Markt für Outdoorbekleidung ist mittlerweile unüberschaubar, deswegen hier nur einige Grundregeln:

Der wichtigste Ausrüstungsgegenstand sind Schuhe mit Profilsohle. Die Passform sollte man vor einer längeren Unternehmung unbedingt auf Tagestouren überprüfen!

Für die Kleidung gilt das „Zwiebelprinzip": Mehrere Schichten erfüllen verschiedene Funktionen und lassen sich separat tragen und vielfältig kombinieren. Die unterste Schicht soll Schweiß vom Körper weg führen, darüber folgen bei Bedarf eine wärmende Schicht und zuletzt die äußerste Hülle, die Wind und Regen abhalten, trotzdem aber dampfdurchlässig sein soll.

Als Materialien kommen entweder Kunstfasern – leicht, wenig Feuchtigkeitsaufnahme, leider manchmal starke Geruchsbildung – oder hochwertige Wolle – etwas schwerer, wärmt aber auch im nassen Zustand und nimmt kaum Geruch an – in Frage. Baumwolle ist für anspruchsvolle Touren weniger geeignet, denn sie nimmt viel Feuchtigkeit auf und braucht sehr lange zum Trocknen.

Für Tagestouren benötigt man einen Regenschutz, eine Trinkflasche, Sonnenschutz, ein kleines Erste-Hilfe-Set und etwas Verpflegung für unterwegs. Bei Mehrtagestouren kommen noch Wäsche zum Wechseln, ein kleines Waschzeug und Kleidung für den Abend dazu. Vor allem untrainierte Menschen sollten darauf achten, sich nicht zu viel Gepäck zuzumuten, denn die zusätzliche Belastung durch das Tragen kann eine schöne Wanderung schnell zur Quälerei werden lassen.

Zu diesem Buch

Dieser **Hikeline-Wanderführer** enthält alle Informationen, die Sie für Ihre Wanderung benötigen: exakte Karten, eine detaillierte Wegbeschreibung und die wichtigsten Informationen zu touristischen Attraktionen und Sehenswürdigkeiten.

Und das alles mit der **Hikeline-Garantie**: Die Routen in unseren Büchern sind von unserem professionellen Redaktionsteam vor Ort geprüft worden. Um

Im Totengrund bei Wilsede

höchste Aktualität zu gewährleisten, nehmen wir nach der Erhebung Korrekturen von Lesern bzw. offiziellen Stellen bis Redaktionsschluss entgegen, die dann jedoch teilweise nicht mehr an Ort und Stelle verifiziert werden können.

Konzept

Am Beginn jeder Tour finden Sie grundlegende Informationen wie Start- und Zielort, die Länge, die zu bewältigenden Höhenmeter im Auf- und Abstieg, die Gesamtschwierigkeit, die durchschnittliche Wegzeit in zügigem Gehtempo (ohne Pausen), ein Höhenprofil und die Anteile an Asphaltwegen, Wanderwegen und -pfaden sowie eine kurze Charakteristik der Tour. Die Gehzeiten und die Gesamtschwierigkeit werden bei allen Touren nach einem einheitlichen Prinzip ermittelt, somit sind Abweichungen von der Beschilderung vor Ort – bei der z. B. die Gehzeit oft von Gemeinde zu Gemeinde unterschiedlich berechnet wird – möglich.

Schwierigkeitsgrade der Touren

LEICHT

Angenehme Familienwanderung, insgesamt nur geringe Höhenunterschiede und keine starken Steigungen und Gefälle, wenige kurze steilere Abschnitte sind aber möglich. Die Tour verläuft meist auf breiten und gefahrlos zu begehenden Wegen, sie kann (fast) bei jeder Witterung begangen werden. Die Wanderung stellt keine großen Anforderungen an Ausrüstung, Erfahrung und Kondition.

Die Wanderung erfordert normale Kondition und etwas Ausdauer. Längere Steilabschnitte und schmale, steinige Pfade oder schwierig zu begehende Bereiche sind möglich. Die Wege können witterungsbedingt schwieriger begehbar und rutschig sein.

SCHWER

Die Tour erfordert abschnittsweise große Anforderungen an Kondition, Erfahrung und Orientierung. Die Begehbarkeit ist stark witterungsabhängig.

Karten

Eine Übersicht über die geografische Lage der Routen im Hamburger Umland gibt Ihnen die Übersichtskarte auf der vorderen inneren Umschlagsseite.

Die Detailkarten sind im Maßstab 1:50.000 erstellt. Dies bedeutet, dass 1 Zentimeter auf der Karte einer Strecke von 500 Metern in der Natur entspricht. Zusätzlich zum genauen Routenverlauf informieren die Karten auch über die Beschaffenheit des Bodenbelags bzw. über die Art des Weges sowie über kulturelle und gastronomische Einrichtungen entlang der Strecke. Die Höhenlinien haben einen Abstand von 25 Metern.

Allerdings können selbst die genauesten Karten den Blick auf die Wegbeschreibung nicht ersetzen. Stellen mit schwieriger Wegfindung werden in der Karte mit dem Symbol ⚠ gekennzeichnet, im Text finden Sie das gleiche Zeichen zur Markierung der betreffenden Stelle wieder, manchmal ergänzt durch ein Foto.

Die beschriebene Haupttour wird immer in Blau, Varianten oder Abstecher in Grün dargestellt. Die genaue Bedeutung der einzelnen Symbole wird in der Zeichenerklärung auf den Seiten 4 und 5 erläutert.

Textteil

Der Textteil besteht im Wesentlichen aus der genauen Routenbeschreibung. Stichwortartige Streckeninformationen werden von dem Zeichen ～ begleitet. Manche besonders markante oder wichtige Punkte auf der Strecke sind als Wegpunkte **1**, **2**, **3**, ... durchnummeriert und – zur besseren Orientierung – mit demselben Symbol in den Karten und im Höhenprofil wieder zu finden. Die Kilometerangaben, im Text hochgestellt, zeigen Ihnen die schon zurückgelegte Strecke seit dem Tourenstart an, sie sind auf hundert Meter gerundet. **7** [5,1] ist also 5,1 Kilometer vom Ausgangspunkt der Tour entfernt.

Ferner sind alle wichtigen **Orte** zur besseren Orientierung aus dem Text hervorgehoben. Die Symbole Ortsanfang 🏠 und Ortsende 🏠 kennzeichnen ein größeres, geschlossenes Siedlungsgebiet. Gibt es interessante Sehenswürdigkeiten in einem Ort, so finden Sie unter dem Ortsbalken die jeweiligen Adressen, Telefonnummern und Öffnungszeiten.

Die Beschreibung der einzelnen Orte sowie historisch, kulturell oder natur-kundlich interessanter Gegebenheiten entlang der Route tragen zu einem abgerundeten Reiseerlebnis bei. Diese Textblöcke sind kursiv gesetzt und unterscheiden sich dadurch auch optisch von der Streckenbeschreibung.

Absätze in grüner Farbe behandeln Varianten und Ausflüge.

Textabschnitte in Blau heben Stellen hervor, an denen Sie auf den weiteren Wegeverlauf und auf mögliche Varianten hingewiesen werden. Sie geben auch Empfehlungen und Erläuterungen zu Sehenswürdigkeiten oder Freizeitaktivitäten etwas abseits der Route.

Öffnungszeiten – Kategorien

☉	Öffnungszeiten
㉔	frei zugänglich
⑦	täglich
⬤	häufig (5-6 Tage/Wo.)
◕	durchschnittlich (3-4 Tage/Wo.)
◔	selten (bis 2 Tage/Wo.)
ℰ	nach tel. Anfrage

Diese Angaben gelten während der Wandersaison und dienen als Orientie-rungshilfe. Die tagesaktuellen Öffnungszeiten finden Sie über den Weblink.

Weblink

Im Ortsdatenblock bei dem jeweiligen touristischen Eintrag befindet sich nach dem @ Symbol eine sechsstellige Zahlen- und Buchstabenkombination *(z. B. @ abc123)*. Die Eingabe dieser Weblink-ID auf unserer Internetseite www.esterbauer.com leitet Sie direkt auf die entsprechende Webseite weiter und ersetzt somit die mühsame Eingabe ellenlanger Webadressen.

GPS-Navigation

Das Gebiet dieser Karten liegt in der Zone 32 und hat den Bezugsmeridian 9 Grad Ost. Um zu navigieren, ist der GPS-Empfänger auf WGS 84 (World Geodetic System 1984) und UTM-Projektion einzustellen. Die Koordinaten (East und North) sind in der Karte in Kilometern, auf dem GPS-Empfänger in Metern angegeben. Für die GPS-Navigation ist auf den Karten ein grau gepunktetes Gitter mit einer Maschenweite von 1 Kilometer vorhanden. Da einige Karteninhalte hervorgehoben oder generalisiert dargestellt werden, ist eine absolute Lagegenauigkeit nicht immer garantiert.

Den Link zu den aktuellen GPS-Tracks finden Sie auf der vorderen Umschlag-seite.

Touren in Hamburg

Im Randbereich der Elbmetropole finden sich Landschaften, die Sie nicht unbedingt in einer Millionenstadt vermuten würden. So gibt es im Norden der Hansestadt ausgedehnte Moorgebiete, im Osten Wanderdünen und im Süden Berge und Heidelandschaften. Aber auch direkt im Herzen der Stadt finden sich kleine Oasen, wie der Wanderweg entlang der Alster oder der Elbuferweg nach Blankenese.

Die hier vorgestellten Touren sind alle schnell vom Zentrum aus zu erreichen und eignen sich – besonders im Sommer – auch als Feierabendtouren.

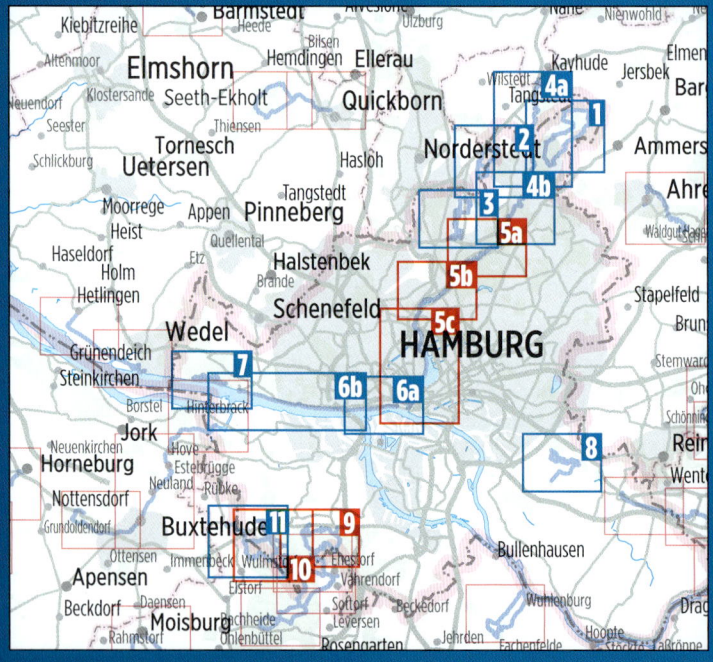

Tour 1   13,8 km

Im Duvenstedter Brook

Start/Ziel: Hamburg-Ohlstedt, U-Bahn-Station Ohlstedt

Aufstieg: 59 m	*Hartbelag:* 13 %
Abstieg: 61 m	*Wanderwege:* 53 %
Gehzeit: 3,5 - 4 Std.	*Wanderpfade:* 34 %

Charakteristik: Im äußersten Norden von Hamburg führt diese reizvolle Rundtour durch das Naturschutzgebiet Duvenstedter Brook, das vor allem durch feuchte Moorgebiete und saftige Wälder geprägt ist. Zahlreiche verschiedene Tierarten wie zum Beispiel Kraniche, Graureiher, Rothirsche oder Marder haben hier ein Zuhause. Im Herbst ist das Naturschutzgebiet bei Natur- und Tierliebhabern besonders beliebt, wenn sich von den Beobachtungsständen das Wild während der Brunft beobachten lässt. Im Naturschutz-Informationshaus erfahren Sie alles über die hier heimische Fauna und Flora.

Tipp: Bitte beachten Sie, dass der Weg abschnittsweise während der Brunftzeit gesperrt ist. Wegen der ganztägigen Sperrung zwischen den Wegpunkten 6 und 7 können Sie in den Monaten September und Oktober diese Tour nicht begehen.

Markierung: gelber Pfeil

Anfahrt: Mit der U 1 zur Endhaltestation in Ohlstedt. Parkplätze finden Sie in den umliegenden Straßen.

Hamburg-Ohlstedt

1 0,0 Von der U-Bahn-Station begeben Sie sich vor zur Straße, hier nach links und unter den Gleisen hindurch ↝ gleich darauf nach rechts und auf dem Schotterweg am Parkplatz entlang ↝ in den Wald hinein, dann an der ersten Möglichkeit nach links ↝ an der T-Kreuzung mit der Kopfsteinpflasterstraße nach rechts ↝ 🚏 direkt bei der **Schule am Walde** links auf den geschotterten Weg und in den **Wohldorfer Wald** hinein ↝ an der großen Kreuzung nehmen Sie den zweiten Weg nach rechts, mehrere Stationen eines **Bodenlehrpfades**

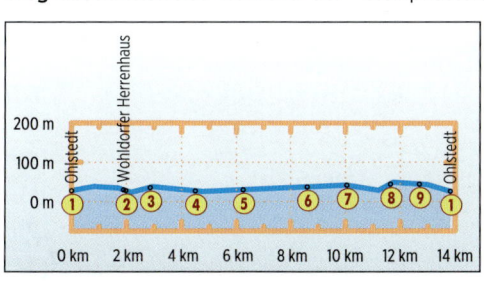

säumen den Weg ∿ an der Kreuzung nach dem **Kriegerdenkmal** auf dem ehemaligen Eiskeller-Hügel geradeaus weiter ∿ auf der Holzbrücke über das Bächlein Ammersbek, dann an der T-Kreuzung nach links ∿ am **Wohldorfer Herrenhaus** vorbei.

❀ **Wohldorfer Herrenhaus.** Das Fachwerkgebäude stammt aus dem Jahr 1714. Es wurde für die sogenannten Waldherren, die für die Verwaltung der Walddörfer zuständig waren, errichtet. Ratsmitglieder und später auch der Senat nutzten die schön gelegene Anlage auch als Feriensitz. Heute befindet sich das Haus in Privatbesitz.

2 ²'⁰ Am asphaltierten Sträßchen wenden Sie sich nach rechts, links gibt es zwei Einkehrmöglichkeiten.

Hamburg-Wohldorf
Vorwahl: 040

▣ **Die Mühle,** Mühlenredder 38, ✆ 6076650, ⊘ Mi-So ab 12 Uhr, @ koe871

▣ **Zum Bäcker,** Herrenhausallee 9, ✆ 60765397, ⊘ Di-So ab 12 Uhr, @ njt316

Es geht zwischen den Teichen entlang ∿ am **Reiterhof** vorbei, dann weiter auf dem Wanderpfad links der Straße ∿ der Pfad wechselt die Straßenseite ∿ im Rechtsbogen nach der **Feuerwehr** links auf den Schotterweg und in das Naturschutzgebiet Duvenstedter Brook hinein.

NSG Duvenstedter Brook (Hamburg)
Vorwahl: 040

⌂ **Duvenstedter BrookHus,** Duvenstedter Triftweg 140, ✆ 6072466, ⊘ April-Okt., Di-So mind. 13.30-17 Uhr, Feb., März, Nov., Sa, So/Fei 11-17 Uhr. Eine multimediale Dauerausstellung informiert über die Besonderheiten des Naturschutzgebiets Duvenstedter Brook. In dem etwa 800 ha großen Gelände finden sich Heide, Moor, Wiesen und auch Gewässer, die zahlreichen verschiedenen Tierarten Lebensraum bieten. Der NABU bietet Führungen, Sonderausstellungen und Vorträge an. @ vyp357

3 ²'⁹ Direkt beim **BrookHus** zweigen Sie noch vor der querenden Straße

Das Naturschutz-Informationshaus Duvenstedter BrookHus

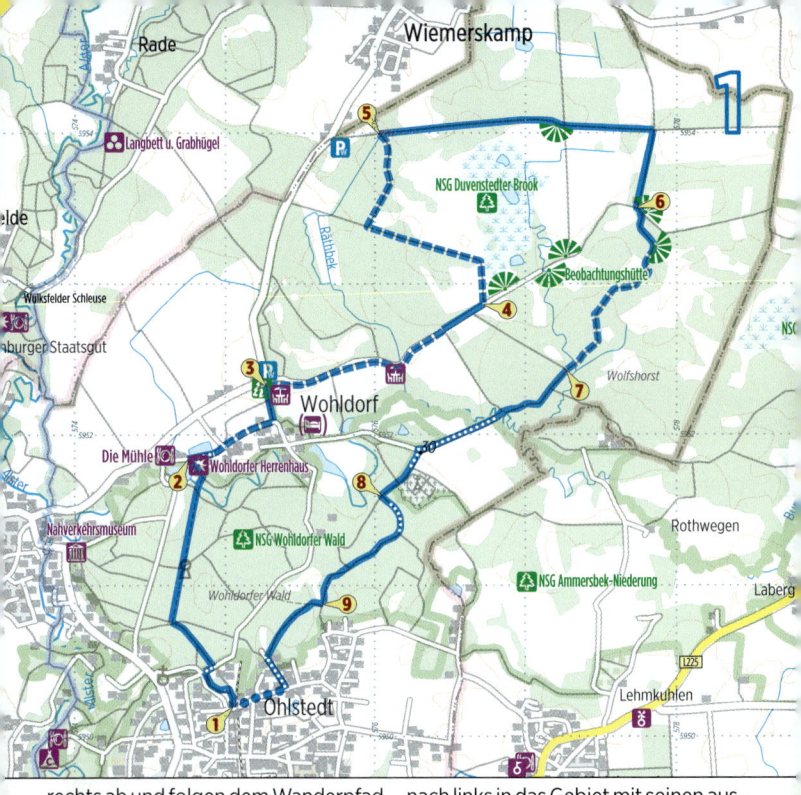

rechts ab und folgen dem Wanderpfad parallel zur Straße am Waldrand entlang ⌣ der Pfad führt geradeaus auf das Sträßchen, dessen Asphalt dort endet ⌣ die nächsten beiden Abzweige nach rechts lassen Sie hinter sich.

TIPP Bitte beachten Sie, dass der nachfolgende Weg in der Brunftzeit im Sept. und Okt. von 16 bis 8 Uhr gesperrt sein kann.

4 **4,5** Wenig später biegen Sie links ab und passieren das Drehkreuz ⌣ auf dem schönen Wanderweg durch die Allee ⌣ vor dem Querbalken dem Pfad

nach links in das Gebiet mit seinen ausgedehnten Feuchtheideflächen folgen ⌣ auf einem kleinen Damm, dem ehemaligen **Grenzwall**, wandern Sie durch das wild verwachsene Gebiet ⌣ dem Pfad nach rechts folgen ⌣ durch ein Drehkreuz hindurch.

5 **6,2** Sie treffen auf einen breiten Weg, hier biegen Sie rechts ein ⌣ am **Beobachtungspunkt** mit Infotafel vorbei ⌣ gleich danach an der Kreuzung geradeaus weiter ⌣ zwischen den Teichen entlang ⌣ an der Kreuzung

Duvenstedter Brook

nach den Teichen nach rechts ~ es geht an einem Haus vorbei.

6 8,6 Gleich danach kommen Sie zu einer T-Kreuzung, bei der sich eine Übersichtskarte des Schutzgebietes befindet, hier kurz nach links, dann aber nach wenigen Metern rechts.

> **TIPP** Der kurze Weg bis zum Beobachtungsstand ist in der Brunftzeit im Sept. und Okt. ab 20 Uhr bis zum Morgen gesperrt. Der anschließende Naturlehrpfad – zwischen den beiden Drehkreuzen – ist in diesen Monaten ganztägig gesperrt

Am Beobachtungspunkt gehen Sie rechts durch das Drehkreuz auf den Pfad ~ es geht durch ein reizvolles Feuchtgebiet mit zahlreichen kleinen Gewässern und dichtem Wald ~ allmählich entwickelt sich der Weg zu einem zweispurigen Forstweg ~ durch das Drehkreuz hindurch.

7 10,1 Geradeaus in den Forstweg ~ an der nächsten Kreuzung geradeaus weiter ~ wenig später geradeaus auf den nächsten Forstweg und auf der Brücke über die Ammerbek ~

Sie verlassen das Naturschutzgebiet und biegen links in das asphaltierte Sträßchen **Ole Boomgarden** ein ~ auf Schotter am **Waldfriedhof Wohldorf** entlang ~ den rechts abzweigenden Weg lassen Sie hinter sich.

8 11,6 An der gleich darauf folgenden Gabelung an der Rastbank halten Sie sich links ~ den Abzweig nach links ignorieren und auf dem geschotterten Hauptweg weiter ~ den folgenden Rechtsabzweig lassen Sie hinter sich.

9 12,7 Sie kommen zur nächsten Gabelung, hier halten Sie sich rechts – die nach links führende Markierung ignorieren – und wandern zwischen den beiden Baumstämmen entlang ~ gleich darauf nach links ~ am Wendekreis nach links und auf dem **Melhopweg** entlang ~ an der Vorfahrtsstraße nach rechts.

1 13,8 An der U-Bahn-Station Ohlstedt schließt sich der Kreis dieser Rundtour.
Hamburg-Ohlstedt

Tour 2   6,4 km

Im Wittmoor

Start/Ziel: Hamburg-Duvenstedt, Wanderparkplatz Brunsteenweg

Aufstieg: 16 m	*Hartbelag:* 5 %
Abstieg: 15 m	*Wanderwege:* 78 %
Gehzeit: 1,5 Std.	*Wanderpfade:* 17 %

Charakteristik: Die abwechslungsreiche Landschaft zwischen Moor, Heide und Wald macht diese Rundtour zu einem reizvollen Erlebnis. Auf schönen Wanderwegen passieren Sie sowohl farbenprächtige Heidelandschaften als auch feuchte Moorgebiete und dichte Wälder. Unterwegs informieren verschiedene Schautafeln über die Gegebenheiten der Landschaft. An der Gedenkstätte zum ehemaligen Konzentrationslager Wittmoor wird an die Gräuel der NS-Herrschaft erinnert.

Tipp: Nach stärkerem Regen ist ein Teil der Wege sehr matschig, dann sollten Sie das Wittmoor nicht besuchen.

Markierung: Teilweise gibt es eine namentliche Markierung.

Anfahrt: Entweder mit der U 1 nach Ochsenzoll und von dort mit dem Bus 7550 zur Haltestelle Siegfriedstraße in Glashütte. Oder mit der S 1/U 11 nach Poppenbüttel und von dort mit dem Bus 276/176

zur Haltestelle Mesterbrooksweg in Duvenstedt. Eine Abstellmöglichkeit für das Auto gibt es an der Ecke Brunsteenredder/Wittmoorstieg im Norden und am Eichelhäherkamp im Süden der Tour.

Hamburg-Duvenstedt

1 **0,0** Vom Parkplatz laufen Sie vor zum asphaltierten **Brunsteenredder** und biegen in diesen rechts ein ⌁ im Linksbogen der Straße geradeaus an der Schranke vorbei, dann gleich an der Kreuzung nach rechts ⌁ der Pfad führt links leicht bergauf, bald eröffnet sich ein herrlicher Blick über eine Heidefläche ⌁ an der Gabelung bei der Rastbank rechts halten ⌁ nach etwa 300 m lassen Sie die scharf links abzweigenden Wege hinter sich und wandern geradeaus weiter ⌁ an der nächsten Gabelung der Wanderwegmarkierung folgend rechts halten.

2 **1,1** Bevor es zur Straße geht, zweigen Sie rechts ab ⌁ an der folgenden Kreuzung geradeaus in das Naturschutzgebiet Wittmoor hinein.

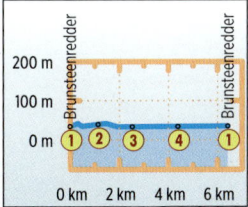

Wittmoor

Bis zum Jahr 1958 wurde in diesem Gebiet Torf abgebaut. Gut 20 Jahre später wurde das Hochmoor zum Naturschutzgebiet erklärt. Durch die Renaturierung entstanden in den abgetorften Bereichen Feuchtgebiete und Hochmoorseen. Es breiteten sich wieder typische Moorpflanzen und -tiere aus.

Sie laufen auf diesem guten Wanderweg geradeaus und ignorieren die links abzweigenden Wege ∿ an der Infotafel zum Naturschutzgebiet Wittmoor vorbei ∿ an der nächsten Kreuzung geradeaus weiter, nach rechts führt ein Abstecher zu einem Aussichtpunkt.

TIPP Sollte der Weg ggf. gesperrt sein, können Sie später von der anderen Seite zum Aussichtspunkt gelangen.

Geradeaus auf den breiten Feldweg. **3** 2,5 An der Kreuzung kurz vor dem Gedenkstein biegen Sie entgegen der geradeaus weisenden Wanderwegschilder nach rechts ab ∿ am Querweg bei der Infotafel rechts ∿ nach rund 400 m kommen Sie an der **Gedenkstätte KZ Wittmoor** vorbei.

8 Gedenkstätte KZ Wittmoor. 1933 entstand hier eines der ersten Konzentrationslager der NS-Herrschaft. In der ehemaligen Torfverwertungsanlage wurden teilweise bis zu 140 Menschen gefangen gehalten und zu harter Arbeit gezwungen.

Im Wittmoor

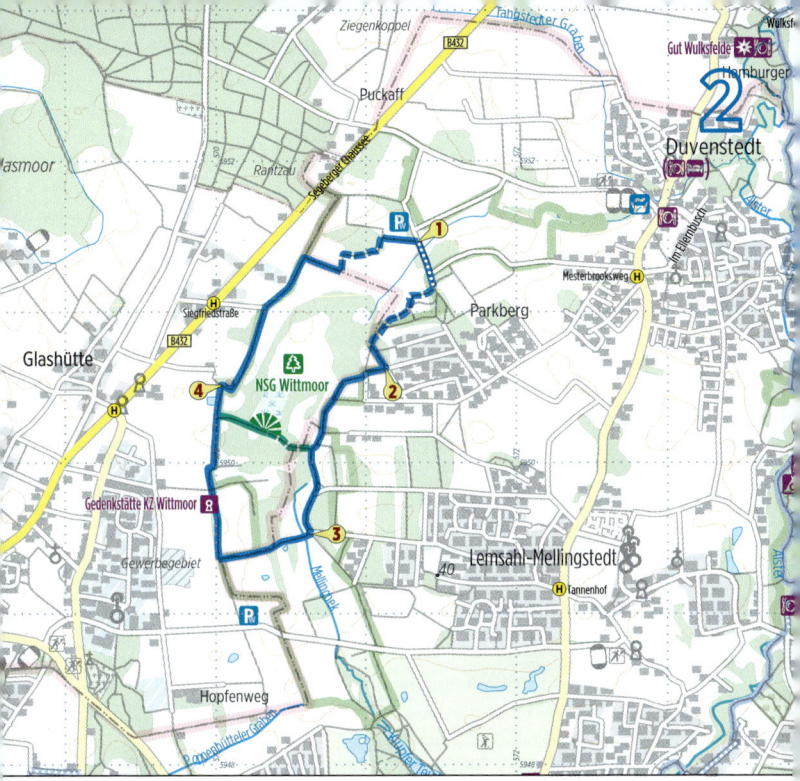

An der folgenden Kreuzung leicht rechts versetzt geradeaus ↝ wenig später zweigt rechts nochmals ein Weg zum Aussichtspunkt ab, an dem sich ein schöner Blick über die besondere Moorlandschaft bietet.

4 ⁴ᐟ⁴ An der Querstraße wenden Sie sich nach rechts ↝ im Linksbogen um das Haus herum und an der Infotafel zum Thema Moor vorbei ↝ Sie erreichen das Ende der **Siegfriedstraße**, hier geradeaus weiter ↝ an der Kreuzung am gelben Wittmoorschild nach rechts ↝ nach etwa 250 m folgen Sie dem Linksbogen des Weges ↝ am Ende der Weide rechts in den Wald hinein ↝ biegen Sie rechts ab in den breiten Weg, den **Wittmoorredder**.

1 ⁶ᐟ⁴ Am Parkplatz sind Sie am Ende der Tour angelangt.

Hamburg-Duvenstedt

Tour 3   10,1 km

Tour 3

Raakmoor und Alter Müllberg

Start/Ziel: Hamburg-Hummelsbüttel, Bushaltestelle Am Schulwald

Aufstieg: 81 m   *Hartbelag:* 18 %

Abstieg: 80 m   *Wanderwege:* 62 %

Gehzeit: 2,5 - 3 Std.   *Wanderpfade:* 21 %

Charakteristik: Das Naturschutzgebiet Raakmoor, der Hummelsee und der Aussichtspunkt auf dem Alten Müllberg sind die Highlights dieser abwechslungsreichen Tour. Durch das ehemalige Hochmoor, das heute großteils aus Niedermoorflächen besteht, führen Sie schöne Wanderwege an Fließen und Seen entlang durch dichten Wald. Im Anschluss kommen Sie zum malerisch gelegenen Hummelsee, ehe Sie den Alten Müllberg besteigen. Von der Rastbank oben am Gipfel bietet sich eine wunderbare Fernsicht über den See und Hamburg hinweg bis in die Harburger Berge.

Markierung: keine

Anfahrt: Mit der U 1 nach Langenhorn Markt. Von dort bringt Sie die Buslinien 24 zur Haltestelle Am

Schulwald (optional 5 Min. zu Fuß). Parkplätze in der Straße Wildes Moor/Ziegeleiweg bzw. am Hummelsee (Glashütter Landstraße).

Hamburg-Hummelsbüttel

1 **0,0** Von der Bushaltestelle gehen Sie vor zur Ampelkreuzung, hier im spitzen Winkel nach rechts und dem Weg **Kortenkamp** folgen, der anfangs parallel zur Straße verläuft ∼ an der Kreuzung mit dem Weg 654 geradeaus weiter ∼ am Asphaltsträßchen (**Weg 651**) nach rechts ∼ vor der Brücke links auf den Wanderweg am Fließ entlang.

2 **1,0** An der Kreuzung beim Brücklein geradeaus weiter am Fließ entlang ∼ an der folgenden Gabelung links halten ∼ an der nächsten Kreuzung rechts halten ∼ links am **Raakmoorteich** entlang ∼ am nördlichen Ende des Teiches bei der Infotafel zweigen Sie rechts ab ∼ nach dem Überqueren des Fließes links halten ∼ für etwa 700 m wandern Sie rechts neben dem Fließ, dem Raakmoorgraben, entlang.

3 **2,5** Unmittelbar nach der Brücke und noch vor der Straße nach rechts auf

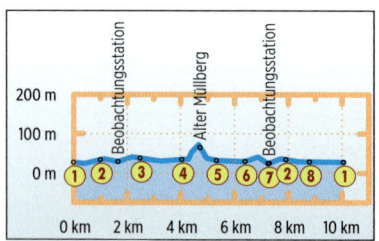

den Pfad 〜 an der T-Kreuzung mit der Straße nach links 〜 geradeaus in die Sackgasse, an deren Ende an der Schranke vorbei und auf dem Schotterweg weiter 〜 nach rechts in den **Glashütter Stieg**.

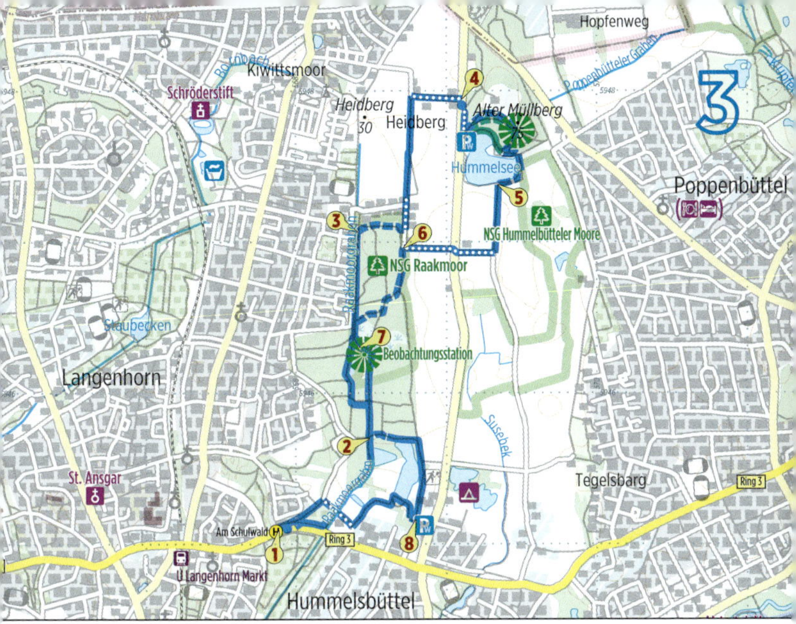

4 **4,1** An der Vorfahrtsstraße, der **Glashütter Landstraße**, nach rechts 〜 nach etwa 80 m die Straße überqueren und auf dem Sträßchen ent-

lang 〜 am Parkplatz am **Hummelsee** zweigen Sie im spitzen Winkel nach links ab und folgen dem linken Pfad steil den Berg hinauf und vor zur aussichtsreichen Rastbank.

Alter Müllberg (76 m)

Von dem ehemaligen Müllberg, der mittlerweile begrünt ist, eröffnet sich bei gutem Wetter eine wunderbare Rundumsicht. Im Süden bietet sich

Blick vom Alten Müllberg

Am Hummelsee

eine gute Aussicht über die Skyline von Hamburg hinweg bis zu den Harburger Bergen, im Norden kann man weit über die schleswig-holsteinischen Kreise Bad Segeberg und Stormarn blicken. Vorbei an der Rastbank und den Felsbrocken steigen Sie geradeaus auf dem steilen Pfad hinab.

VARIANTE Dieser Abstieg ist sehr steil. Um etwas sanfter hinab zu kommen, folgen Sie nach rechts dem Pfad und kehren am Seeufer links zur Hauptroute zurück.

Unten am querenden Pfad nach links ~ an der Kreuzung über den ersten Weg, dann am zweiten breiten Weg nach rechts ~ gleich bei der ersten Möglichkeit rechts auf den Pfad und am Ufer des **Hummelsees** entlang.

5 5,3 Am südlichen Ufer an der Kreuzung mit dem hohen Baumstamm links auf die geschotterte Allee ~ an der Asphaltstraße nach rechts ~ an der Vorfahrtsstraße kurz nach rechts, nach wenigen Metern links in das Sträßchen **Dweermoor**.

6 6,4 Im Rechtsbogen der Straße links abzweigen und den rechten der beiden Wege nehmen ~ an der folgenden Kreuzung in den mittleren Pfad ~ ins Naturschutzgebiet hinein ~ Sie treffen wieder auf die Hauptroute vom Hinweg, hier nach links ~ an der Brücke jetzt nach links und für kurze Zeit am östlichen Ufer des **Raakmoorteiches** entlang.

7 7,3 An der Gabelung nach rund 100 m halten Sie sich links und entfernen sich vom See ~ vorbei an der **Beobachtungsstation** und weiter auf dem **Holzbohlenweg**.

2 7,9 An der bereits bekannten Kreuzung biegen Sie jetzt links ab ~ an der T-Kreuzung nach rechts und vorbei an der **Pferdekoppel**.

8 8,8 An der folgenden T-Kreuzung rechts ~ gleich darauf am Wendeplatz geradeaus auf den Wanderweg ~ nach etwa 600 m rechts in das Asphaltsträßchen einbiegen ~ auf der Brücke über den Kanal – hier treffen Sie erneut auf den Hinweg –, dann nach links und am Kanal entlang ~ kurz vor der Straße nach rechts ~ an der Vorfahrtsstraße nach rechts.

1 10,1 An der Bushaltestelle ist das Ende der Rundtour erreicht.

Hamburg-Hummelsbüttel

Entlang der Alster (Teil 1)

15,2 km

Start: Kayhude, Bushaltestelle Kayhude, Heidkrug

Ziel: Hamburg-Poppenbüttel, S-Bhf. Poppenbüttel

Aufstieg: 166 m	*Hartbelag:* 12 %
Abstieg: 160 m	*Wanderwege:* 70 %
Gehzeit: 3,5 – 4 Std.	*Wanderpfade:* 17 %

Charakteristik: Der erste Teil des Alsterwanderweges beginnt – etwa 10 Kilometer von der Flussquelle bei Henstedt-Rhen entfernt – im schleswig-holsteinischen Kayhude. Von hier aus wandeln Sie auf schönen Wanderwegen und ruhigen Pfaden am Ufer des noch jungen Flüsschens entlang. Unterwegs durchstreifen Sie Wälder und saftige Wiesen und kommen an reizvollen Schleusen vorbei. Mehrere Gaststätten laden zu einer zünftigen Rast ein.

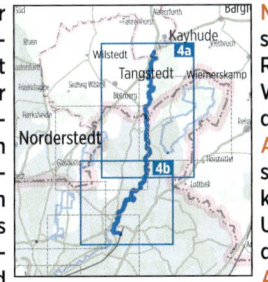

Markierung: gelb-schwarzes Dreieck bzw. Richtungspfeil vom Wanderverband Norddeutschland e. V.

Anfahrt: Die Bushaltestelle Kayhude, Heidkrug erreichen Sie ab U-Bhf. Ochsenzoll mit der Buslinie 7590.

Abfahrt: Vom Hamburger Stadtteil Poppenbüttel gelangen Sie im 10-Min.-Takt mit der S 1 in die Hamburger Innenstadt.

Kayhude

Vorwahl: 04535

🏠 **Alter Heidkrug**, Segeberger Str. 10, ☎ 6070252, 🕐 tägl. 11-20.30 Uhr, @ pry732

1 **0,0** Von der Bushaltestelle Heidkrug südlich von Kayhude gehen Sie auf dem Gehweg neben der **Segeberger Chaussee** entlang ➤ an der Gaststät-

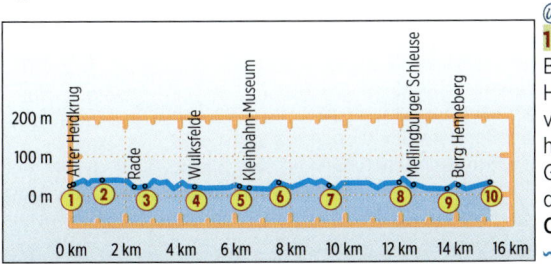

Teich an der Alster

te **Alter Heidkrug** vorbei ～ Sie lassen den Ort hinter sich und kommen in den Wald ～ am Waldrand kurz vor dem nächsten Haus biegen Sie links ab auf den **Alsterwanderweg** ～ auf dem Pfad quer durch den Wald ～ an der T-Kreuzung wenden Sie sich nach rechts und kommen wenig später zum Alsterufer ～ an der nächsten Kreuzung geradeaus weiter ～ vorbei am Rastplatz.

2 [1,2] Am Wanderparkplatz biegen Sie links in den breiten Waldweg ein ～ nach knapp 200 m am abzweigenden Pfad vorbei ～ an der nächsten Kreuzung kurz nach links und gleich wieder rechts auf den parallel zum Forstweg verlaufenden Wanderpfad ～ an der Dreieckskreuzung zweigen Sie nach links ab und wandern direkt zum **Alsterufer**, wo Sie sich nach rechts wenden.

3 [2,8] An der T-Kreuzung links und über die Alster ～ an der folgenden Kreuzung rechts ab ～ vorbei am **archäologischen Denkmal** ～ an der Gabelung halten Sie sich rechts ～ entlang der Abbruchkante zur Alster, danach geradeaus auf den breiteren Weg ～ an der folgenden Dreieckskreuzung schräg links weiter und wieder zum Flussufer ～ es geht an eine Straße heran und zwischen dieser und der Alster entlang.

4 [4,6] Vor dem **Alsterwehr** biegen Sie links ab, überqueren die Straße und wandern auf dem gegenüberliegenden Wanderweg weiter ～ nach etwa 800 m an der T-Kreuzung nach rechts, der Weg wird an beiden Seiten von dichtem Wald umrankt ～ geradeaus auf den breiten Weg **Suurwisch**, dann gleich nach der Toreinfahrt rechts auf den Wanderpfad.

5 [6,2] An der Straße nach rechts, auf der **Triftwegbrücke** über die Alster und gleich danach links auf den Wanderweg.

4a

Heidkrug Ⓗ
① 🟡 Alter Heidkrug

Wedelmoor

②

Müll(er)bau

B432

Siebek

Tangstedt

Rade

Wiem

③ 🔴 Langbett u. Grabhügel

Bützberg

Wulksfelde

Rathbek

NSG D

P

Tangstedter Graben

B432

④ Wulksfelder Schleuse
🔴 Gut Wulksfelde
Hamburger Staatsgut

Wohldorf
🟠 Wohldorfer Herrenhaus
Die Mühle 🔴

Duvenstedt

Alster

NSG Wohldorfer Wald

P
ℹ️

Wohldorfer Wald

⑤
🔴 Nahverkehrsmuseum

Mesterbrooksweg Ⓗ

Parkberg

Im Eilenbach

Ohlstedt

⑥

Alster

4b

NSG Rodenbecker Quellental

Lemsahl-Mellingstedt

Ⓗ Tannenhof

Bredenbe...

Hamburg-Duvenstedt
Vorwahl: 040

🏛 **Nahverkehrsmuseum Kleinbahnhof Wohldorf**, Schleusenredder 10, 🕐 So 13-16 Uhr, z. Zt. wegen Renovierung geschlossen. @ vvg411

📷 **Alster Au**, Duvenstedter Damm 6, ☎ 6442400, @ psn715

📷 **Hotel & Landhaus Kastanie**, Specksaalredder 14, ☎ 6070234, @ qyq823

An der nächsten Brücke bei der **Wohldorfer Schleuse** – hier ist im Frühjahr 2020 eine Schleusenklappe weggebrochen – wechseln Sie erneut das Flussufer und laufen flussabwärts weiter 〰 der Weg führt kurz von der Alster weg 〰 nach dem Rechtsbogen auf einem kleinen Asphaltsträßchen entlang 〰 gleich nach dem Linksknick rechts auf die Straße **Schlickböge** 〰 auf der Brücke über die Alster, dann an der folgenden Gabelung nach links 〰 geradeaus über die nächste Kreuzung 〰 an der T-Kreuzung nach links. **6** ⁷,⁶ Sie kreuzen die Asphaltstraße 〰 über die Alster, dann rechts am Spielplatz entlang immer flussnah bleiben 〰 vorbei am Rasthaus und dem Campingplatz.

Hamburg-Ohlstedt
📷 **Rasthaus Zum Haselknick**, Haselknick 77, ☎ 040/6050494, 🕐 Mi-Fr ab 16 Uhr, Sa, So/Fei mind. 11-20 Uhr, @ gtp164

Der Alsterwanderweg führt über die Brücke und in das Naturschutzgebiet hinein 〰 nach der kurzen Steigung auf dem breiten Weg bleiben 〰 an der T-Kreuzung links über die Holzbrücke und wiederum kurz bergauf 〰 an der darauffolgenden T-Kreuzung mit dem

Abbruchkante an der Alster

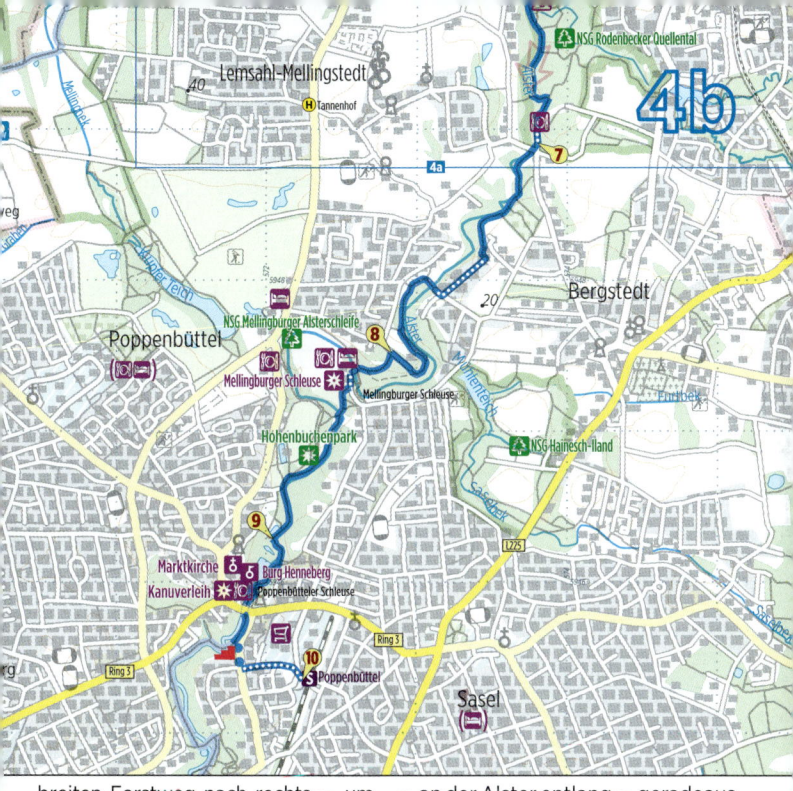

breiten Forstweg nach rechts ⌇ um die Schranke herum ⌇ am Gasthaus geradeaus auf die Kopfsteinpflaster-straße.

📷 **Gasthaus Quellenhof**, Rodenbeker Str. 126, ☎ 040/6049228, ⊙ Mai-Sept., Mi-So ab 12 Uhr, Okt.-April, Fr-So ab 12 Uhr, @ gsi265

7 ⁹,⁵ Am Ende des **Rodenbeker Tei-ches** kurz vor der Vorfahrtsstraße rechts auf den Schotterweg ⌇ die Straße kreuzen und auf dem gegen-überliegenden Wanderweg weiter

⌇ an der Alster entlang ⌇ geradeaus auf die Straße ⌇ nach etwa 400 m im Linksbogen der Straße rechts in den Weg **Twietenkoppel** ⌇ auf Stufen hinab und über die Alster, an der folgenden Gabelung links ⌇ nach dem Linksbogen an der Ga-belung erneut links halten ⌇ rechts über die flachen Stufen hinauf, am Ende dann links in den breiten Weg einbiegen und zurück zum Flussufer ⌇ nach dem Rechtsbogen über die Treppe hinauf.

8 12,0 Nach etwa 200 m links in den **Mellingstedter Stieg** und dem guten Wanderweg bergab folgen ᳇ unten überqueren Sie an der **Mellingburger Schleuse** die Alster.

Mellingburg
Vorwahl: 040

❋ **Mellingburger Schleuse**, Mellingburgredder 1, ☏ 61139150. Das idyllisch gelegene Gebäudeensemble entwickelte sich aus dem 1717 erbauten historischen Gasthof für die Treidelschiffer auf der Alster. @ pjx285

🅰 **NSG Mellingburger Alsterschleife**, Mellingburgredder, ☏ 6970890. Das Naturschutzgebiet ist eines der artenreichsten Schmetterlingsgebiete Norddeutschlands. Von März bis Juni werden vom NABU Hamburg Führungen zur Flussschleife angeboten. Treffpunkt ist die Infotafel vor der Scheune der Mellingburger Schleuse. @ qcf184

🏨 **Kleinhuis' Hotel Mellingburger Schleuse**, Mellingburgredder 1, ☏ 61139150, @ mkn855

Sie wandern links zum Restaurant hinauf ᳇ nach der Schleuse zweigen Sie rechts ab ᳇ über Stufen hinab, an der Gabelung geradeaus auf den breiten Forstweg und über den Fluss, dann an der Gabelung links halten, Sie laufen am Hohenbuchenpark entlang.

✳ **Hohenbuchenpark**. Ende des 18. Jhs. hat der Zuckerbäcker Hinrich Christian Olde den Park nach englischem Vorbild anlegen lassen. @ dbw736

Bei dem Holzbrücklein links halten und auf dem ufernahen Weg bleiben.
9 13,7 An der nächsten Brücke die Alster überqueren, dann an der Gabelung rechts halten ᳇ zwischen Zaun und Mauer am See entlang ᳇ an der **Poppenbütteler Schleuse** bleiben Sie am linken Ufer des Sees, rechts befindet sich ein Restaurant und etwas oberhalb liegt die Burg Henneberg.

Poppenbüttel (Hamburg)
Vorwahl: 040

🏰 **Burg Henneberg**, Marienhof 8, ☏ 0170/9995432. Die einzige Burg der Hansestadt ist eine Nachbildung des thüringischen Originals bei Meiningen. Sie wurde 1884-1887 im neugotischen Stil erbaut. Heute wird das Alsterschlösschen u. a. für Kulturveranstaltungen genutzt. @ eke624

❋ **Kanuverleih**, Marienhof 4, Marina Marienhof, ☏ 6066677 ☏, @ udr582

🍽 **The Locks**, Marienhof 6, ☏ 6116600, 🕐 tägl. ab 12 Uhr, @ vfl467

An der Gabelung bei der Gedenkstätte rechts ᳇ unter der Straße hindurch, danach halten Sie sich rechts ᳇ links über die Stufen hinauf zur **Poppenbütteler Landstraße**, hier nach rechts ᳇ an der nächsten Ampelkreuzung links in die Straße **Kritenbarg** ᳇ im Wendekreis geradeaus auf den Gehweg ᳇ die breite Straße kreuzen.

10 15,2 Am S-Bahnhof Poppenbüttel endet der erste Teil des Alsterwanderweges.

Hamburg-Poppenbüttel, S-Bhf.

Tour 5   **20,6 km**

Entlang der Alster (Teil 2)

Start: Hamburg-Poppenbüttel, S-Bhf. Poppenbüttel

Ziel: Hamburg-Speicherstadt, U-Bahn-Station Baumwall

Aufstieg: 60 m   *Hartbelag:* 26 %

Abstieg: 69 m   *Wanderwege:* 74 %

Gehzeit: 4,5 - 5 Std.   *Wanderpfade:* 0 %

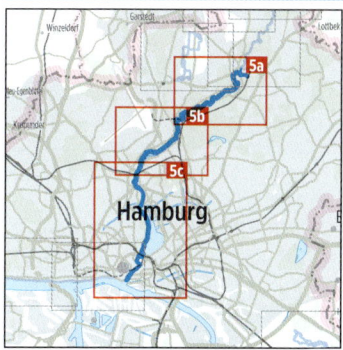

Charakteristik: Der zweite Teil des Alsterwanderweges führt immer tiefer in die Stadt hinein, bis er schließlich gegenüber der Speicherstadt die Mündung des Flusses in die Elbe erreicht. Der Weg verläuft anfangs durch reizvolle Parklandschaften.

Weiter südlich wandern Sie dann an den Ufern der wohl bekanntesten Abschnitte des Flusses, der Außen- und der Binnenalster, entlang und quer durch das sehenswerte Zentrum der Hansestadt bis zur Speicherstadt in der Nähe des weltberühmten Hafens. **Markierung:** gelb-schwarze Richtungspfeile vom Wanderverband Norddeutschland e. V. **Anfahrt:** Die S 1 bringt Sie zum Bahnhof in Hamburg-Poppenbüttel. **Abfahrt:** An der U-Bahn-Station Baumwall fährt die U 3.

Hamburg-Poppenbüttel

1 0,0 Vom S-Bahnhof Hamburg-Poppenbüttel vor zur Vorfahrtsstraße und diese überqueren ∿ vorbei an der Bushaltestelle auf den Gehweg **Kritenbarg**, der am Brunnen mit

dem Walroß entlang führt 〜 links am Einkaufszentrum vorbei 〜 an der Ampelkreuzung die **Poppenbütteler Landstraße** überqueren und nach rechts wenden 〜 in der Rechtskurve der Straße links über die Stufen hinab zur **Alster**, hier nach links und auf dem Brücklein über den Fluss 〜 quer durch die Wiesen, dann an der Gabelung links halten und weiter am Ufer der Alster entlang.

2 ¹,⁷ An der T-Kreuzung biegen Sie links ab und überqueren den Fluss, dann nehmen Sie den ersten Weg rechts 〜 an der Gabelung bei dem kleinen Wasserfall links halten 〜 geradeaus auf den breiteren Weg und an der Brücke vorbei 〜 an der nächsten Kreuzung geradeaus weiter auf dem mittleren Weg 〜 an der folgenden Gabelung rechts zum Fluss hinab, hier nach links und zwischen der Alster und dem Becken entlang weiter.

AUSFLUG Wenig später zweigt links ein kurzer Weg zu einem Herrenhaus ab. Hier gibt es neben dem Alstertal-Museum auch eine Einkehrmöglichkeit.

Wellingsbüttel (Hamburg)
Vorwahl: 040

🏛 **Alstertal-Museum**, Wellingsbüttler Weg 75a, ✆ 5366679, ⏱ Sa, So 11-13 und 15-17 Uhr u. n. V. Im Torhaus von 1757 des ehemaligen Gutes Wellingsbüttel zeigt eine Ausstellung Geschichtliches rund um die Alster, so z. B. Dokumente über die Oberalster-Lastschifffahrt vom 15. bis ins 20. Jh. und alte bäuerliche Gerätschaften und Kleider. Zudem finden zahlreiche Veranstaltungen des gleichnamigen Kulturkreises statt. @ xyj534

6 **Gut Wellingsbüttel**, Wellingsbüttler Weg 71. Im ehemaligen, 1750 erbauten Herrenhaus des Gutes Wellingsbüttel ist heute eine Seniorenresidenz untergebracht. Besonders sehenswert ist das Torhaus in Fachwerkbauweise von 1757, das wie auch das Herrenhaus vom damaligen Gutsherr Theobald Joseph von Kurtzrock in Auftrag gegeben wurde. @ kat141

🍴 **Café im Herrenhaus**, Wellingsbüttler Weg 71, ✆ 97070980, ⏱ Mi-So ab 11 Uhr. In dem Herrenhaus aus dem Jahr 1750 lässt sich in herrschaftlichem Ambiente eine Pause genießen. @ agu451

Der Alsterwanderweg kreuzt einen Querweg und führt weiterhin direkt am Ufer des Flusses entlang.

3 ⁴,⁵ Sie überqueren auf der Holzbrücke die Alster und biegen drüben nach links ab 〜 nach etwa 400 m halten Sie sich an der Gabelung links und überqueren erneut den Fluss 〜 gleich danach nach rechts am Ufer entlang 〜 an der

Torhaus von Gut Wellingsbüttel

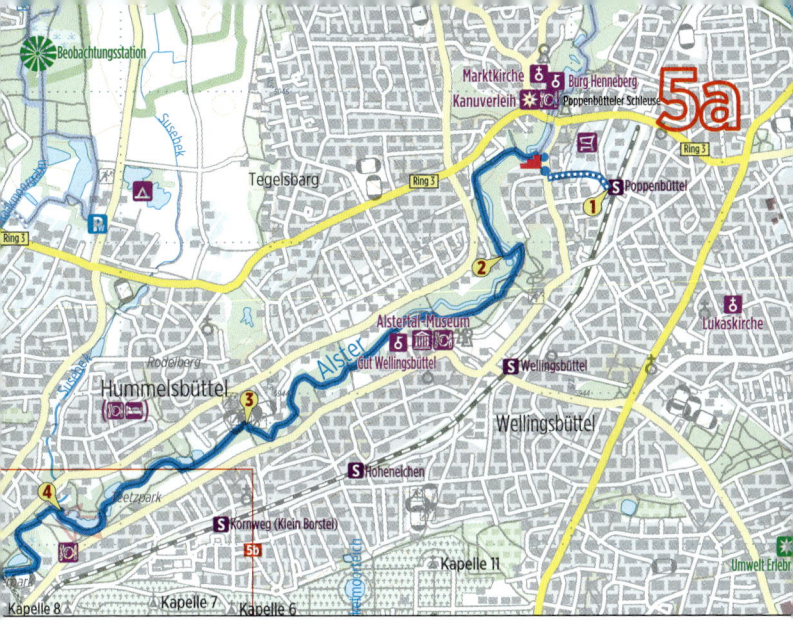

Markierung des Nordic-Walking-Parks rechts über die **Kühnbrücke**, gleich danach wenden Sie sich nach links.

4 6,2 An der T-Kreuzung nach links und über den Seitenarm der Alster, gleich nach der Brücke erneut links und am Flussufer weiter ~ auf der **Reiterbrücke** wechseln Sie an das linke Flussufer ~ Sie bleiben am Alsterufer und unterqueren die Bahngleise ~ an der Gabelung beim Wassersportverein halten Sie sich rechts und laufen um das Gelände des **Wassersportvereins** herum ~ zwischen See und Fluss entlang ~ an der Brücke geradeaus weiter, gegenüber befindet sich eine Gaststätte.

🔲 **Restaurant Alsterpark**, Brombeerweg 12c, ☎ 0163/1589347, ⏱ Di-Sa 18-22 Uhr, So 12-18 Uhr, @ jnw157

Wenig später vorbei an der nächsten Einkehrmöglichkeit.

🔲 **Zur Ratsmühle**, Ratsmühlendamm 2, ☎ 040/505554, ⏱ tägl. ab 12 Uhr, @ jla184

Nach dem **Tretbootverleih** rechts halten und unter der Straßenbrücke hindurch ~ der Wanderweg führt parallel zum **Justus-Strandes-Weg** weiter am Wasser entlang ~ an der **Schleuse** die Straße Am Hasenberge kreuzen, dann durch das Tor und über die Treppe hinab zum Alsterufer ~ an der Gabelung nach dem Schwimmbad rechts halten.

5 8,6 An der T-Kreuzung noch vor der Straße nach rechts und auf den geschotterten Wanderweg ~ bleiben Sie auf dem ufernahen Weg ~ unter

Blick auf den Alsterpark

der Straßenbrücke hindurch 〜 an der nächsten Brücke wechseln Sie ans rechte Ufer 〜 vor dem Cafe führt der Weg zur Straße.

Braband Bistro & Wein, Alsterdorfer Damm 18, ☎ 040/38677161, ⏲ tägl. 12-24 Uhr, @ wul813

6 10,8 Auf dem **Alsterdorfer Damm** überqueren Sie erneut den Fluss und steigen gleich nach der Brücke rechts über die Stufen hinab zum Ufer 〜 an der **Kleingartenanlage** entlang 〜 auf der **Rathenaubrücke** über den Seitenkanal 〜 die Straße kreuzen und durch die Anlage Birkenhain 〜 erst unter der **Deelbögebrücke**, dann unter der Bahn hindurch und am Spielplatz entlang 〜 an der nächsten Brücke wechseln Sie ans rechte Alsterufer 〜 am Cafe vorbei.

Cafe Barmeiers Garten, Eppendorfer Landstr. 180, ☎ 040/50743530, ⏲ tägl. 12-20 Uhr

Nach der Brücke links halten und am Ufer entlang durch den **Haynspark.**

7 13,5 Auf der **Fährhausbrücke** über den Fluss, danach wenden Sie sich nach rechts 〜 am Theater **Komödie Winterhuder Fährhaus** kreuzen Sie die Hudtwalckstraße, passieren das Café und die Schiffsanlegestelle und gehen auf dem **Leinpfad** weiter.

> **TIPP** Im Hamburger Stadtgebiet kommen Sie an vielen Cafés und Restaurants vorbei, diese werden nachfolgend nicht mehr einzeln gelistet.

Wenig später können Sie am rechten Elbufer das ehemalige Kloster St. Johannis sehen, das heute als Damenstift genutzt wird 〜 unter der Bahn hindurch und die Straße kreuzen 〜 an der **Marie-Louisen-Straße** nach rechts 〜 an der nächsten Ampelkreuzung links in die **Heilwigstraße** 〜 im Rechtsbogen der Straße geradeaus in

die Sackgasse ⌇ auf dem ufernahen Weg durch den **Eichenpark**.

8 ¹⁵,⁵ An der **Krugkoppelbrücke** kurz nach rechts und nach wenigen Metern an der Ampel die Straße kreuzen ⌇ durch das Drängelgitter und auf dem Uferweg entlang der **Außenalster** ⌇ Sie kommen an dem Eiscafe und der **Anlegestelle Fährland** vorbei ⌇ geradeaus weiter durch den **Alsterpark** ⌇ an der **Anlegestelle Rabenstraße** vorbei ⌇ der Grünstreifen am Ufer wird schmaler, Sie wandern weiterhin an der Außenalster in Richtung Zentrum ⌇ am Restaurant **Portonovo** vorbei.

9 ¹⁸,⁰ Kurz darauf am südlichen Ende der Außenalster folgen Sie dem gepflasterten Uferweg nach links ⌇ unter den beiden Brücken hindurch, dann am rechten Ufer der **Binnenalster** entlang ⌇ am **Jungfernstieg** nach links ⌇ vor der Sparkasse links in den **Reesendamm** ⌇ am **Rathaus** und der **Börse** vorbei.

❋ **Rathaus**, Rathausmarkt 1, ☏ 040/428312470 ⓝ Führungen: Mo-Fr 11-16 Uhr, Sa 10-17 Uhr, So 10-16 Uhr, halbstündlich. Mit 647 Räumen besitzt das im Stil der Neo-Renaissance von 1884 bis 1897 erbaute Rathaus sechs Zimmer mehr als der Buckingham-Palace. Es ist Sitz des Senats und der Bürgerschaft. @ frh573

❋ **Börse**, Adolphpl. 1, ☏ 040/36138360 ⊜ Die Börse wurde 1558 gegründet und ist die älteste im Lande. @ fvt213

An der **U-Bahn-Station Rödingsmarkt** geradeaus weiter ⌇ die Willy-Brandt-Straße kreuzen ⌇ rechts in die Straße

Herrlichkeit, am Alsterfleet nach links ∿ an der nächsten Brücke rechts, gleich danach links ab ∿ an der **Binnenhafenbrücke** befinden Sie sich direkt an der Alstermündung, gegenüber liegt die Speicherstadt ∿ zur U-Bahn-Station geht es nach rechts. **10** [20,6] An der U-Bahn-Station Baumwall endet diese Tour.

>
> **TIPP**
> Wenn Sie die Speicherstadt nicht kennen, dann ist eine kurze Runde vorbei an der Elbphilharmonie und durch die alten Backsteinbauten auf alle Fälle zu empfehlen.

Speicherstadt
Vorwahl: 040

🏛 **Speicherstadtmuseum**, Am Sandtorkai 36, ☎ 321191 ☞ Führungen durch das Museum und die Speicherstadt: März-Okt., Sa 15 Uhr, ganzjährig, So 11 Uhr. Neben der Arbeit in den Speichern wird die Geschichte der Speicherstadt aufgezeigt. @ sdl554

❇ **Elbphilharmonie**, Pl. der Deutschen Einheit 1, ☎ 3576660. Das Prestigeprojekt Hamburgs wurde nach jahrelanger Bauzeit Ende 2016 fertiggestellt und am 11.01.2017 feierlich eröffnet. Die futuristisch anmutende architektonische Gestalt des Gebäudes soll an Wasserwellen und Segel erinnern und somit die enge Verbindung Hamburgs mit maritimen Lebenswelten widerspiegeln. Auf der Plaza in 37 m Höhe, dem Bereich zwischen Sockelbau und glasverkleidetem Aufbau, kann der Besucher Ausblicke auf die Hansestadt und die Elbe genießen.

❇ **Speicherstadt**. Zwischen Deichtorhallen und Baumwall liegt das größte Lagerhausensemble der Welt – die über hundertjährige und als UNESCO- Welterbe ausgezeichnete Speicherstadt. Hinter der Fassade der wilhelminischen Backsteingotik der Gründerzeit lagern edle Güter: Kaffee, Tee, Kakao, Gewürze, Tabak, Computer und das größte Orientteppichlager der Welt. @ dwg644

Speicherstadt

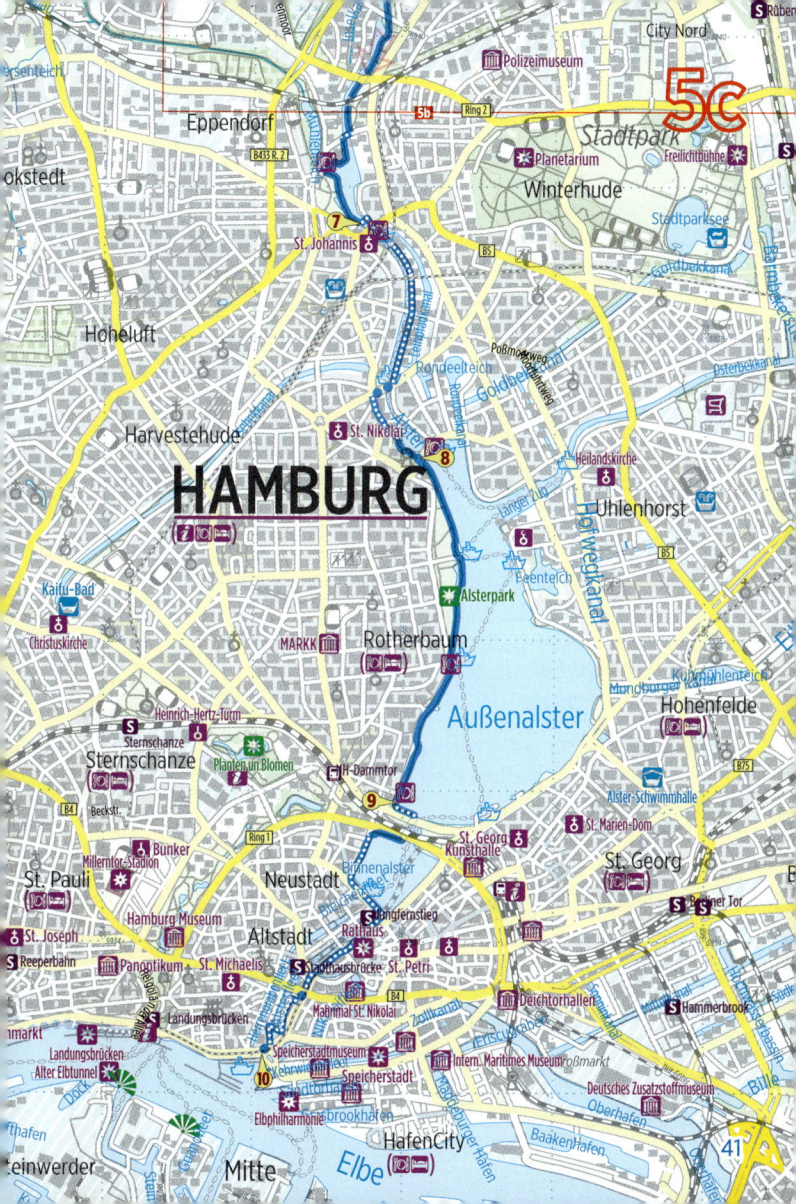

Tour 6   11,6 km

Der Elbuferweg

Start: Hamburg-Hafen, S- und U-Bahn-Station Landungsbrücken
Ziel: Hamburg-Blankenese, Bushaltestelle Blankenese Fähre

Aufstieg: 43 m	*Hartbelag:* 85 %
Abstieg: 52 m	*Wanderwege:* 15 %
Gehzeit: 2,5 - 3 Std.	*Wanderpfade:* 0 %

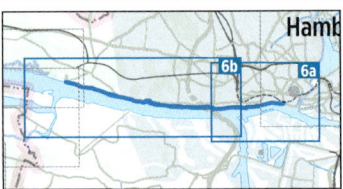

Charakteristik: Obwohl oder gerade weil zeitweise mit viel Trubel zu rechnen ist, gehört ein Spaziergang am Ufer der Elbe wohl zu den beliebtesten Ausflügen in Hamburg. Ausgehend vom beeindruckenden Hafen flanieren Sie am Ufer des breiten Flusses am beliebten Fischmarkt vorbei und werfen einen Blick auf die historischen Schiffe im Museumshafen in Oevelgönne. Nach einer erholsamen Rast am Sandstrand zeigt sich die restliche Strecke bis

nach Blankenese etwas ruhiger und weniger belebt. Bevor es vom Fähranleger mit dem Bus zur S-Bahn geht, sei ein kleiner Rundgang durch das reizvolle Treppenviertel von Blankenese empfohlen.

Markierung: Vereinzelt kommen namentliche Wegweiser vor.

Anfahrt: Die Station Landungsbrücken erreichen Sie mit den Linien S 1, S 3 und U 3.

Abfahrt: Die Buslinie 488 bringt Sie zum S-Bahnhof Blankenese, an dem die S 1 hält.

Landungsbrücken
Vorwahl: 040

⚓ **Hadag-Hafenfähren**, St.-Pauli-Landungsbrücken, ✆ 3117070. Der Hamburger Verkehrsverbund (HVV) betreibt 7 Fährlinien, mit denen Sie mit einem normalen HVV-Ticket günstig den Hafen erleben können. Besonders zu empfehlen ist die Linie 62 Landungsbrücken-Finkenwerder und zurück (Abfahrt tagsüber alle 15 Min.). @ uhi613

⚓ **Große Hafenrundfahrt**, St.-Pauli-Landungsbrücken, Brücke 2 und 6 bei Barkassen-Meyer,

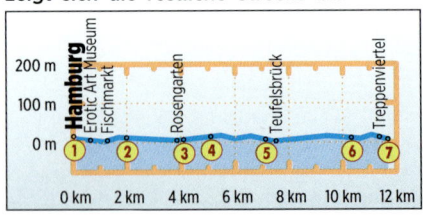

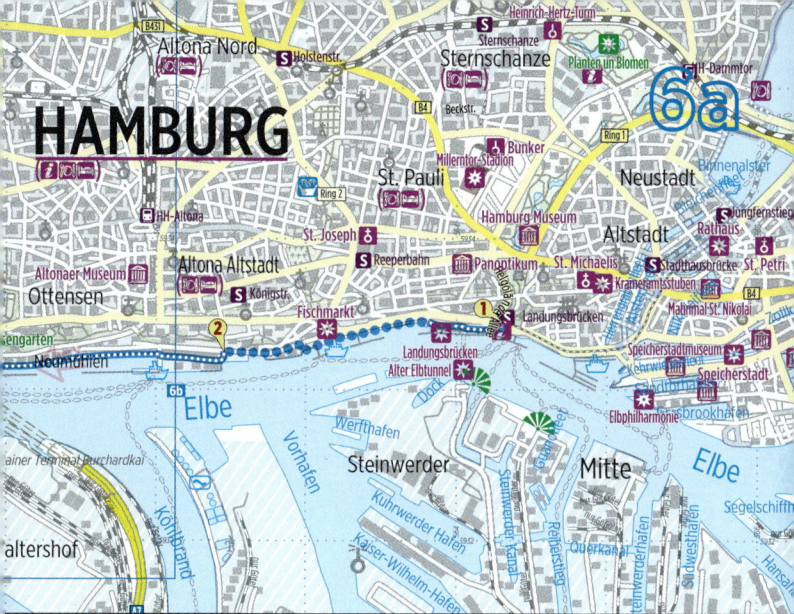

☎ 3177370. Abfahrten: April–Okt., tägl. 10-17 Uhr, Nov.–März, tägl. 11-15/16 Uhr, Dauer: 1 Std. @ cdj377

🏛 **Museumsschiff – Windjammer Rickmer Rickmers**, St.-Pauli-Landungsbrücken, Ponton 1a, ☎ 3195959 ☞ Der ehemalige Ostindien-Fahrer gilt heute als das „schwimmende Wahrzeichen Hamburgs". @ vnb438

1 **0,0** Vom **S-Bahnhof Landungsbrücken** gehen Sie auf der Fußgängerbrücke über die breite Straße, dann rechts die Treppen hinunter und hinter dem Gebäude am Elbufer entlang ↝ über ein paar Stufen hinauf und hinter dem Zugang zum **Alten Elbtunnel** vorbei.

✳ **Alter Elbtunnel**, Bei den St.-Pauli-Landungsbrücken 5. Der 426 m lange Tunnel von 1911 ist die älteste Flussuntertunnelung des Kontinents und führt mit zwei Röhren von St. Pauli zum anderen Elbufer. Mit vier großen Fahrstühlen werden Menschen und Fahrräder in 24 m Tiefe transportiert. @ qnh553

Der Weg führt rechts zur Straße, dann links auf dem Gehweg neben der Straße entlang ↝ am **Fischmarkt** vorbei.

✳ **Fischmarkt**, Große Elbstr. 9, ⏰ April-Okt., So 5-9.30 Uhr, Nov.–März, So 7-9.30 Uhr. Das sonntägliche Treiben auf dem Fischmarkt, wo zahlreiche Marktschreier lauthals ihre Waren anpreisen, lockt jede Woche bis zu 70.000 Besucher an.

2 **2,0** Sie zweigen links ab in die **Van-der-Smissen-Straße** ↝ am

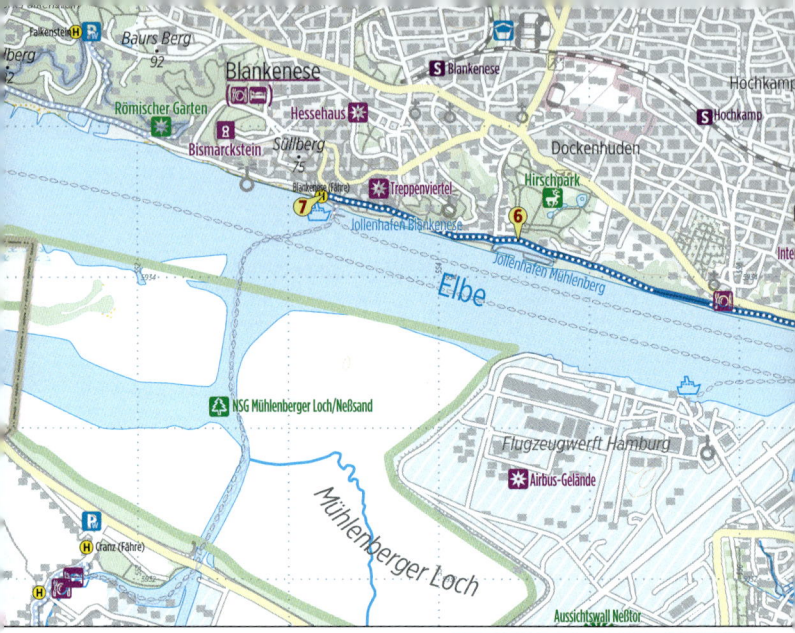

Fährterminal vorbei 〜 im Rechtsbogen der Straße biegen Sie links
ab, gehen durch das Tor und hinter
den Gebäuden am Elbufer entlang
〜 nach mehr als 1 km rechts um das
Becken des **Museumshafens** herum.

🏛 **Museumshafen – Oevelgönne,** Ponton
  Neumühlen, 📞 040/41912761. In dieser El-
  bidylle säumen alte Häuser mit verträum-
  ten Veranden die Uferstraße. Rund 20 Old-
  timerschiffe sind am Elbanleger Neumühlen zu besichtigen. Stolz des Hafens ist das
  ehemalige Feuerschiff Elbe 3. @ ywv468

Rechts in die Fußgängerzone **Oevelgönne.**

3 ⁴'¹ Bevor Sie zum Sandstrand kommen, zweigen Sie rechts ab.

VARIANTE Sie können auch am Strand entlang wei-
tergehen. Nach knapp 1 km treffen Sie am
Ende wieder auf die Hauptroute.

Nach wenigen Metern biegen Sie links
ab und wandern in dem hübschen
Gässchen an der Häuserzeile entlang
weiter.

4 ⁵'¹ Am Ende der Gasse wieder direkt
am Elbufer entlang 〜 am Großen
Stein, dem **Alten Schweden,** vorbei
〜 ab der Gaststätte Elbkate geht
es vorübergehend auf Schotter weiter 〜 wenig später wieder auf dem
Asphaltweg oder daneben auf dem
schmalen Fußweg.

5 ⁷'¹ Am **Bootshafen** dem Weg nach
rechts folgen, vor der Straße dann
nach links 〜 an der **Bushaltestelle**

Groß Flottbek

Loki Schmidt Haus

Klein Flottbek

Klein Flottbek

Ernst-Barlach-Haus

Jenischpark

Jenisch-Haus

NSG Flottbektal

Teufelsbrück

Othmarschen

Othmarschen

Bahrenfeld

Christuskirche

Kreuzkirche

Ansgar-Kirche

Ovelgönne

Rosengarten

Museumshafen Ovelgönne

Altonaer Museum

Ottensen

Neumühlen

HH

6a

Freibad Finkenwerder

Köhlfleethafen

Steendiek Kanal

Köhlfleet

Petroleumhafen

Parkhafen

Container Terminal Burchardkai

Waltershof

Waltersdorfer

Finkenwerder

Teufelsbrück Fähre vorbei ∿ mit schönem Blick auf die Elbe immer auf dem Rad- und Gehweg bleiben.

6 10,3 Am Rande des **Hirschparks** am Bootshafen vorbei ∿ an der folgen-den Gabelung halten Sie sich links und laufen unterhalb der Mauer weiter ∿ an der Kreuzung mit dem Baursweg geradeaus weiter zwischen den Häusern am Rande des **Treppenviertels** entlang.

Am Elbufer

Blankenese

❋ **Treppenviertel**. Ein Spaziergang durch das reizvolle Viertel, das mit seinen urigen Häuschen, verwinkelten Gässchen und zahlreichen Treppen besticht, ist unbedingt empfehlenswert. Durch die Lage am Elbhang bieten sich immer wieder schöne Ausblicke auf den Fluss.

Nach der Gasse geradeaus auf der Straße weiter.

7 [11,7] An der Bushaltestelle Blankenese Fähre endet die Tour.

Hamburg-Blankenese
Vorwahl: 040

⚓ **Fähre Blankenese-Cranz**, ✆ 3117070. Fährzeiten: April-Anf. Okt., tideabhängig tägl., @ rjh788

❋ **Hessehaus mit Hessepark**, Am Kiekeberg 40. Das Landhaus ließ sich der Hamburger Kaufmann R. H. Klüdner 1799 errichten. Nach mehrmaligen Besitzwechseln kaufte die Gemeinde Blankenese das Anwesen und benannte den vorgelagerten Park nach den letzten Eigentümern. @ rbp843

❋ **Hirschpark**. Im Landschaftsgarten mit alten Alleen und Aussichtspunkt lassen sich in den Wildgehegen die Tiere bewundern. Sehenswert ist das klassizistische Landhaus, das der Hamburger Kaufmann Johann C. Godeffroy errichten ließ. @ uep471

❋ **Römischer Garten**, Kösterbergstr. 40e. Im Gegensatz zu den meisten anderen Parks am Elbufer wurde der Römische Garten nicht als englischer Landschaftsgarten, sondern im Jugendstil angelegt. Seine heutige Form erhielt die Anlage unter dem Bankier Moritz Warburg gegen Ende des 19. Jhs. Im Jahr 1951 schenkte die Familie Warburg den Park der Stadt Hamburg. In der Parkanlage gibt es eine Freilichtbühne mit Theateraufführungen im Sommer. @ rpx824

🛏 **Marienhöhe**, Luzerneweg 1-3, ✆ 188890, @ mde221

🛁 **Hallenbad Blankenese**, Simrockstr. 45, ✆ 188890, @ cwu717

Tour 7   6,4 km

Das Falkensteiner Ufer

Start/Ziel: Hamburg-Falkenstein, Bushaltestelle Falkenstein

Aufstieg: 133 m   *Hartbelag:* 31 %

Abstieg: 133 m   *Wanderwege:* 37 %

Gehzeit: 1,5 Std.   *Wanderpfade:* 32 %

Blick auf die Elbe

Charakteristik: Am westlichen Rand von Hamburg in direkter Elbnähe führt diese Wanderung durch eine reizvolle Grünanlage, von der sich immer wieder ein schöner Blick auf die Elbe bietet. Vorbei am Puppenmuseum, das in einem sehenswerten Landhaus untergebracht ist, geht es zum sandigen Elbufer hinab. Am westlichen Rand des Hamburger Stadtteils Blankenese wandern Sie schließlich wieder auf die Anhöhe hinauf und passieren schließlich den Römischen Garten, ehe Sie wieder zum Ausgangspunkt in Falkenstein zurückkehren.

Markierung: Keine durchgängige Wegweisung, nur sporadisch mit gelbem Pfeil markiert.

Anfahrt: Vom S-Bahnhof Blankenese bringt Sie die Buslinie 286 zur Bushaltestelle Falkenstein. Der Parkplatz befindet sich gleich nebenan.

Hamburg-Falkenstein

⊡ **Zum Falkenstein**, Koesterbergstr. 105, ☎ 861342, ⏲ tägl. ab 11 Uhr

1 ⁰,⁰ Vom oberen Ende des Parkplatzes gehen Sie auf dem breiten Weg

Elbstrand am Abend mit dem Schiffswrack „MS Uwe"

in den Park hinein 〰 den links abzweigenden Pfad ignorieren 〰 an der aussichtsreichen Rastbank vorbei 〰 der Weg schlängelt sich quer den Hang hinab.

2 1,5 Nach etwa 1 km nach dem Rechtsbogen im spitzen Winkel links bergab 〰 weiter unten rechts in den breiten Weg einbiegen 〰 den nächsten links abzweigenden Weg ignorieren und geradeaus weiter 〰 am Rastplatz vorbei, dahinter zweigen Sie rechts ab und steigen die Treppe hoch 〰 oben am Ende der Stufen links und um das **Puppenmuseum** herum.

🏛 **Puppenmuseum Falkenstein**, Grotiusweg 79, ✆ 040/810582 ✆ Das Falkensteiner Puppenmuseum ist in einem hoch über der Elbe gelegenen Landhaus im Stil des Neuen Sachlichen Bauens aus dem Jahr 1923 untergebracht. Die Sammlung von Elke Dröscher umfasst neben den mehr als 500 Puppen und 60 Puppenhäusern auch zahlreiche historische Kinderbildnisse. @ hjf551

Auf der westlichen Seite des Gebäudes wieder über Stufen hinab 〰 am Ende der Treppe nach links 〰 der Rechtskehre folgen 〰 am Abzweig bei den beiden Rastbänken im spitzen Winkel nach links 〰 am etwas breiteren Weg nach rechts 〰 Sie überqueren die kleine Straße und gehen auf dem Pflastersträßchen **Rissener Ufer** weiter 〰 an der folgenden T-Kreuzung nach links.

3 2,7 Direkt nach dem **Café Buchfink** und noch vor dem Parkplatz zweigen Sie links ab und wandern auf dem Schotterweg zum Elbstrand hinab 〰 vor dem Fluss nach links und am Sandstrand entlang 〰 vorbei am **Campingplatz**, gleich danach links abzweigen, dann zur Straße hinauf und dort rechts 〰 am Wendekreis gehen Sie geradeaus weiter auf dem Rad- und Gehweg 〰 mit schönem Blick auf die Elbe am **Falkensteiner Ufer** entlang 〰 an den Rückhaltebecken vorbei.

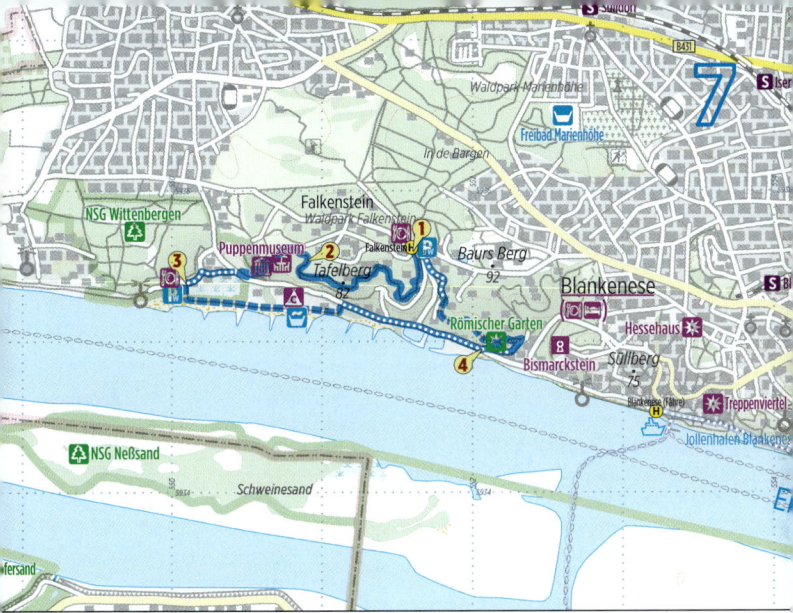

4 4,9 An der folgenden Gabelung (nach Haus Nr. 32) halten Sie sich links und gehen bergauf 〰 durch das Tor hindurch 〰 wenig später auf dem Schotterweg weiter 〰 an der Hauseinfahrt vorbei 〰 gleich darauf an der Kreuzung im spitzen Winkel nach links 〰 an der nächsten Gabelung halten Sie sich erneut links 〰 über die Holzbrücke und in den **Römischen Garten** hinab.

✴ **Römischer Garten**, Kösterbergstr. 40e. Im Gegensatz zu den meisten anderen Parks am Elbufer wurde der Römische Garten nicht als englischer Landschaftsgarten, sondern im Jugendstil angelegt. Seine heutige Form erhielt die Anlage unter dem Bankier Moritz Warburg gegen Ende des 19. Jhs. Im Jahr 1951 schenkte die Familie Warburg den Park der Stadt Hamburg. In der Parkanlage gibt es eine Freilichtbühne mit Theateraufführungen im Sommer. @ rpx824

Sie gehen links herum und mit gutem Blick auf die Elbe am Rande des Gartens entlang 〰 rechts über die Treppe hinauf 〰 kurz bergab, unten an der Gabelung rechts halten und wieder bergauf wandern 〰 links hinab zum asphaltierten Sträßchen, in das sie rechts einbiegen 〰 wenig später erneut links in die Straße einbiegen.

1 6,4 Gleich darauf sind Sie wieder am Parkplatz angelangt.

Hamburg-Falkenstein

Tour 8 — 5,7 km

Die Boberger Dünen

Start/Ziel: Hamburg, Parkplatz Boberger Furt

Aufstieg: 29 m	*Hartbelag:* 48 %
Abstieg: 29 m	*Wanderwege:* 2 %
Gehzeit: 1,5 Std.	*Wanderpfade:* 50 %

Charakteristik: Zwischen Billwerder und Lohbrügge befindet sich, umgeben von einer Heidelandschaft, die letzte noch erhaltene Wanderdüne Hamburgs. Diese kurze Wanderung führt Sie durch die Boberger Niederung, eines der schönsten und bedeutendsten Naturschutzgebiete Hamburgs. Der Boberger See lädt an heißen Tagen zum Baden ein.

Markierung: Es gibt keine durchgängige Markierung.

Anfahrt: Mit der S 2/S 21 bis S-Bahnhof Mittlerer Landweg, dann entweder zu Fuß der landschaftlich reizvollen Alternative an der Bille entlang folgen oder mit der Buslinie 221 zur Haltestelle Mittlerer Landweg (Nord) oder Boberger Furtweg.

Einen Parkplatz gibt es in der Nähe des Naturpark-Informationshauses.

EINSTIEG Um zu Fuß zum Startpunkt zu kommen, folgen Sie vom S-Bahnhof Mittlerer Landweg der Landstraße bis zur Bille, überqueren diese und gehen rechts am Ufer entlang bis zum Infohaus

Boberg. Der reizvolle Zuweg ist knapp 3 km lang.

Hamburg-Boberg

Vorwahl: 040

✱ **Segelflugplatz,** Weidemoor 21, ✆ 7394849. Der HAC Boberg ist einer der größten Segelflugvereine Deutschlands. Er bietet Gastflüge an (max. 15 Min. Flugzeit). Ein Imbiss mit Besucherterrasse ermöglicht beste Sicht auf die Segelflugzeuge und die schöne Landschaft. @ tfr252

🅰 **Boberger Dünenhaus,** Boberger Furt 50, ✆ 73931266, ⏱ Di-Fr 9-13 Uhr, So/Fei 11-17 Uhr, @ apu662

🅰 **Boberger Dünen.** Die Boberger Dünen sind die einzige Wanderdüne Hamburgs. Früher reichten die Dünen vom Berliner Tor bis nach Bergedorf, der größte Teil wurde aber im 19. und 20. Jh. zu Bauzwecken abgetragen. Im Jahre 1927 sollten auch die Boberger Dünen abgebaut werden; da man sich aber nicht auf einen Sandpreis einigen konnte, blieben die Dünen erhalten und sind heute Naturschutzgebiet.

🍴 **Dorfkrug,** Boberger Furtweg 1, ✆ 7398190, ⏱ Di-Fr

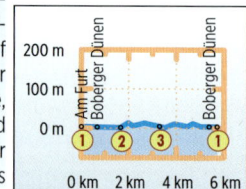

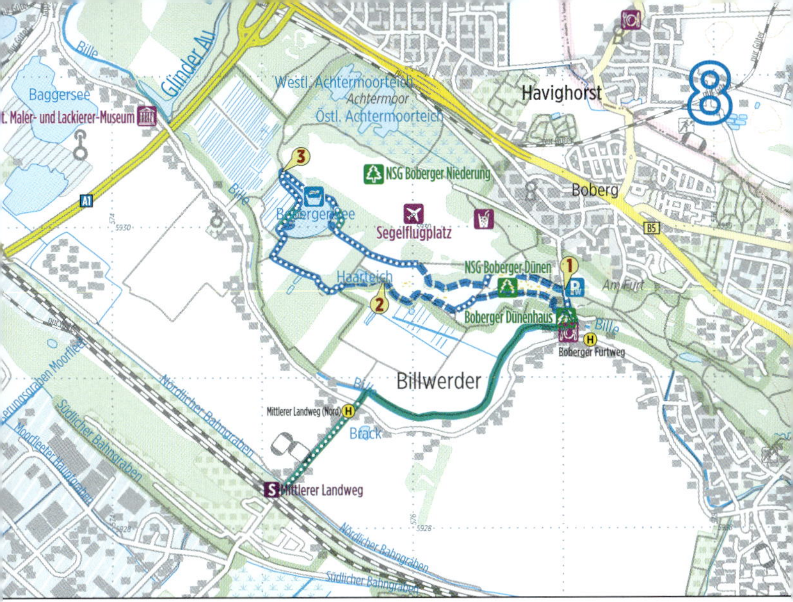

11.30–14.30 Uhr und 17–22 Uhr, Sa, So mind. 11.30–21 Uhr, @ gbd427

1 0,0 Vom Parkplatz nach links der Straße folgen ⌁ vor dem **Naturschutz-Informationshaus** rechts in die Sackgasse ⌁ nach etwa 100 m rechts Richtung Düne ⌁ auf dem sandigen Weg wandern Sie nun am südlichen Rand der Wanderdüne entlang ⌁ weiter durch die Heide-

In den Boberger Dünen

Im Naturschutzgebiet Boberger Niederung

landschaft 〜 am Asphaltweg links 〜 in dessen Linkskurve geradeaus auf den sandigen Weg, kurz darauf an der Gabelung links 〜 durch ein Wäldchen.

2 ¹·⁷ An der Weggabelung vor dem Teich links 〜 am Asphaltweg links und diesem folgen 〜 linker Hand liegt ein weiterer Teich 〜 weiter nach rechts auf dem Asphaltweg bleiben 〜 Sie erreichen den **Boberger See** 〜 nach der Rechtskurve links auf den schmalen Pfad und am Seeufer entlang.

VARIANTE Sie können auch weiter auf dem Asphalt-weg bleiben, der Uferpfad kommt auf diesen zurück.

Zurück auf dem Asphaltweg diesem weiter folgen.

3 ³·³ Am spitzen Ende des Sees rechts weiter am Ufer bleiben 〜 vorbei am **Sandstrand**, wo sich ein erfrischendes

Bad anbietet 〜 bald darauf können Sie wieder nach rechts auf den Ufer-pfad wechseln oder wahlweise auf dem Asphaltweg bleiben 〜 an der Kreuzung weiter dem Asphaltweg Richtung Boberger Düne folgen 〜 am Abzweig zum Mittleren Landweg weiter geradeaus 〜 nach etwa 300 m an der Bank rechts auf den Pfad 〜 am Asphaltweg links 〜 an der Kreuzung rechts und kurz darauf erneut rechts auf den Pfad, Sie kommen nun noch einmal von Norden dicht an die **Wan-derdüne** heran.

1 ⁵·⁷ Die Tour endet am Parkplatz.

Hamburg-Boberg

Tour 9   **10,3 km**

In den Harburger Bergen

Start/Ziel: Hamburg-Hausbruch, S-Bhf. Neuwiedenthal

Aufstieg: 229 m   *Hartbelag:* 14 %

Abstieg: 229 m   *Wanderwege:* 58 %

Gehzeit: 2,5 – 3 Std.   *Wanderpfade:* 28 %

Charakteristik: Südlich der Elbe befindet sich der Hamburger Stadtteil Hausbruch, wo der Ausgangspunkt dieser abwechslungsreichen Wanderung durch den nördlichen Teil der Harburger Berge beginnt. Unterwegs wandern Sie sowohl auf gut begehbaren Wanderwegen durch dichten Wald als auch auf wurzeligen, aber reizvollen Pfaden über Kämme, auf kleine Berge und durch schmale Täler. Vor allem die Heidelandschaft östlich des Falkenberges besticht durch ihre farbenfrohen Pflanzen und die sanften Hügel.

Anschluss: Tour 36

Markierung: Wegweisung der Wandertour Harburger Berge und gelbe Richtungspfeile.

Anfahrt: Der S-Bahnhof Neuwiedenthal ist mit der S 3 erreichbar.

Wegweiser

Parkplätze befinden sich am S-Bahnhof oder am Ehestorfer Heuweg.

Hamburg-Hausbruch

1 **0,0** Vom **S-Bahnhof Neuwiedenthal** hinauf zur Straße und links einbiegen an der **B 73** nach rechts nach Haus-Nr. 249 zweigen Sie links ab auf den etwas versteckten Pfad, dieser führt Sie steil über den Hang hinauf an der Gabelung halten Sie sich rechts und nehmen den unteren Weg an der Kreuzung auf der Lichtung den Weg queren und geradeaus den **Scheinberg** hinauf, unterwegs bieten sich zwischen den Bäumen hindurch immer wieder schöne Ausblicke Richtung Norden

Beim Falkenberg

〰 geradeaus über den Gipfel und dem Pfad hinab folgen 〰 links in den etwas breiteren Pfad einbiegen 〰 unten in dem reizvollen Tal biegen Sie rechts in den breiten Wanderweg ein.

2 **1,1** Im Rechtsbogen des breiten Weges zweigen Sie links ab auf den sandigen, doch gut begehbaren Weg bergauf 〰 den links zum Gipfel abzweigenden Pfad ignorieren 〰 oben an der Kreuzung geradeaus weiter.

Wenn Sie hier links abzweigen und auf die Kuppe hinauf gehen, bietet sich oben ein schöner Blick über die Hügel.

Am Waldrand entlang 〰 den breiten Weg kreuzen und auf dem linken der beiden gegenüberliegenden Pfade weiter 〰 kurz vor dem Forstweg nach rechts auf den Pfad, der reizvoll durch den dichten Wald führt 〰 an der nächsten Pfadkreuzung geradeaus weiter 〰 oben auf dem Kamm des **Bredenbergs** geradeaus weiter und auf der anderen Seite wieder hinab.

3 **2,3** Bei der Schranke den Forstweg kreuzen und auf dem gegenüberliegenden zweispurigen Weg geradeaus weiter 〰 an der Gabelung bei dem versteckt liegenden Haus rechts halten 〰 am querenden Forstweg rechts bergauf 〰 an der Schranke vorbei geradeaus weiter 〰 den Abzweig Richtung Wildpark ignorieren und auf dem zweispurigen Waldweg bleiben.

4 **3,1** Direkt vor den ersten Häusern links auf den Pfad 〰 bergab um das Haus herum, dann rechts wieder steil hinauf 〰 am breiten Forstweg kurz nach links, nach wenigen Metern nach rechts und auf dem Forstweg steil hinab 〰 an der T-Kreuzung nach links wenden und bergab durch den Wald 〰 nach gut 400 m an der T-Kreuzung erneut nach links und auf dem geschotterten

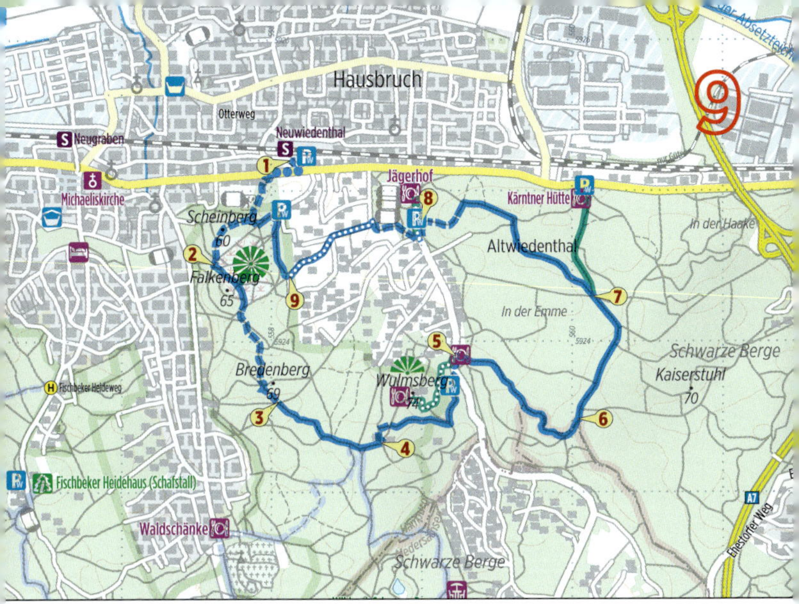

Sträßchen **Wulmsberggrund** weiter ↝ am Wanderparkplatz vorbei, dann links in die Vorfahrtsstraße einbiegen.
5 4,2 Direkt vor der Gaststätte zweigen Sie rechts ab.

 Steak House Grando Sukredo, Ehestorfer Heuweg 89, ☏ 040/61193643, ⏲ tägl. ab 11.30 Uhr

AUSSICHT Wenn Sie von der Vorfahrtsstraße links abzweigen, kommen Sie auf den Wulmsberg. Oben von der Terrasse der Gaststätte bietet sich ein schöner Blick in Richtung Norden nach Hamburg. Die Gaststätte hatte im Jahr 2020 vorübergehend geschlossen, erkundigen Sie sich vor dem Besuch nach den Öffnungszeiten.

 Berghotel Hamburg Blick, Wulmsberg 12, ☏ 040/796120, @ snv482

An der Gabelung direkt nach der Schranke geradeaus weiter ↝ auf dem zweispurigen Waldweg bleiben und bergauf wandern.

6 5,4 Oben am Holzlagerplatz biegen Sie links in den breiteren Forstweg ein ↝ erst den rechts, dann den links abzweigenden Weg ignorieren ↝ an der folgenden Dreieckskreuzung halten Sie sich links und gehen geradeaus weiter leicht bergab ↝ gleich darauf lassen Sie den scharf rechts abzweigenden Weg hinter sich.
7 6,3 An der nächsten Kreuzung nehmen Sie der Beschilderung Richtung Neuwiedenthal folgend den mittleren Weg.

AUSFLUG Für einen Abstecher zur urigen Kärntner Hütte – mit einem Angebot wie in einer österreichischen Alpenhütte – halten Sie sich an dieser Stelle rechts.

 Kärntner Hütte, Cuxhavener Str. 55c, ☏ 040/7964622, ⏲ Mi-So ab 11 Uhr

Sie lassen den links bergab führenden Weg hinter sich, an der gleich darauf folgenden T-Kreuzung wenden Sie sich nach links ↝ an der nächsten Gabelung geradeaus weiter der **NW-Markierung** folgen ↝ an der nächsten Dreieckskreuzung halten Sie sich links ↝ es geht nochmal kurz bergauf, dann auf einem Pfad hinab.

8 7,8 Oberhalb des **Wanderparkplatzes** folgen Sie dem Pfad nach links.

AUSFLUG Erneut gibt es eine Möglichkeit zur Einkehr. Zum Jägerhof gelangen Sie, wenn Sie über den Parkplatz zur Straße laufen, dann ein Stück nach rechts. Beim Gsthaus gibt es auch einen Fischimbiss, der täglich ab 11 Uhr geöffnet hat.

Landgasthaus Jägerhof, Ehestorfer Heuweg 12-14, ☏ 040/7962015 ⊙ Mo ab 17 Uhr, Di-So ab 12 Uhr, @ oxl887

Am Schotterweg nach rechts, die Straße kreuzen und kurz auf dem **Bredenbergsweg** weiter .

Hamburg-Hausbruch

Nach wenigen Metern rechts auf dem Pfad in den Wald ↝ am Querweg nach rechts, dann kurz vor dem Sportplatz links leicht bergauf ↝ wenig später geht es wieder hinab ↝ auf der anderen Seite des Sportplatzes links zur Straße ↝ geradeaus auf den Gehweg des kleinen Sträßchens ↝ an der Dreieckskreuzung die mittlere Straße nehmen.

9 9,0 Im Linksbogen der Straße, wo der Forstweg geradeaus weiter führt, zweigen Sie kurz vor dem Naturschutzgebiet rechts ab auf den Pfad ↝ dieser mündet nach wenigen Metern auf einen breiten Weg, dem Sie rechts hinab folgen ↝ rechts in den Hauptweg einbiegen und auf diesem bleiben ↝ an der Gabelung oberhalb des Parkplatzes links halten ↝ an der T-Kreuzung nach links ↝ gleich bei der nächsten Möglichkeit nach rechts auf den etwas wurzeligen Weg ↝ auf der Lichtung treffen Sie auf den vom Hinweg bekannten Weg, diesem folgen Sie zurück zur Bahn.

1 10,3 Am S-Bahnhof Neuwiedenthal endet die Rundtour.

Hamburg-Hausbruch

Heidekraut

Tour 10   12,3 km

Die Fischbeker Heide

Start/Ziel: Hamburg-Fischbek, S-Bhf. Fischbek

Aufstieg: 174 m	**Hartbelag:** 20 %
Abstieg: 174 m	**Wanderwege:** 35 %
Gehzeit: 3 - 3,5 Std.	**Wanderpfade:** 45 %

Charakteristik: Die im Südwesten Hamburgs gelegene Fischbeker Heide gilt mit einer Größe von über 770 Hektar als eines der größten Schutzgebiete Hamburgs. Gemeinsam mit der dazugehörigen Neugrabener Heide ist es nach der Lüneburger Heide die zweitgrößte derartige Kulturlandschaft in Deutschland. Auf schmalen Pfaden führt Sie diese Wanderung durch ein Gebiet von weiten, offenen Heideflächen, Baumgruppen und kleinen Wäldern. Unterwegs geht es immer wieder auf und ab und es gibt schöne Blicke ins Umland und ins Fischbektal. Am Fischbeker Heidehaus können Sie sich über die Heide informieren, der archäologische Lehrpfad am süd-

lichen Wendepunkt der Tour führt Sie zu Bodendenkmälern und zeigt, dass die Gegend eine sehr lange Besiedlungsgeschichte hat.
Markierung: Wandertour Fischbeker Heide und gelbe Pfeile
Anfahrt: Der S-Bahnhof Fischbek ist mit der S 3 zu erreichen. Alternativ können Sie bis zum S-Bahnhof Neugraben fahren und dort den Bus 250 bis Fischbeker Heideweg nehmen, die Tour verkürzt sich damit auf 8 km. Parkplätze finden Sie südlich des Bahnhofs Fischbek entlang des Ohmsweges und am nördlichen Rand der Fischbeker Heide.

Hamburg-Fischbek

1 **0,0** Vom **S-Bahnhof Fischbek** unter den Gleisen hindurch, dann nach rechts und auf dem Schotterweg an der Bahn entlang am Bahnübergang rechts die Gleise überqueren am Ende der **Dritten Meile** rechts halten und auf dem **Fischbeker Weg** weiter vorbei an der Feuerwehr, dann an der T-Kreuzung links Richtung Vorfahrtsstraße an

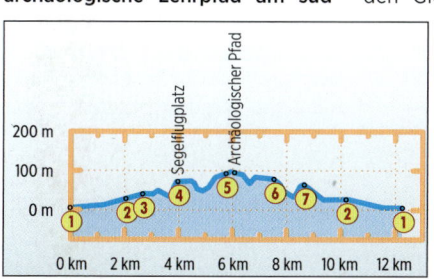

Fischbeker Heide

der **Bushaltestelle Fischbeker Heuweg** vorbei 〰 an der Ampel die B 73 kreuzen und auf dem Gehweg der Straße **Scharlbarg** bergauf 〰 🚻 am Ortsrand gehen Sie im Linksbogen der Straße geradeaus an der Schranke vorbei und geradewegs bergan ins Naturschutzgebiet.

TIPP An der nächsten Kreuzung ist der offizielle Startpunkt des Heidschnuckenweges. Dieser durchquert als 223 Kilometer langer Fernwanderweg auf seinem Weg vom südlichen Hamburg bis nach Celle mehr als 30 Heidegebiete. Aus den nächsten 4 km folgen Sie dem Heidschnuckenweg.

2 2,1 An der Kreuzung mit der Wanderwegweisung geradeaus Richtung Aussicht Segelflugplatz 〰 an der Bank weiter geradeaus 〰 an der Gabelung links und auf dem Hauptweg bleiben 〰 am breiteren Pfad weiter geradeaus, kurz darauf an der Gabelung links und steil bergan.

3 2,7 Oben angekommen haben Sie einen schönen Blick Richtung Norden 〰 im folgenden windet sich der Weg im ständigen Auf und Ab durch die Heidelandschaft 〰 an der Pfadkreuzung weiter geradeaus und steil bergan 〰 einen etwas breiteren Weg queren, kurz darauf an der T-Kreuzung rechts 〰 an der Gabelung rechts und steil bergan in den Wald.

4 4,0 Oben haben sie einen schönen Ausblick Richtung Norden und Westen, hier links halten und an der Grenze des **Segelflugplatzes** entlang 〰 an der Weggabelung links und an den Bänken vorbei 〰 an der Bank mit Wegweiser links Richtung Tempelberg 〰 steil bergab, dann wieder steil hinauf 〰 oben angekommen weiter geradeaus 〰 an der Gabelung rechts halten 〰 an den nächsten beiden Kreuzungen gehen Sie weiter geradeaus, nun direkt auf der Landesgrenze Hamburg – Niedersachsen 〰 an der Gabelung rechts.

5 5,8 An der **Stromleitung** den Pfad verlassen und links auf den breiteren Weg, der bald wieder schmaler wird 〰 am Forstweg links Richtung Fischbeker Heidehaus 〰 nach wenigen

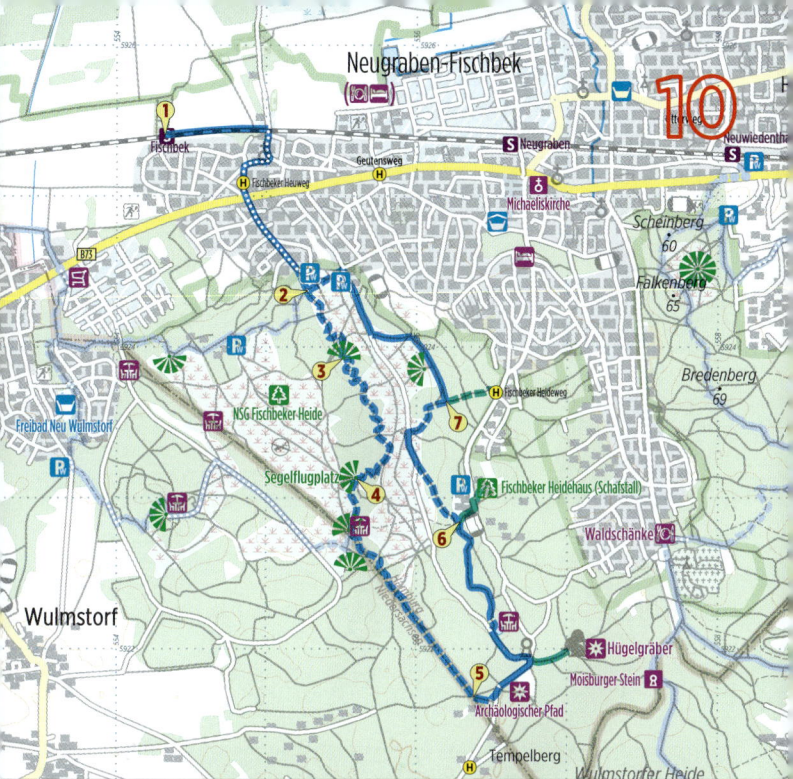

Metern geradeaus auf den Forstweg 〰 leicht bergab zu einer Lichtung, hier beginnt ein Lehrpfad.

✱ **Archäologischer Wanderpfad**, südl. der Fischbeker Heide, ✆ 040/4281310 ㉔ Schautafeln veranschaulichen die unterschiedlichen Bestattungsformen von der Jungsteinzeit über die Bronzezeit bis hin zur Eisenzeit. Führungen sind möglich, bitte tel. vereinbaren. @ vqc154

An der Kreuzung mit der Notruf-Box links halten 〰 gleich an der nächsten Kreuzung zweigen Sie dem gelben Richtungspfeil folgend links ab in Richtung Fischbektal.

AUSFLUG Wenn Sie hier rechts abbiegen, kommen Sie zu den Hügelgräbern, einer Station des Lehrpfades.

🔂 In den **Hügelgräbern** wurden bereits vor 5.500 Jahren Menschen bestattet.

Der gut begehbare Wanderweg führt in einem Rechtsbogen durch den Wald hinab 〰 sofort nach dem **Teich** rechts abzweigen und auf dem linken Wanderpfad bergauf 〰 der Pfad entwickelt sich zu einem breiteren

Wanderweg ⌇ an der Kreuzung bei der Rastbank links halten ⌇ links am Sportplatz entlang.

AUSFLUG Um zum Fischbeker Heidehaus zu kommen, zweigen Sie gleich nach dem Sportplatz rechts ab.

🏠 **Fischbeker Heidehaus**, Fischbeker Heideweg 43a, ✆ 040/73677230, 🕒 Di-Fr 9-13 Uhr, So/Fei 11-17 Uhr. Eine interaktive und erlebnisorientierte Dauerausstellung informiert in einem ehemaligen Schafstall über die Fischbeker Heide und deren Tier- und Pflanzenwelt. Daneben gibt es im Garten auch einen Barfußpfad, ein großes Xylophon etc. @ xpj225

6 7,6 Auf der Hauptroute am Ende des Sportplatzes einfach geradeaus weiter wandern, wenig später taucht wieder eine Wegmarkierung auf ⌇ der wurzelige, breite Weg führt steil hinab ⌇ geradeaus auf den breiten Forstweg ⌇ an der Kreuzung bei der Rastbank kurz nach rechts, dann nach wenigen Metern links auf den Wanderpfad ⌇ es geht teilweise ziemlich steil auf den Hügel hinauf.

7 8,7 Oben an der Kreuzung links am Kamm entlang, gleich darauf eröffnet sich eine herrliche Aussicht über die **Fischbeker Heide** ⌇ geradeaus weiter auf diesem Weg, nun wieder bergab ⌇ unten an der Kreuzung links auf den breiten Weg ⌇ am Holzlagerplatz rechts auf den breiten Forstweg ⌇ an der Kreuzung bei der Rastbank geradeaus weiter und um die Schranke herum ⌇ an der Asphaltstraße **Schnuckendrift** zweigen Sie links ab in Richtung Wanderparkplatz ⌇ auf dem Pfad unterhalb des Parkplatzes entlang ⌇ an der gleich folgenden Kreuzung geradeaus weiter bergauf.

2 10,2 An der Kreuzung treffen Sie auf den bereits bekannten Weg, diesem folgen Sie rechts zurück zum Ausgangspunkt 🚇.

1 12,3 Bei der S-Bahn-Station Fischbek schließt sich der Kreis dieser Rundtour. **Hamburg-Fischbek**

Fischbeker Heidehaus

Heidschnuckenherde in der Lüneburger Heide

Heidschnucken – die Hüter der Heide

Ursprünglich stammt die alte Landschafrasse von wilden, auf Korsika und Sardinien lebenden Mufflons ab. Seit dem Hochmittelalter durchstreift die Unterart der Grauen gehörnten Heidschnucke die Lüneburger Heide und ist damals wie heute essentieller Bestandteil der Landschaft. Vor ca. 1.000 Jahren begannen die Heidebauern mit der anspruchslosen und widerstandsfähigen Schafrasse extensive Viehwirtschaft zu betreiben, wobei die Schnucke bis zum 19. Jahrhundert vorwiegend als Woll- und ihr Kot als Düngerlieferant diente. Mit der Aufgabe der traditionellen Heidebauernwirtschaft und dem Entschluss zum Erhalt dieser uralten Kulturlandschaft Anfang des 20. Jahrhunderts hat die Heidschnucke heute eine andere Funktion. Neben kontrolliertem Abbrennen und Entkusseln (Entfernen von Pionierbaumarten durch den Menschen) werden die Heideflächen beweidet, damit die Heidschnucken junge Bäume verbeißen sowie das Heidekraut kurz und somit die Landschaft offen halten. Über 5.000 Schnucken in 7 Herden erfüllen das ganze Jahr über diese Landschaftspflegemaßnahme.

Schnucke leitet sich übrigens von „schnökern" ab, was so viel wie naschen bedeutet. Probieren sollte man unbedingt auch einmal das im Geschmack an Wildbret erinnernde Fleisch, zumal damit die erforderliche Verjüngung der Schnuckenherden gefördert wird.

Tour 11 **13,1 km**

Durch die Wulmstorfer Heide

Start/Ziel: Neu Wulmstorf, S-Bhf. Neu Wulmstorf

Aufstieg: 129 m   *Hartbelag:* 35 %

Abstieg: 129 m   *Wanderwege:* 20 %

Gehzeit: 3,5 - 4 Std.   *Wanderpfade:* 45 %

Charakteristik: Auf dem ehemaligen Truppenübungsplatz südöstlich von Neu Wulmstorf entsteht seit mehr als zehn Jahren eine Landschaft aus Heide, Magerrasen, Feuchtbiotopen und Mooren mit einer hohen Artenvielfalt. Nur unweit der stark befahrenen B 73 fühlt man sich wie in eine andere Welt versetzt. Im ersten Bereich laufen Sie durch die Fischbeker Heide, mit Übertreten der Landesgrenze kommen Sie in die Wulmstofer Heide. Die Wanderung führt Sie auf schmalen Wegen und Pfaden durch eine wunderbar abwechslungsreiche Landschaft, unterwegs gibt es immer wieder schöne Ausblicke auf das Umland. Mit etwas Glück treffen Sie sogar auf eine Heidschnuckenherde!

Markierung: Wandertour Wulmstorfer Heide und gelbe Pfeile

Anfahrt: Neu Wulmstorf ist mit der S 3 zu erreichen. Dort gibt es auch viele P+R-Plätze.

Neu Wulmstorf

1 0,0 Vom S-Bahnhof gehen Sie Richtung Ort ∼ am Kreisverkehr links in die **Konrad-Adenauer-Straße** ∼ weiter auf der **Schifferstraße** ∼ links in den **Schulweg**, dann weiter auf dem **Pappelweg** ∼ geradeaus auf dem Schotterweg den Ort verlassen ∼ Sie befinden sich nun auf Hamburger Stadtgebiet ∼ rechts in den Weg **Voßdrift** ∼ die B 73 queren, der asphaltierten Straße folgen und noch vor den Häusern rechts auf den Pfad. **2** 2,4 An der Pfadkreuzung vor den Häusern links Richtung Fischbeker Heide ∼ an der Weggabelung links durch einen Zaun auf den **ehemaligen Truppenübungsplatz** ∼ die Panzerstraße überqueren, dahinter auf dem schmalen Pfad weiter und ins Naturschutzge-

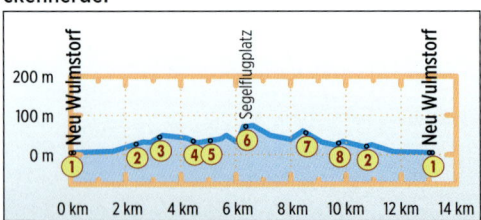

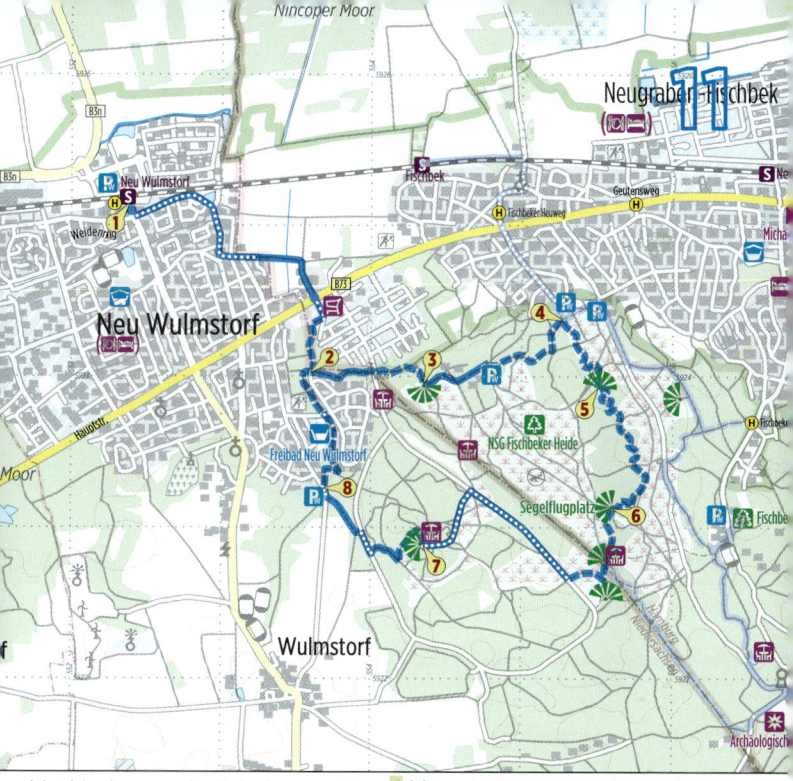

biet hinein ⚓ an der Gabelung rechts und leicht bergan.

3 3,2 Oben haben Sie einen ersten schönen Blick auf die Heideland-schaft, hier links halten ⚓ linker Hand liegt das **Schullandheim Am Scharlberg** ⚓ am Holzbalken weiter geradeaus ⚓ etwa 200 m hinter dem Schullandheim halbrechts auf den Reitweg, am nächsten Weg links halten ⚓ an der Gabelung rechts ⚓ an der Kreuzung mit Bank links halten, dann rechts.

4 4,4 An der Kreuzung mit dem Wan-derwegweiser rechts Richtung Aus-sicht Segelflugplatz ⚓ an der Bank weiter geradeaus ⚓ an der Gabelung links und auf dem Hauptweg bleiben ⚓ am breiteren Pfad weiter gerade-aus, kurz darauf an der Gabelung links und steil bergan.

5 5,1 Oben angekommen bietet sich ein schöner Blick Richtung Norden ⚓ nachfolgend windet sich der Weg im ständigen Auf und Ab durch die Hei-delandschaft ⚓ an der Pfadkreuzung

Fischbeker Heide

weiter geradeaus und steil bergan 〰 einen etwas breiteren Weg queren, kurz darauf an der T-Kreuzung rechts 〰 an der Gabelung rechts und steil bergan in den Wald.

6 6,4 Oben haben sie schöne Ausblicke Richtung Norden und Westen, hier links halten und an der Grenze des **Segelflugplatzes** entlang 〰 an der Weggabelung links und vorbei an den Bänken 〰 an der Bank mit Wegweiser weiter geradeaus, die Landesgrenze nach Niedersachsen wird überschritten 〰 rechts und hinunter zur **Panzerstraße**, dieser nach rechts bergab folgen 〰 nach etwa 1 km links auf der Panzerstraße bergan.

7 8,6 Am Ende der Straße am **Betonplatz** rechts und auf dem Pfad bergab 〰 auf die Markierung achten und links

weiter bergab 〰 am Schotterweg rechts und kurz darauf an der Weggabelung links 〰 an der T-Kreuzung auf der **Panzerstraße** rechts 〰 nach etwa 150 m links auf den Weg und in den Wald 〰 an der Straße rechts und nach Neu Wulmstorf 🚉.

8 9,7 Direkt nach dem Ortseingangsschild rechts auf den Pfad 〰 an der Weggabelung rechts und über den kleinen Bach 〰 leicht bergan und dann links auf den sehr schmalen Pfad 〰 rechter Hand liegen Gärten und Häuser 〰 über die Straße und weiter auf dem Fußweg.

2 10,7 An der bekannten Pfadkreuzung links und zurück zum Ausgangspunkt.

1 13,1 Das Ende der Tour erreichen Sie am S-Bahnhof Neu Wulmstorf.

Neu Wulmstorf

Touren in Schleswig-Holstein

Auf diesen in Schleswig-Holstein verlaufenden Touren lernen Sie einige der regionaltypischen Landschaften kennen: das Marschland an der Unterelbe, höher gelegene Geestgebiete und das von Jungmoränen geprägte Hügelland im Nordosten Hamburgs.

Die ausgewählten Wanderungen führen Sie durch große Moorgebiete wie das Himmel- oder das Dosenmoor, entlang von Seen wie dem Ratzeburger See oder der Möllner Seenkette und durch große Wälder wie dem Sachsenwald bei Aumühle oder dem Segeberger Staatsforst. Auch die spannenden Flusswanderungen entlang der Wakenitz nach Lübeck oder entlang der Elbe bei Lauenburg sollten Sie sich nicht entgehen lassen.

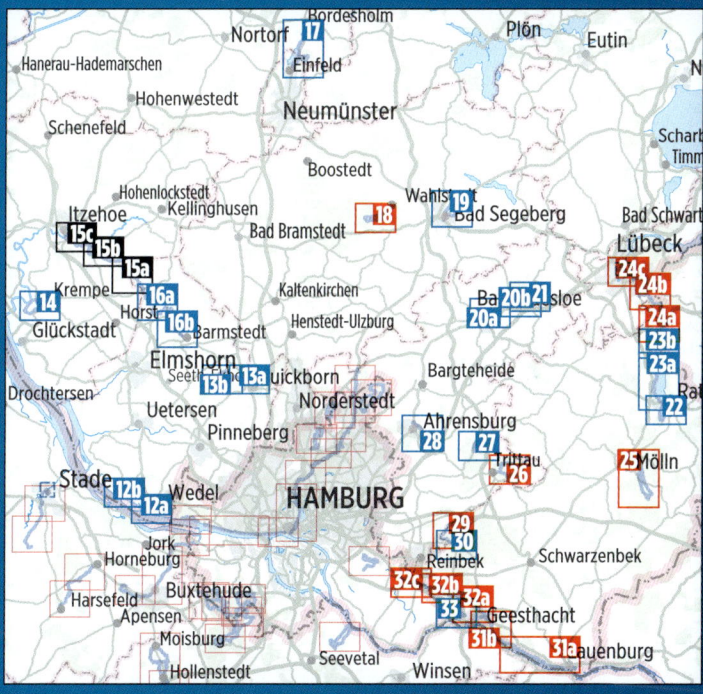

Tour 12   8,4 km

Willkomm-Höft und Vogelstation

Start: Wedel, OT Schulau, Bushaltestelle Elbstraße

Ziel: Hetlingen, Bushaltestelle Schulstraße

Aufstieg: 0 m   *Hartbelag:* 47 %

Abstieg: 12 m   *Wanderwege:* 53 %

Gehzeit: 2 – 2,5 Std.   *Wanderpfade:* 0 %

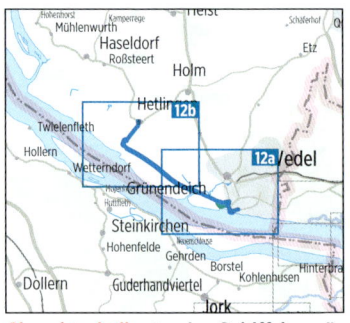

Charakteristik: An der Schiffsbegrü-ßungsanlage im westlich von Hamburg gelegenen Wedel beginnt dieser gemütliche Spaziergang am Ufer der Elbe. Mit schönem Blick über den Fluss und die Marsch wandern Sie Richtung Westen bis nach Hetlingen. Unterwegs lädt die NABU-Vogelstation Wedeler Marsch dazu ein, heimische Vogelarten zu beobachten und mehr über sie zu erfahren.

Markierung: keine

Anfahrt: Mit der S 1 nach Wedel. Die Buslinie 189 bringt Sie zur Haltestelle Wedel, Elbstraße. Einen Wanderparkplatz gibt es in der Schulauer Straße.

Rückfahrt: Die Buslinie 589 bringt Sie von der Bushaltestelle Hetlingen, Schulstraße wieder zum S-Bahnhof Wedel zurück.

Wedel, OT Schulau

Vorwahl: 04103

🛥 **Fähre Elblinien**, Stade-Wedel-Altona. Fährzeiten: März Do-So, April-Okt., tägl. bis zu 4 Fahrten, Infos bei der Tourist-Information Stade, ☏ 04141/776980. @ tuk174

🛥 **Fähre Lühe-Schulau**, Strandweg 3, ☏ 04141/788667. Fährzeiten: April-Sept., Mo-Fr 6.10-18.40 Uhr, Sa, So/Fei 9-18.40 Uhr, Okt.-März, Mo-Do 6.10-8.40 Uhr und 16.10-18.40 Uhr, Fr 6.10-18.40 Uhr. @ hdg767

✿ **Willkomm-Höft**, Parnaßstr. 29, Schulauer Fährhaus, ☏ 920015. Schiffsbegrüßung: tägl. ab 8 Uhr (im Sommer bis 20 Uhr, Nov.-Feb.,

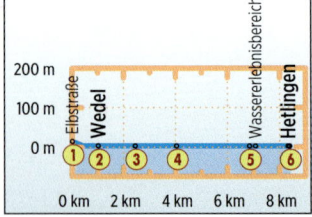

Di-So bis Sonnenuntergang). Die jeweilige Nationalflagge wird gedippt und jedes ein- und auslaufende Schiff über 1.000 BRZ (Bruttoraumzahl als Maßeinheit für die Schiffsgröße) mit der jeweiligen Nationalhymne und einem Grußwort in der jeweiligen Landessprache begrüßt oder verabschiedet. @ Ice528

✉ **38°GRAD Strandbad Wedel**, Hakendamm 2, ✆ 040/228584820

🛁 **Kombibad Badebucht**, Am Freibad 1, ✆ 91470. Erlebnis und Wellnessbad. @ lvx855

🏨 **elbe1**, Strandbaddamm 18, ✆ 7035157, 🕐 Mi-So ab 11 Uhr

🏨 **Schulauer Fährhaus**, Parnaßstr. 29, ✆ 92000, 🕐 tägl. ab 11.30 Uhr

1 0,0 Von der Bushaltestelle in der Elbstraße gehen Sie auf der **Parnaßstra**-

ße zum Flussufer 〰 beim **Schulauer Fährhaus** geradeaus auf den Kiesweg und vor zur Elbe, linker Hand befindet sich die **Schiffsbegrüßungsanlage** 〰 vor dem Fluss nach rechts 〰 erneut nach rechts und am Hafenbecken entlang 〰 am Ende des Beckens rechts auf dem Fußweg hinauf, an der Vorfahrtsstraße nach links.

VARIANTE Sie können auch am Hafenbecken links dem Deichweg vorbei am Strandbad und am Yachthafen folgen.

2 1,0 An der Kreuzung links in die **Deichstraße** 〰 nach knapp 400 m rechts in den asphaltierten **Lüttsandsdamm** 〰 auf der folgenden Strecke passieren Sie immer wieder Gatter, die die Schafsweideflächen begrenzen.

Das Willkomm-Höft in Wedel

3 2,4 Beim Planeten Saturn führt der asphaltierte Weg auf den Deich hinauf 〰 vorbei am **Sperrwerk Wedeler Au** ins Naturschutzgebiet hinein.

Nun können Sie entweder links oder rechts vom Deich oder direkt auf der Deichkrone wandern. Die schönste Aussicht auf Elbe und Umland bietet sich natürlich von der erhöhten Position vom Deich. Allerdings verlassen Sie dafür den Planetenlehrpfad.

4 4,0 Nach etwas mehr als 1 km liegt rechts neben dem Weg die **Gaststätte Fährmannssand**.

🏠 **Fährmannssand**, ✆ 04103/2394, ⏱ Mi–So ab 11 Uhr, @ sjp735

Gleich dahinter geht es in die Wedeler Marsch hinein 〰 gut 1 km später befindet sich bei dem See rechts neben dem Weg eine Vogelstation.

🏠 **NABU-Vogelstation Wedeler Marsch**, ✆ 040/64855253, ⏱ Mi, Do, Sa 10–16 Uhr. Die flachen Gewässer der Wedeler Marsch bieten mit ihrem reichhaltigen Nahrungs-

angebot hervorragende Lebensbedingungen für zahlreiche Vogelarten. Die vollständig modernisierte Informationsstelle stellt neben Beobachtungsständen, von denen sich die teilweise seltenen Vögel beobachten lassen, auch zahlreiche Informationstafeln über die heimische Vogelwelt und die Lebensräume in der Marsch bereit.

Auch danach bleiben Sie noch knapp 2 km am Deich 〰 am asphaltierten Weg rechts vom Deich hinab.

5 6,8 Biegen Sie ab in den zweiten Weg nach rechts in Richtung Hetlingen.

 Die letzte Station des Planetenlehrpfades liegt etwa 300 m weiter westlich direkt neben dem asphaltierten Weg.

Sie passieren das Tor und folgen dem Schotterweg in den Wassererlebnisbereich hinein.

❋ **Wassererlebnisbereich**. Zahlreiche Schautafeln informieren in kindgerechter Form über die Welt des Wassers.

Sie wandern rechts am Aussichtsturm vorbei und folgen dem Pfad durch

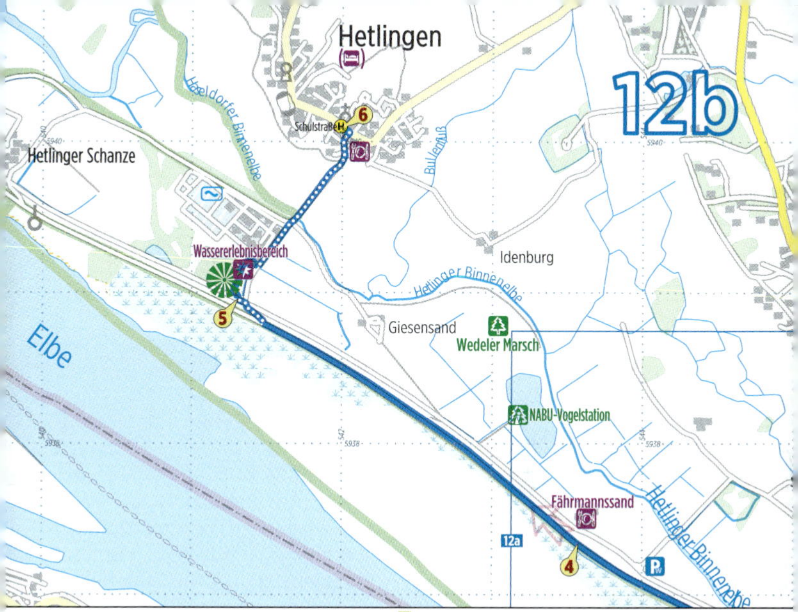
Hetlingen
12b
Hetlinger Schanze
Haseldorfer Binnenelbe
Schulstraße
6
Bullenfluß
5940
Wassererlebnisbereich
Idenburg
Hetlinger Binnenelbe
5
Giesensand
Wedeler Marsch
Elbe
NABU-Vogelstation
5938
Fährmannssand
12a
4
Hetlinger Binnenelbe

den Erlebnisbereich ~ an der Straße nach Hetlingen biegen Sie links ab ~ geradeaus auf die Vorfahrtsstraße, dann gleich darauf rechts auf den straßenbegleitenden Rad- und Gehweg ~ geradeaus in den Ort hinein ~ am Stopp-Schild nach links.

6 8,4 An der Bushaltestelle ist das Ende der Tour erreicht.

Hetlingen

Op de Deel, Schulstr. 7, 0176/31244138, Sa, So ab 12 Uhr, Mi, Fr ab 18 Uhr, @ dut444

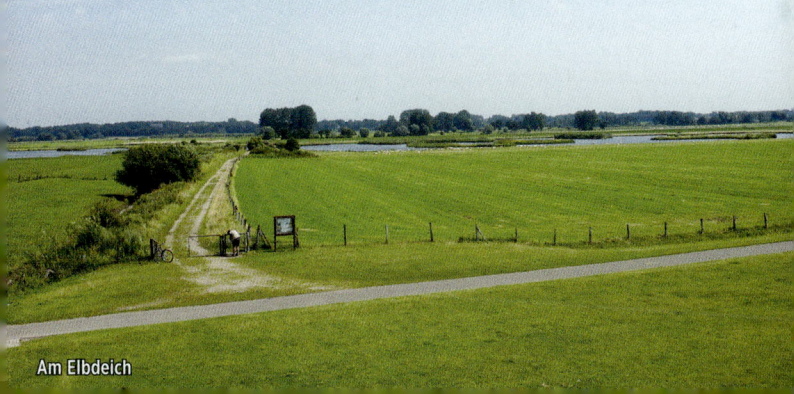

Am Elbdeich

Tour 13

Tour 13   **14,9 km**

Rund um das Himmelmoor

Start/Ziel: Quickborn, Bahnhof

Aufstieg: 30 m   *Hartbelag:* 32 %

Abstieg: 30 m   *Wanderwege:* 52 %

Gehzeit: 3,5 - 4 Std.   *Wanderpfade:* 16 %

Charakteristik: In Schleswig-Holstein gibt es nur noch zwei Moore, in denen Torfabbau betrieben wird. Das Himmelmoor als größtes Hochmoor des Landes gehört dazu. Die Wanderung führt Sie einmal rund um das Moor und bietet schöne Einblicke in den Torfabbau und die anschließende Renaturierung.

Markierung: keine

Anfahrt: Mit der S 21 nach Hamburg-Eidelstedt, dort Umstieg in die AKN-Bahn A 1. Parkplätze am Rathaus.

Quickborn
Vorwahl: 04106
✉ **Freibad Quickborn**, Am Freibad 13, ☎ 3216, @ rnj325

1 **0,0** Vom Bahnhof aus folgen Sie der Straße **Am Freibad** 〰 am Stoppschild links und die Ampelkreuzung überqueren 〰 rechts in die Straße **Klingenberg** 〰 zunächst geradeaus, dann links in die **Heinrich-Hertz-Straße** 〰 nach etwa 200 m rechts in den **Himmelmoorweg** 〰 weiter geradeaus an den Pollern vorbei 〰 an der Straße weiter geradeaus und kurz darauf links der **Himmelmoorchaussee** folgen 🪧.

2 **2,4** Die **Pinnau** überqueren 〰 an der Kreuzung geradeaus auf den Privatweg, linker Hand liegt das **Torfwerk** mit Unterstand und Informationstafeln.

Himmelmoor (Quickborn)

✴ **Torfbahn Himmelmoor**, Himmelmoorchaussee 61, ⏱ Mai-Okt., jeden 1. und 3. So im Monat, Abfahrt 13 und 15 Uhr. Rundfahrten durch die M o o r l a n d s c h a f t. @ cqv654

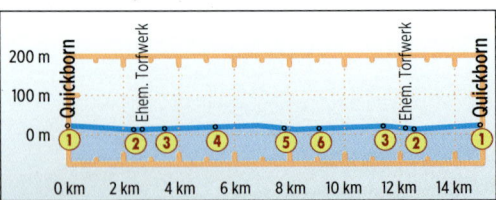

Torfbahn

Ehem. Torfwerk

Quickborn

Renzel

Harksheider Weg

Im 605 Hektar großen Moor wurde seit 1780 Torf abgebaut, von den 1870er Jahren bis 2018 im industriellen Stil. Mittlerweile ist die Moorfläche bis auf wenige Ausnahmen wiedervernässt und die Renaturierung wird vorangetrieben, um seltenen Tier- und Pflanzenarten einen Lebensraum zu bieten. An der T-Kreuzung links, linker Hand sind die Gleise der **Feldbahn** zu se-

hen, kurz darauf rechts auf den gut ausgebauten Schotterweg ∼ links auf dem ebenen Weg bleiben.

AUSSICHT Wenn Sie dem leichten Anstieg folgen, gelangen Sie an einen schönen Aussichtspunkt.

Am Moorsee links und am Ufer entlang ∼ Sie treffen erneut auf die **Feldbahn**, hier rechts halten und an dieser entlang.

Das Himmelmoor

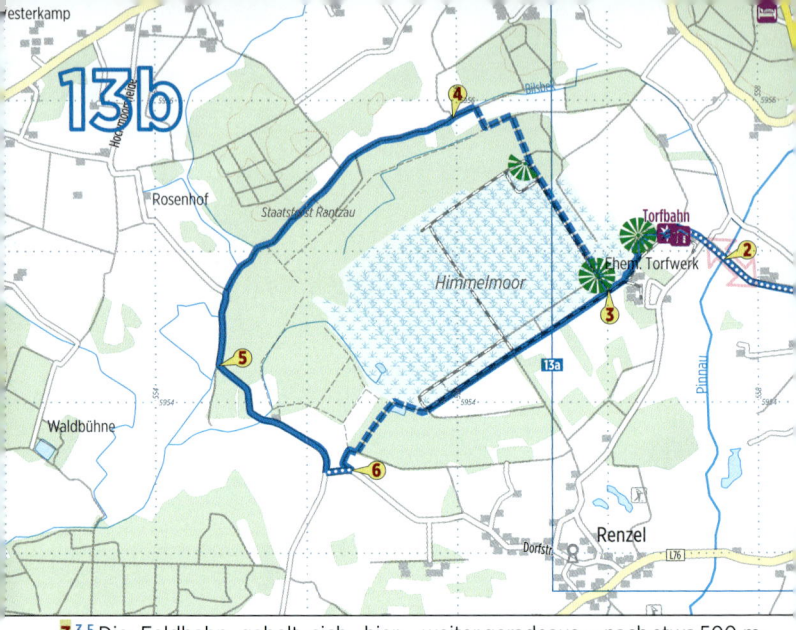

3 ³,⁵ Die Feldbahn gabelt sich, hier nach rechts ～ Sie wandern nun zwischen Abbaugebiet und renaturiertem Moor entlang ～ geradeaus das Abbaugebiet verlassen ～ an der T-Kreuzung links auf den schmalen Pfad, an der nächsten Pfadgabelung rechts ～ durch ein Tor hindurch und am breiten Forstweg links.

4 ⁵,⁴ An der Gabelung links in den für Reiter gesperrten Weg ～ am Abzweig des nächsten Weges weiter geradeaus, kurz darauf geradeaus durch das Tor ～ den Wald verlassen und weiter am Waldrand entlang ～ erneut durch ein Tor.

5 ⁷,⁸ An der Gabelung links in den Wald, der Rad- und Wandermarkierung folgen ～ an einem Hof vorbei,

weiter geradeaus ～ nach etwa 500 m links auf die asphaltierte **Dorfstraße**.

6 ⁹,¹ 200 m später scharf links auf den Schotterweg und diesem nach rechts folgen ～ an der Weggabelung erneut rechts, kurz darauf links auf den durch eine Schranke abgesperrten Pfad und wieder hinein ins Moor ～ an einem **Moorsee** vorbei ～ Sie treffen wieder auf die Gleise der **Feldbahn** und folgen diesen geradeaus.

3 ¹¹,⁴ Nach etwa 1,5 km treffen Sie auf den bereits bekannten Weg, diesem folgen Sie zurück zum Ausgangspunkt.

1 ¹⁵,⁰ Die Tour endet am **Bahnhof Quickborn**.

Quickborn

Tour 14   10,1 km

Der Störwanderweg

Start/Ziel: Krempe, Bahnhof
Aufstieg: 6 m
Abstieg: 6 m
Gehzeit: 2,5 – 3 Std.

Hartbelag: 82 %
Wanderwege: 0 %
Wanderpfade: 18 %

Charakteristik: Der Störwander-weg ist ein lohnender Rundwan-derweg durch die flache Marsch, der zum größten Teil auf Asphalt verläuft. Sie wandern von Krempe in das idyllische Borsfleth und weiter nördlich wieder zurück. Der schönste Abschnitt führt hinter Borsfleth auf dem Deich entlang und erlaubt weite Blicke über die Mäander der Stör und das umge-bende Land.

Markierung: bisher keine

Anfahrt: Mit der RB 61 nach Krempe. Im Ort Parkmöglichkeiten.

Krempe
Vorwahl: 02824

🄸 **Amt Krempermarsch**, Birkenweg 29, 📞 389034, @ eyo712

🄱 **St. Peter**, Am Kirchhof 1, 📞 830. Spät-klassizistische Hanse-Kirche aus dem Jahr 1830 mit ungewöhnlich schlichtem Turm. @ imu142

✳ **Historisches Rathaus**, Am Markt 1. Der bedeutende Backsteinbau (1570) aus der Renaissancezeit wurde früher auch als Lagerhalle genutzt, da die Handelsschif-fe direkt beim Tor an der Rückseite an der Kremper Au anlegen konnten. @ tui554

✉ **Freibad**, Am Freibad 1, 📞 2530, @ jtu628

1 **0,0** Am Bahnübergang neben dem Bahnhof gehen Sie kurz Richtung Südwesten, also vom Ort weg 〜 noch vor der Brücke rechts Richtung Borsfleth 〜 am Ende der Straße geradeaus wei-ter 〜 an der Umgehungsstraße geradeaus in die Straße **Elters-dorf 15-19** 🛏.

2 **1,6** Die Landstraße überqueren 〜 nach der Links-Rechts-Kombinati-on am **Schüderhof** vorbei 〜 die kleine Asphaltstraße bringt Sie nach Borsfleth 〜 🚇 an der Gabe-lung nach dem Ortseingang links 〜 entlang der **Schulstraße** ins Ortszentrum.

Borsfleth
Vorwahl: 04824

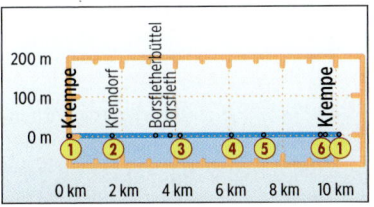

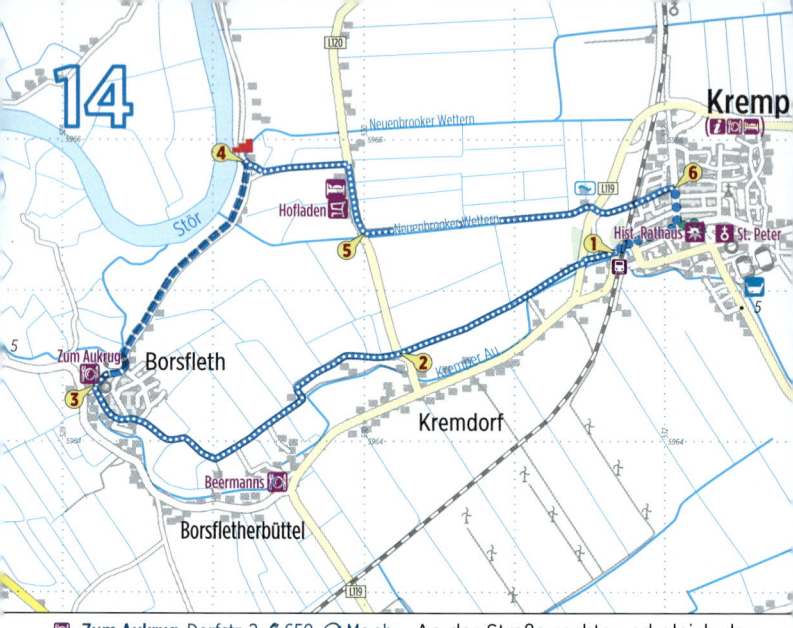

Kremp

Stör

Neuenbrooker Wettern

Hofladen

Neuenbrooker Wettern

Hist. Rathaus   St. Peter

Zum Aukrug

Borsfleth

Kremper Au

Kremdorf

Beermanns

Borsfletherbüttel

📷 **Zum Aukrug**, Dorfstr. 2, 📞 659, 🕐 Mo ab 17 Uhr, Di, Do, 11–13 Uhr und ab 17 Uhr, Fr–So ab 11 Uhr, @ nle761

In Borsfleth gibt es zahlreiche schöne Fachwerkhäuser, die meisten tragen Reetdächer. Am bekanntesten ist die Alte Dorfschule aus dem Jahr 1683.

3 **4,2** Am Gasthof zum Aukrug rechts in die **Dorfstra**ße 〰 links hoch auf den grasbedeckten Deich 〰 ✈ Sie wandern jetzt 1,8 km lang auf dem **Deich** und genießen den Blick über das Marschland und die Stör.

4 **6,1** An der Rastbank am **Schöpfwerk Neuenbrook** den Deich verlassen.

> **TIPP** Das Schöpfwerk pumpt Wasser aus der Wettern in die Stör und entwässert somit die Marsch.

An der Straße rechts und gleich danach an der Gabelung links 〰 an der T-Kreuzung erneut links 〰 am **Borsflether Wisch** rechts.

5 **7,3** Links in den Landwirtschaftsweg Richtung Krempe 〰 auf Asphalt an einem kleinen Graben entlang 〰 die Umgehungsstraße überqueren 〰 geradeaus über die Bahngleise 🚃.

6 **9,4** An der **Neuenbrooker Straße** rechts 〰 an der Vorfahrtsstraße erneut rechts.

> **INS ZENTRUM** Links und danach rechts in die Reichenstraße können Sie einen Abstecher in die Altstadt von Krempe machen.

1 **10,1** Die Tour endet wieder am Bahnhof Krempe.

Krempe

Von Dauenhof nach Itzehoe

Start: Dauenhof, Bahnhof

Ziel: Itzehoe, Bahnhof

Aufstieg: 35 m

Abstieg: 33 m

Gehzeit: 5,5 - 6,5 Std.

Hartbelag: 52 %

Wanderwege: 10 %

Wanderpfade: 38 %

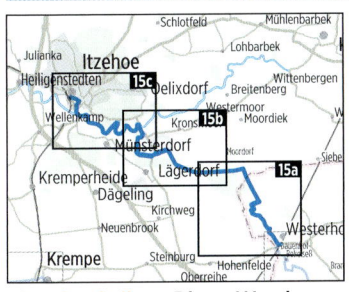

Charakteristik: Die Wanderung verläuft auf dem Fernwanderweg Schlei-Eider-Elbe und führt Sie durch einsame, abgeschiedene Natur. Längere Zeit wandern Sie entlang des Breitenburger Kanals und der Stör. Ziel der Tour ist die lebendige Kreisstadt Itzehoe, wo Cafés und Eisdielen auf Sie warten.

Tipp: Der Weg ist leider in keinem guten Zustand, besonders der Abschnitt am Kanal kann stark zugewachsen und beschwerlich zu begehen sein. Denken Sie an ausreichend Proviant und Insektenschutz.

Markierung: weißes X (Wanderweg Schlei-Eider-Elbe)

Anfahrt: Mit dem RE 7 von Hamburg nach Elmshorn, dann weiter mit der RB 71 nach Dauenhof. Einen Parkplatz gibt es am Bahnhof Dauenhof.

Abfahrt: Vom Zielbahnhof Itzehoe mit der RB 61 (Nordbahn) zurück nach Hamburg. Wenn Sie zurück nach Dauenhof möchten, in Elmshorn in die RB 71 umsteigen.

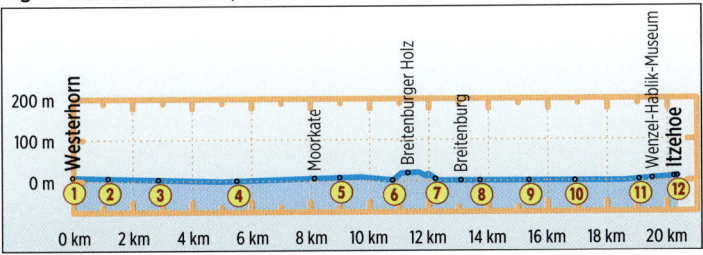

Wegverlauf im ersten Abschnitt

Dauenhof (Westerhorn)

Vorwahl: 04127

🔲 **Rhodos**, Bahnhofstr. 25, ☎ 1752, ◷ Mi-Mo ab 17 Uhr, So/Fei auch 12-14 Uhr, @ gae746

1 ^{0,0} Vom Bahnhof Dauenhof gehen Sie entlang der **Bahnhofstraße** Richtung Westen 〰 gegenüber der Tankstelle rechts in die Straße **Nachtigallentwiete** 〰 ✉ am Spielplatz geradeaus weiter, ab hier können Sie jetzt der Wanderwegmarkierung weißes X folgen 〰 auf der kleinen Straße durch die Felder.

2 ^{1,2} An der **Florastraße** links 〰 vor den Solarzellen rechts 〰 der Spurplattenweg führt an den Gleisresten einer alten Torfbahn entlang 〰 an der T-Kreuzung rechts 〰 nach dem Bauernhof rechts in die **Dorfstraße**.

3 ^{2,9} Links in den Landwirtschaftsweg 〰 am nächsten Abzweig rechts 〰 an der T-Kreuzung links 〰 auf dem asphaltierten Weg 2 km lang durch das **Winselmoor**.

4 ^{5,5} Direkt nach der Brücke links 〰 auf dem holprigen Wiesenweg parallel zum Breitenburger Kanal.

Breitenburger Kanal

Der sechs Kilometer lange Breitenburger Kanal wurde von 1872 bis 1877 vom Grafen zu Rantzau erbaut und verbindet die Zement- und Kreidewerke in Lägerdorf mit der Stör. Um 1908 benutzten etwa 3.000 Schiffe jährlich den Kanal, die damals von Pferden getreidelt wurden. Die Kanalschifffahrt wurde 1974 eingestellt, heute sind auf dem Breitenburger Kanal nur noch vereinzelt Wasserwanderer unterwegs. Die früheren Treidelwege sind in einen regelrechten Dornröschenschlaf verfallen.

Auf den nächsten Kilometern wandern Sie jetzt auf dem früheren **Treidelweg** am Kanal entlang, wobei der Weg im weiteren Verlauf immer schlechter begehbar wird 〰 das frühere Torfabbaugebiet Breitenburger Moor auf der anderen Seite des Kanals können Sie nur sporadisch erahnen 〰 Dornen, Brennnesseln und Sand erschweren das Durchkommen, doch Schmetterlinge, Libellen, Heuschrecken und die ungewohnte Stille

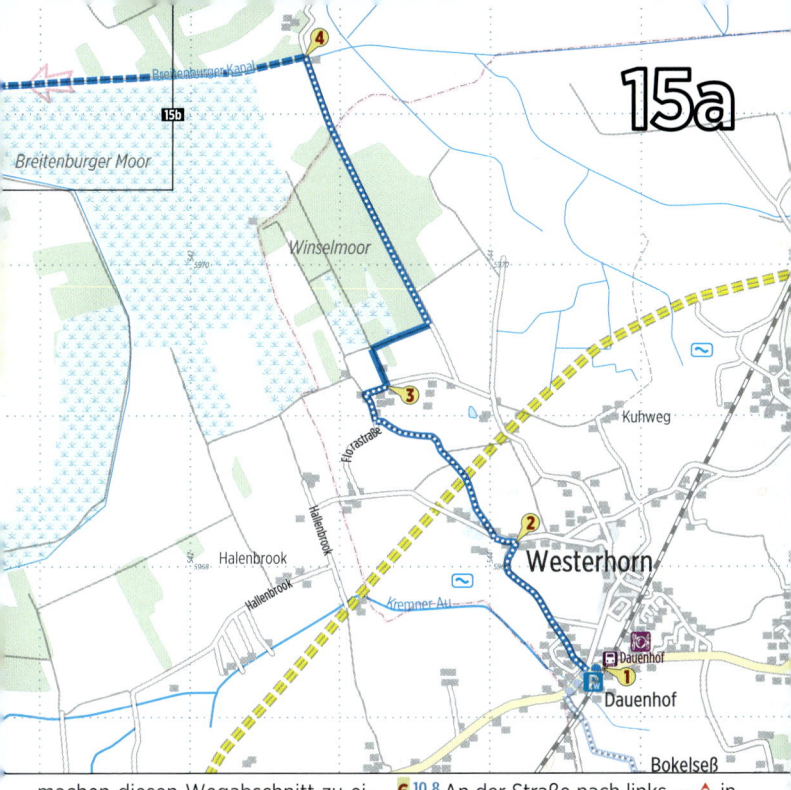

Breitenburger Kanal

15b

Breitenburger Moor

Winselmoor

Kuhweg

Florastraße

Hallenbrook

Halenbrook

Hallenbrook

Kremper Au

Westerhorn

Dauenhof

Dauenhof

Bokelseß

machen diesen Wegabschnitt zu einem besonderen Erlebnis.

5 ⁹,⁰ Ab der **Brücke** über die Kanalverzweigung ist der Weg nicht mehr als solcher erkennbar, Sie bleiben weiterhin immer in Kanalnähe, müssen sich teilweise aber durch hohe Gräser und Brennnesseln kämpfen ∿ an der Stelle, wo der Kanal nach Westen knickt, treffen Sie wieder auf einen begehbaren Weg, weiterhin am Kanal entlang ∿ an der Schranke geradeaus auf den Asphaltweg.

6 ¹⁰,⁸ An der Straße nach links ∿ in der Linkskurve die Straße überqueren und in den geschotterten Waldweg, der Abzweig kann leicht übersehen werden ∿ geradeaus über zwei Kreuzungen ∿ an der Dreier-Kreuzung in der Nähe des **Backsteinhauses** rechts.

7 ¹²,³ An der Vorfahrtsstraße rechts und erneut den **Breitenburger Kanal** überqueren ∿ auf dem Asphaltweg an der Allee entlang ∿ 200 m nach der Rechtskurve die Straße überqueren und über die kleine Brücke ∿ Sie umrunden **Schloss Breitenburg**, das Gelände befindet sich in Privatbesitz.

Breitenburg

🏰 **Schloss Breitenburg**, 📞 04828/293 Ⓒ Ursprünglich stand hier ein Wirtschaftshof des Klosters Bordesholm, im 16. Jh. erfolgte der Ausbau zur repräsentativen Schlossanlage. Das im Dreißigjährigen Krieg zerstörte Schloss wurde erst im 19. Jh. wieder aufgebaut. Es befindet sich seit 1526 im Besitz des Grafen zu Rantzau. Im Jahr 2021 eröffnet Graf Moritz im Schloss ein stilvolles Hotel-Restaurant. @ axw364

8 13,8 Geradeaus auf den **Hochwasserschutzdamm** 〰 auf der Dammkrone teilweise weglos den Schleifen der **Stör** folgen 〰 an der **Breitenburger Schleuse** weiter auf dem Asphaltweg.

9 15,4 Am großen **Backsteingebäude** rechts 〰 auf dem holprigen Weg wei-

terhin dem Verlauf der Stör folgen, nun allerdings unterhalb des Deichs.

10 16,9 An der **Kläranlage** geradeaus auf den Spurplattenweg 〰 an der kleinen Asphaltstraße gehen Sie weiter geradeaus 🚏.

11 19,1 Kurz auf den straßenbegleitenden Rad- und Fußweg der Bundesstraße, dann gleich nach der Stör-Brücke rechts 〰 an der ersten Möglichkeit links und auf der **Reichenstraße** ins Zentrum von Itzehoe 〰 an der **Krämerstraße** rechts 〰 geradeaus durch die Fußgängerzone 〰 links in den **Oelmühlengang** und damit den Fernwanderweg Schlei-Eider-Elbe verlassen 〰 an der Vorfahrtsstraße geradeaus.

12 20,3 Die Tour endet am Bahnhof Itzehoe.

Itzehoe s. S. 80

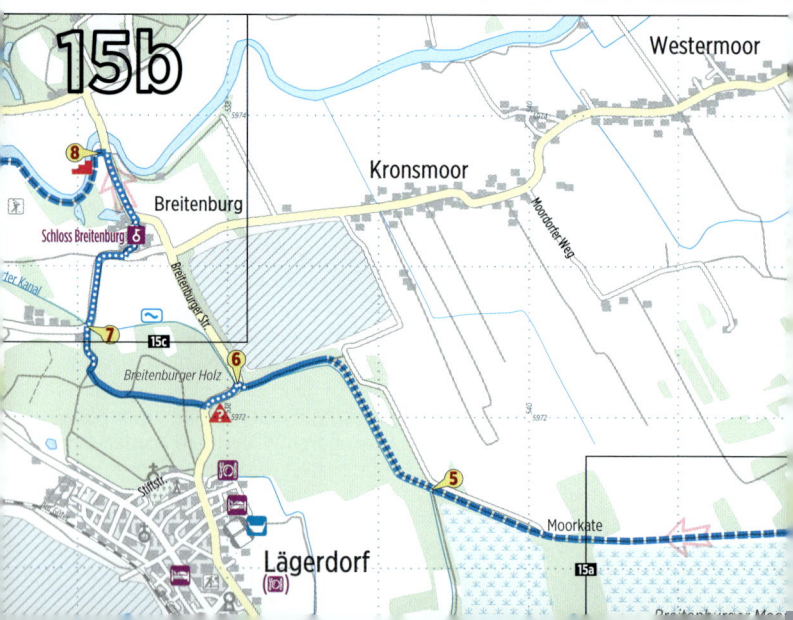

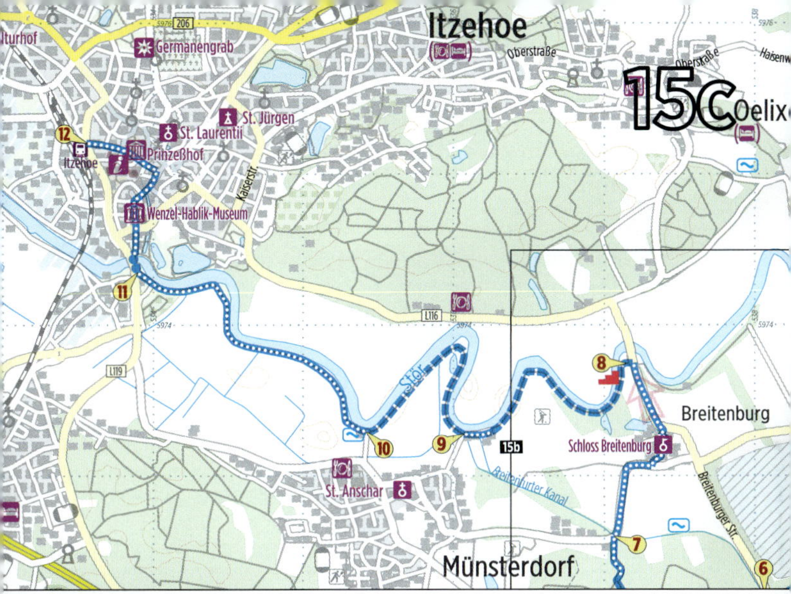
Itzehoe
15c
Oelix
Germanengrab
St. Jürgen
St. Laurentii
Prinzeßhof
Wenzel-Hablik-Museum
Itzehoe
Kaiserstr.
Oberstraße
Störe
Breitenburg
Schloss Breitenburg
St. Anschar
Münsterdorf
Breitenfurter Kanal
Breitenburger Str.
15b
L116
L119
206
12
11
10
9
8
7
6

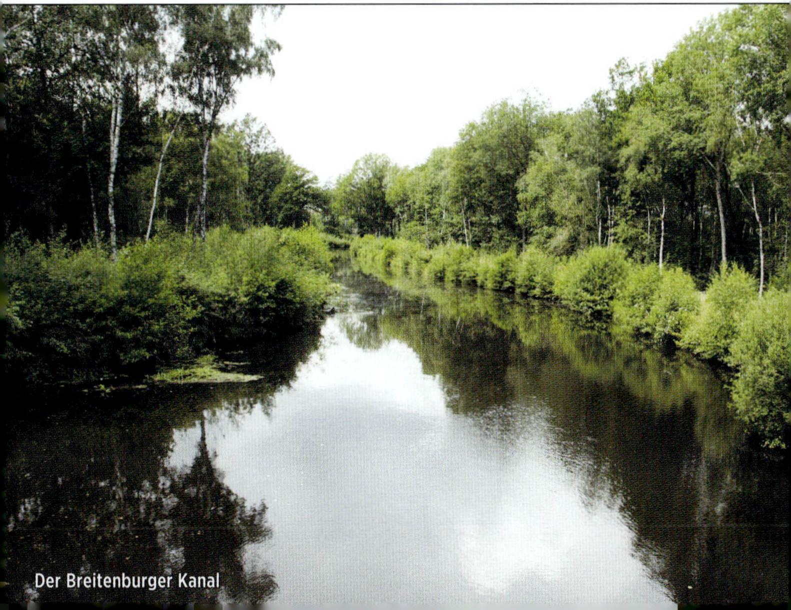
Der Breitenburger Kanal

Itzehoe

Vorwahl: 04821

ℹ️ Tourist-Information, Breite Str. 4, ☎ 9490120, @ mtv747

🏛 Kreismuseum Prinzeßhof, Kirchenstr. 20, ☎ 64068. Im ältesten Profangebäude Itzehoes, das 1556 erbaut wurde, werden eine kulturgeschichtliche Dauerausstellung und wechselnde Sonderausstellungen gezeigt. Wegen Sanierungsarbeiten ist das Museum bis Mitte 2021 geschlossen. @ vtd141

🏛 Wenzel-Hablik-Museum, Reichenstr. 21, ☎ 8886020 ♿ Umfassende Sammlung des vielseitigen Itzehoer Künstlers Wenzel Hablik: Gemälde, Architekturentwürfe, Möbel, Kunsthandwerk, @ xbt851

🏛 Kulturhof Itzehoe, Dorfstr. 4, ☎ 799937. Vielseitige Veranstaltungsstätte mit Konzerten, Ausstellungen etc. @ mih234

🏛 Haus der Heimat, Hinterm Klosterhof 19, ☎ 04823/8571 ♿ Der Fachwerkbau steht unter Denkmalschutz.

⛪ St. Laurentii, Kirchenstr. 8, ☎ 676210, 🕐 April-Sept., Mo-Fr 15.30-17.30 Uhr, Sa ganzjährig 10-13 Uhr. Nach der Zerstörung der ehemals gotischen Kirche wurde zwischen 1716 und 1718 die heutige Barockkirche errichtet. Sehenswert ist die schöne Orgel von 1720. Eine Turmbesteigung ist nach Absprache möglich. @ oam542

⛪ St. Jürgen, Sandberg 82, ☎ 4080497 ♿ Im Inneren des spätbarocken Fachwerkbaus aus dem Jahre 1661 ist ein hölzernes Tonnengewölbe zu sehen.

🗿 Bismarck-Säule. Das 18 m hohe Kulturdenkmal (1905) befindet sich im Itzehoer Stadtforst. @ mqr162

🎭 Theater Itzehoe, Theodor-Heuss-Pl. 1, ☎ 670931, @ wig516

✴️ Historisches Rathaus, Markt 1, ☎ 6030. Das Rathaus wurde zwischen 1695 und 1697 erbaut.

✴️ Äbtissinnenhaus, Klosterhof 7, ☎ 3163. Die Besonderheit des Haupthauses des Klosterhofs ist der 1723 erbaute Konventsaal mit üppigem Rokoko-Stuck. @ ybs565

✴️ Ständehaus, Markt 3. In dem klassizistischen Bau (1834/35) fanden die ersten Ständeversammlungen Holsteins statt.

✴️ Germanengrab am Galgenberg, Timm-Kröger-Str. Der bronzezeitliche Grabhügel diente im Mittelalter als Richtstätte.

🏊 Schwimmzentrum Itzehoe, Klosterbrunnen 6, ☎ 774444, @ jnv574

Itzehoe war im Mittelalter ein Knotenpunkt mehrerer Viehtriften und entwickelte sich zu einem wichtigen Umschlagplatz für Ochsen, die nach Hamburg und in noch weiter entfernte Städte verkauft wurden.

Die Stadt Itzehoe selbst hat sich historisch aus vier unterschiedlichen Siedlungen entwickelt: Einem ländlichen Dorf rund um die St.-Laurentii-Kirche, die heutige „Altstadt", einem mächtigen Burgwall am Ufer der Stör, der 1180 zu einer steinernen Burg ausgebaut worden war, dem kaufmännisch geprägten Viertel, die spätere „Neustadt", nahe der Burg, das seit 1238 mit dem Lübecker Stadtrecht ausgestattet war und schließlich dem Zisterzienserinnenkloster, das 1256 von Ivenfleth an die Stör in Itzehoe umgesiedelt worden war. Diese „Vierfältigkeit" bestand noch bis ins 19. Jahrhundert in Form von vier eigenständigen Rechtsbezirken und ist noch heute im Stadtbild erkennbar.

Tour 16 · 14,7 km

Von Dauenhof nach Barmstedt

Start: Dauenhof, Bahnhof
Ziel: Barmstedt, Bahnhof Brunnenstraße

Aufstieg: 41 m   *Hartbelag:* 61 %
Abstieg: 33 m   *Wanderwege:* 39 %
Gehzeit: 3,5 - 4 Std.   *Wanderpfade:* 0 %

Charakteristik: Ähnlich wie bei Tour 15 wandern Sie von Dauenhof aus auf dem Fernwanderweg Schlei-Eider-Elbe, auf dem Abschnitt nach Barmstedt zeigt dieser aber ein völlig anderes Gesicht. Nach mehreren Wegverlegungen in den letzten Jahren ist zwar der Asphalt- und Beton-anteil deutlich angestiegen, dafür sind alle unangenehmen Abschnitte mit Brennnesseln und Gestrüpp verschwunden. Sie wandern auf meist gut begehbaren Wegen durch eine abwechslungsreiche Wald- und Weidenlandschaft. Ziel der Tour ist das sehenswerte Barmstedt.

Markierung: weißes X (Wanderweg Schlei-Eider-Elbe)

Anfahrt: Mit dem RE 7 von Hamburg nach Elmshorn, dann weiter mit der RB 71 nach Dauenhof. Einen Parkplatz gibt es am Bahnhof Dauenhof.

Abfahrt: Vom Zielbahnhof Barmstedt-Brunnenstraße mit der A 3 (AKN) nach Elmshorn, zurück nach Hamburg weiter mit dem RE 70, zurück nach Dauenhof Umstieg in die RB 71.

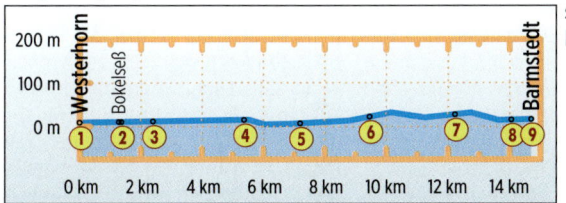

Wegverlauf durch die Felder

Dauenhof (Westerhorn)

Vorwahl: 04127

▣ **Rhodos**, Bahnhofstr. 25, ☎ 1752, ⊙ Mi-Mo ab 17 Uhr, So/Fei auch 12-14 Uhr, @ gae746

1 0,0 Vom Bahnhof Dauenhof gehen Sie entlang der **Bahnhofstraße** Richtung Westen ∾ kurz vor dem Ortsende links abbiegen ⚑ ∾ nach dem Bahnübergang geradeaus weiter ∾ am Ende des Spurplattenweges links in die **Bokelsesser Straße**.

2 1,4 Rechts in den **Eichenweg** ∾ an der T-Kreuzung dem Weg nach links folgen.

3 2,4 Nach 400 m gleich wieder links und in den ersten Weg nach rechts ∾ diesem Spurplattenweg nun immer folgen, rechts befindet sich ein Hochmoor, das Sie nur im südlichen Abschnitt kurz berühren.

🅰 **Offenseth-Bokelsesser Moor**. Das ehemals 5 ha große Hochmoorgebiet wird seit etwa 1880 größtenteils entwässert und als Weideland genutzt. Seit den 1970er Jahren schuf der NABU auf einigen Parzellen durch Renaturierungsmaßnahmen wertvolle Feuchtbiotope, in denen u. a. wieder Krickenten und Kraniche brüten.

4 5,4 Beim zweiten kleinen Moorwaldbereich und vor der Linkskurve links in den Grasweg und an der Weide entlang ∾ dem kurvenreichen Wegverlauf folgen, Sie wandern vorbei an Wald, Weiden und versteckten Tümpeln ∾ nach einem kurzen Waldstück rechts auf den nun wieder besser begehbaren Weg.

5 7,2 Am asphaltierten Querweg biegen Sie links ab ∾ bleiben Sie am nächsten Abzweig rechts auf Asphalt ∾ an der Asphaltweggabelung links ∾ an der nächsten Kreuzung rechts, also weiter auf Asphalt durch die Felder ∾ biegen Sie an der Straße rechts ab auf den Rad- und Fußweg

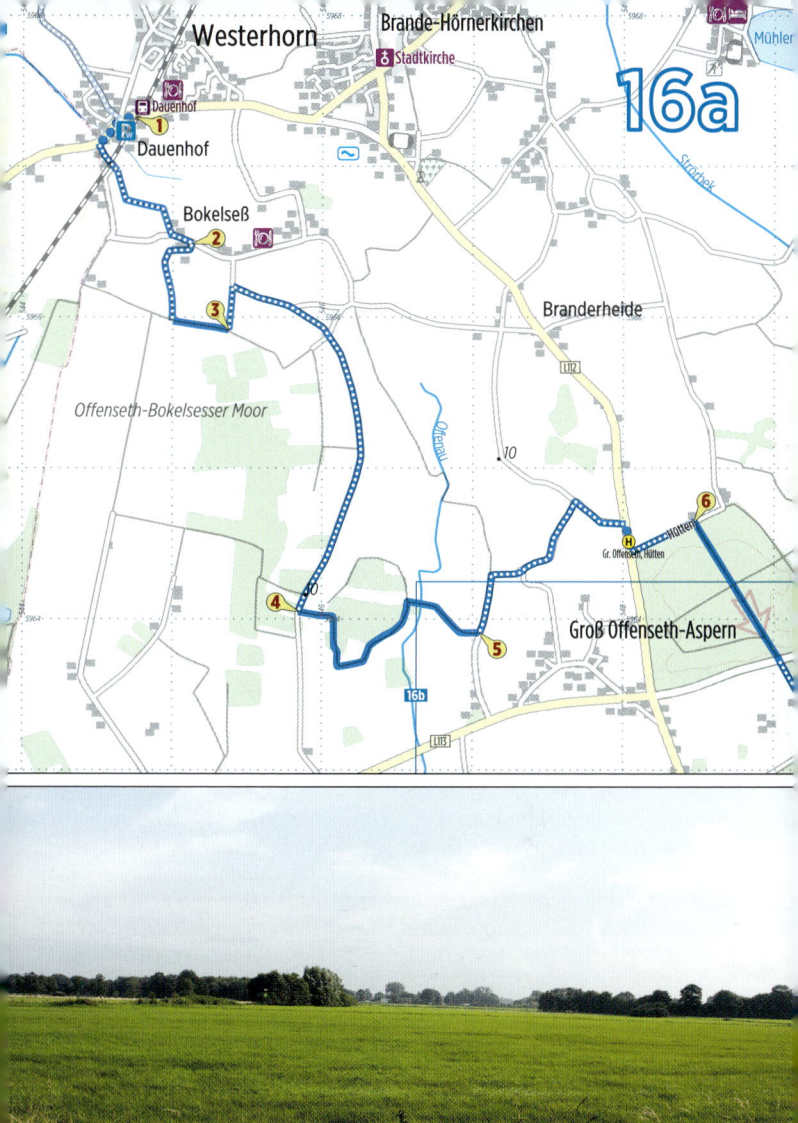

Westerhorn

Brande-Hörnerkirchen

Stadtkirche

16a

Mühler

Dauenhof

Dauenhof

Bokelseß

Branderheide

Offenseth-Bokelsesser Moor

10

Hütten

Gr. Offenseth, Hütten

Groß Offenseth-Aspern

16b

Bei Hütten

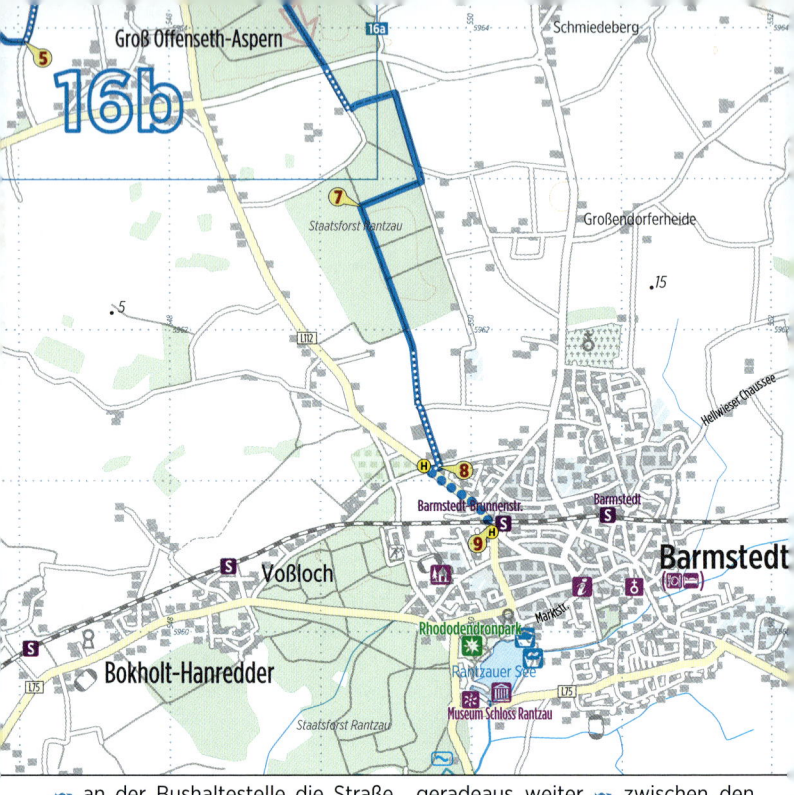

an der Bushaltestelle die Straße queren in den Weg **Hütten**.

6 9,5 Beim **Haus Nr. 1** rechts in den unbefestigten Weg ⌇ immer geradeaus durch den Wald ⌇ geradeaus über die Straße ⌇ nach 300 m auf Höhe des Gehöfts links in den Wald ⌇ am Waldrand rechts auf den Wirtschaftsweg ⌇ am Linksabzweig geradeaus und kurz darauf rechts abbiegen.

7 12,3 An der Kreuzung links ⌇ immer geradeaus ⌇ am Waldrand verlassen Sie den Fernwanderweg und gehen geradeaus weiter ⌇ zwischen den Baumschulen hindurch ⌇.

8 14,1 An der T-Kreuzung rechts ⌇ links auf den straßenbegleitenden Rad- und Fußweg ⌇ nach 500 m erreichen Sie den Bahnübergang am Bahnhof Barmstedt-Brunnenstraße.

9 14,7 Die Tour endet am Bahnhof Barmstedt-Brunnenstraße.

Barmstedt s. S. 85

Barmstedt

Vorwahl: 04123

i **Tourist-Marketing Barmstedt**, Am Markt 1, ☎ 681204, @ kdh113

🏛 **Museum der Grafschaft Rantzau**, Rantzau 13, Schlossinsel, ☎ 4296 ◔ Ausstellung zur Geschichte der freien Reichsgrafschaft Rantzau im „Königlichen Amtsgericht", Exponate der Vor- und Frühgeschichte, sowie Barmstedter Stadtgeschichte. @ rcj278

⛪ **Heiligen-Geist-Kirche**, Chemnitzstr. Die barocke Backsteinkirche aus dem Jahr 1718 hat einen 53 m hohen runden Kirchturm.

🏰 **Schloss Rantzau**, Rantzau 15. Herrenhaus von 1806.

✳ **Alte Wassermühle**, Rantzau 14, ☎ 2983. Die heutige Mühle entstand 1863. @ swo614

✳ **Ehemaliges Gerichtsschreiberhaus**, Rantzau 11, ☎ 3026 ♿ Im Gebäude befindet sich heute die Galerie und das Atelier der Künstlerin Karin Weißenbacher. @ jxq721

✳ **Remise auf der Schlossinsel**, Rantzau 11, ☎ 7813. Kunsthandwerk und Keramikausstellungen.

✳ **Schlossgefängnis Rantzau**, Rantzau 9, ☎ 6139. Galerie und Café. @ ajg534

✿ **Rhododendronpark**. Die Parkanlage befindet sich am Rantzauer See.

⊟ **Badestelle Rantzauer See**, ☎ 681840, @ shi135

⊟ **Barmstedter Badewonne**, Seestr. 12, ☎ 68170, @ dcv877

Heiligen-Geist-Kirche

Barmstedt wurde um 1140 zum ersten Mal urkundlich erwähnt. Bis ins 13. Jahrhundert beherrschten Ritter mit so klangvollen Namen wie „Henricus Advocatus de Barmizstide"die Gegend, ehe ab 1322 die Schauenburger Grafen die Regentschaft übernahmen. Mit dem Aussterben dieses Adelsgeschlechts begann 1650 die Zeit der Reichsgrafschaft Rantzau, da Christian Rantzau die Ländereien erworben hatte. Unter seiner Ägide wurde der Amtssitz zum Schloss umgebaut. Die heutige eindrucksvolle Bebauung rund um den Rantzauer See allerdings ist ein Nachlass der Königlichen Dänischen Administration, die 1726 die Herrschaft über die Grafschaft übernahm. Die Bebauung der Schlossinsel gilt als eines der bedeutenden Kulturdenkmäler Schleswig-Holsteins, sie stammt im Wesentlichen aus der Zeit von 1806 bis 1863. Die Schlossinsel wurde 1984 der Stadt Barmstedt übereignet.

Unter dänischer Verwaltung setzte auch eine positive wirtschaftliche Entwicklung ein, 1736 erhielt die Stadt die Marktprivilegien (auch „Fleckenprivilegien"), was zu einer regen Ansiedlung handwerklicher Zünfte im Ort führte. Besonders für das Schuhmacherhandwerk erlangte Barmstedt eine gewisse Berühmtheit.

Tour 17   12,6 km

Das Dosenmoor

Start: Einfeld, Bahnhof
Ziel: Bordesholm, Bahnhof
Aufstieg: 39 m   *Hartbelag:* 30 %
Abstieg: 37 m   *Wanderwege:* 58 %
Gehzeit: 3 - 3,5 Std.   *Wanderpfade:* 12 %

Charakteristik: Das Dosenmoor ist das am besten erhaltene Hochmoor Schleswig-Holsteins. Im ersten Teil der Tour wandern Sie auf sehr gut markierten Wegen am Moor entlang und durch das Moor hindurch. Auf dem weiteren Weg nach Norden wandern Sie an drei Seen entlang nach Bordesholm. Für das Dosenmoor sollten Sie festes Schuhwerk, für den Einfelder See Badesachen einpacken.

Tipp: Falls Sie die Streckenwanderung nach Bordesholm weglassen und stattdessen dem Seeufer des Einfelder Sees folgend nach Einfeld zurückwandern, ist die Tour nur 7,5 Kilometer lang.

Markierung: Bis zum Seeufer durchgehend rote Wanderweg-Markierung bzw. braune Wanderweg-Schilder.

Anfahrt: Mit dem RE 70 von Hamburg nach Einfeld. Am Bahnhof in Einfeld gibt es auch einen Parkplatz.

Abfahrt: Vom Zielbahnhof Bordesholm mit der R 70 zurück nach Hamburg.

Einfeld
Vorwahl: 04321

🏛 **Christuskirche**, Dorfstr., ✆ 52494. Eine Kapelle aus den 1930er Jahren wurde gut 20 Jahre später zur Kirche erweitert.

✳ **Steine am See**. Die sieben Steinskulpturen am Ufer des Sees bzw. im Wasser sind das Ergebnis eines Internationalen Bildhauersymposiums, das im Jahr 1989 abgehalten wurde.

🛶 **Einfelder See**. Mit mehreren Badestellen.

1 ^{0,0} Am Bahnhof Einfeld folgen Sie links der Wanderwegmarkierung Richtung Dosenmoor 〰 die Straßenseite wechseln 〰 links in den **Großharrier Weg**.

2 ^{0,6} Links in die Straße **Am Moor** 〰 🔲 der Weg verläuft parallel zur Bahntrasse,

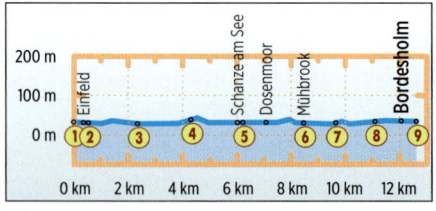

rechts blicken Sie bereits ins Naturschutzgebiet ～ am **Infozentrum** geradeaus weiter.

Dosenmoor

Vorwahl: 04321

Info-Zentrum Dosenmoor, Am Moor 99, ☎ 755373, ☎ 528055, ⏱ während der Moorführungen. Für Gruppen werden zweistündige Wanderungen angeboten, frühzeitige Anmeldung erbeten. Im Info-Zentrum gibt es eine Ausstellung zur Geschichte und Naturausstattung des Dosenmoors. @ imv434

Das 521 Hektar große Dosenmoor gilt als das am vollständigsten erhaltene Hochmoor Schleswig-Holsteins. Am Ende der letzten Eiszeit entstand der heutige Einfelder See, am Rand wurde er von einer Sandmoräne begrenzt. Weiter östlich hat ein großer Toteisblock eine Geländemulde geformt. Da der Abfluss des Schmelzwassers durch die Sandmoräne blockiert war,

füllte sich die Mulde mit Wasser und es entstand der „Dosensee". Nach der Verlandung des Sees entstand ein Torfmoor, das die Umgebung um mehrere Meter überragte. Nach dem Ende des Torfabbaus wurde das Moor renaturiert und 1981 unter Naturschutz gestellt.

3 ²,⁴ An der Infotafel rechts in das Naturschutzgebiet ～ nach 800 m links auf den **Holzbohlensteg**, einem Höhepunkt der Tour ～ am Ende des Holzbohlenstegs rechts ～ am breiten Weg nach links weiter ～ kurz vor der Rastbank links in den grasbedeckten Weg, der wunderschön mitten durch das Naturschutzgebiet führt.

4 ⁴,³ Auf dem breiten Waldweg nach links weiter ～ in der Rechtskurve des Weges links abbiegen, also wieder ins Moorgebiet ～ am nächsten Abzweig rechts ～ an der T-Kreuzung links ～ rechts durch die Bahnunterführung ～ an der **Einfelder Schanze** links.

Bohlenweg im Dosenmoor

Badestelle am Einfelder See

 **Schanze am See**, Einfelder Schanze 96, ☎ 04321/959580, ⏲ Di-Do ab 17 Uhr, Fr-So ab 12 Uhr, @ ort136

Nach 150 m die Straße überqueren und auf dem schmalen Pfad hinunter zum **Einfelder See**.

5 6,2 Am Uferweg nach rechts, links ginge es zurück nach Einfeld ⌁ Sie wandern jetzt bis Mühbrook auf dem gut begehbaren Seeuferweg, nun ist die Tour nicht mehr als Wanderweg beschildert ⌁ kurz vor der Straße links in den nun etwas schmaleren Uferweg.

Mühbrook
Vorwahl: 04322

Seeblick Engel, Dorfstr. 18, ☎ 699090, @ iiw174

6 8,5 Nach dem Hotel rechts in die Straße **Tökshorst** ⌁ geradeaus in die Sackgasse ⌁ an einem Kieswerk entlang ⌁ nach den Häusern endet der Asphalt ⌁ am kleinen See vorbei.

7 9,7 An der T-Kreuzung vor dem **Bordesholmer See** rechts ⌁ immer in Ufernähe bleiben ⌁ an mehreren Rastbänken vorbei.

8 11,1 Am kleinen Spielplatz das Seeufer nach rechts verlassen 🚻 ⌁ an der Straße nach links ⌁ an der Vorfahrtsstraße rechts ⌁ geradeaus über die Ampelkreuzung in die **Bahnhofstraße** ⌁ am Kreisverkehr links.

9 12,6 Die Tour endet am Bahnhof Bordesholm.

Bordesholm
Vorwahl: 04322

Tourismusverein Bordesholmer Land e. V., Holstenstr. 69, Galerie Göldner, ☎ 0700/24582001, @ ycn217

Heimatsammlung, Lindenpl. 11, ☎ 751529 ⊜ Neben Ausstellung zur Ortsgeschichte wird im historischen Gewölbekeller die Geschichte des Klosters thematisiert. @ aqj784

Klosterkirche, Lindenpl., ☎ 2765 🕧 Augustinermönche machten im 14. Jh. eine Insel im Bordesholmer See landfest und errichteten darauf ein Kloster. Dieses wurde 1566 aufgelöst, letztes erhaltenes Gebäude ist die Klosterkirche.

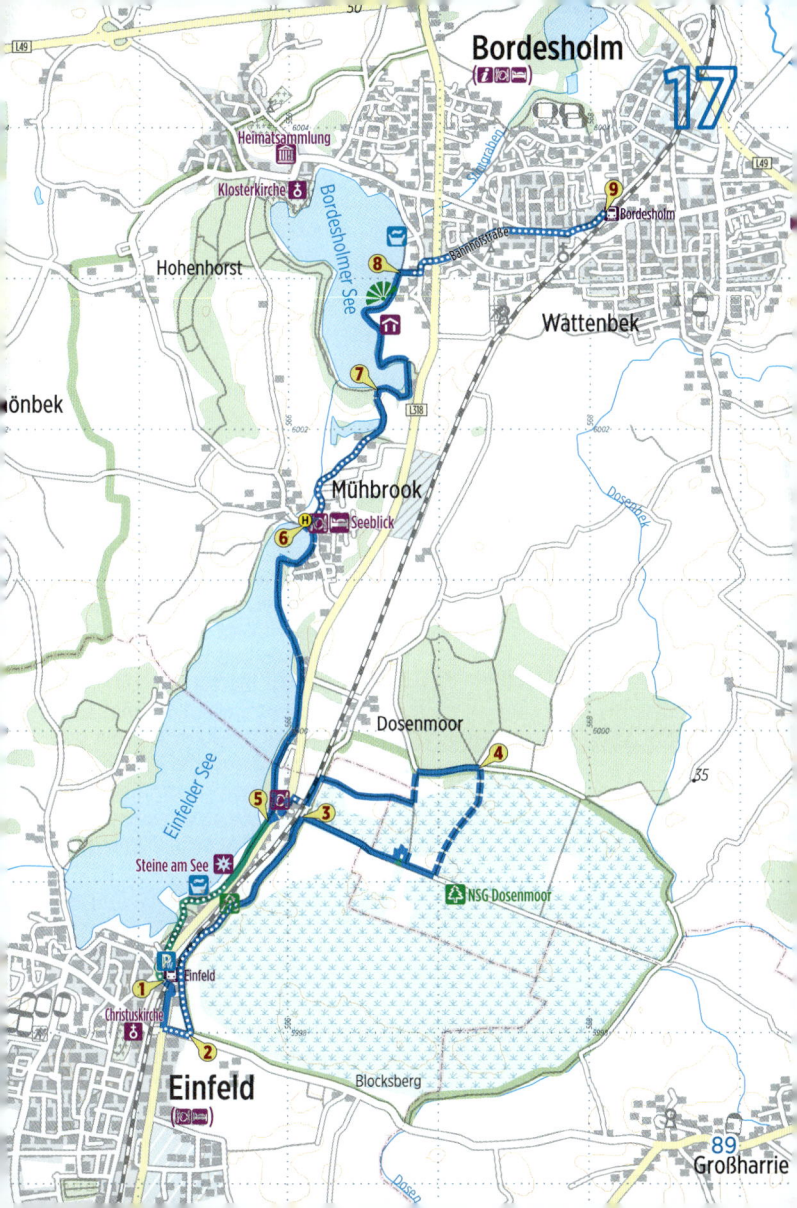

Bordesholm

17

L49

L49

Heimatsammlung

Klosterkirche

Hohenhorst

Bordesholmer See

Singelsweg

Bahnhofstraße

9 Bordesholm

8

7

Wattenbek

L318

önbek

Mühbrook

Seeblick

6

L318

Dosenbek

Dosenmoor

4

35

5 **3**

NSG Dosenmoor

Einfelder See

Steine am See

2

1 Einfeld

Christuskirche

Einfeld

Blocksberg

Dosen

89
Großharrie

Tour 18   8 km

Zum Schapwasch
im Segeberger Staatsforst

Start/Ziel: Wahlstedt, Bushaltestelle Arko

Aufstieg: 24 m	*Hartbelag:* 8 %
Abstieg: 24 m	*Wanderwege:* 77 %
Gehzeit: 2 - 2,5 Std.	*Wanderpfade:* 15 %

Alter Steg am Schapwasch

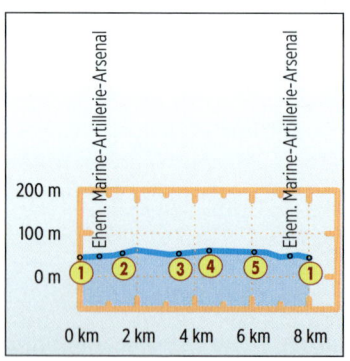

Charakteristik: Der Segeberger Staatsforst ist nach dem Sachsenwald (s. Tour 29) das zweitgrößte zusammenhängende Waldgebiet Schleswig-Holsteins – im Jahre 2012 wurde hier mittels einer Fotofalle der erste Wolf im Bundesland seit 200 Jahren gesichtet. Der idyllische Weiher Schapwasch liegt wie ein Auge mitten im Wald und ist Ziel der kurzen Wanderung. Die Tour an sich ist einfach zu gehen, allerdings gibt es unterwegs keine Markierung. Ein guter Orientierungssinn oder ein GPS-Gerät sind hilfreich, um sich im Segeberger Staatsforst nicht zu verlaufen. Achten Sie bitte verstärkt auf den Routentext.

Markierung: keine

Anfahrt: Von Hamburg mit dem RE 8 nach Bad Oldesloe, dort umsteigen in die RB 82 und bis Fahrenkrug; von dort mit der stündlich (sonntags zweistündlich) verkehrenden Buslinie 7900 nach Wahlstedt, Arko (vor der Fahrt bitte Busfahrplan prüfen!). Einen Wanderparkplatz gibt es am Waldrand (Alter Barker Weg).

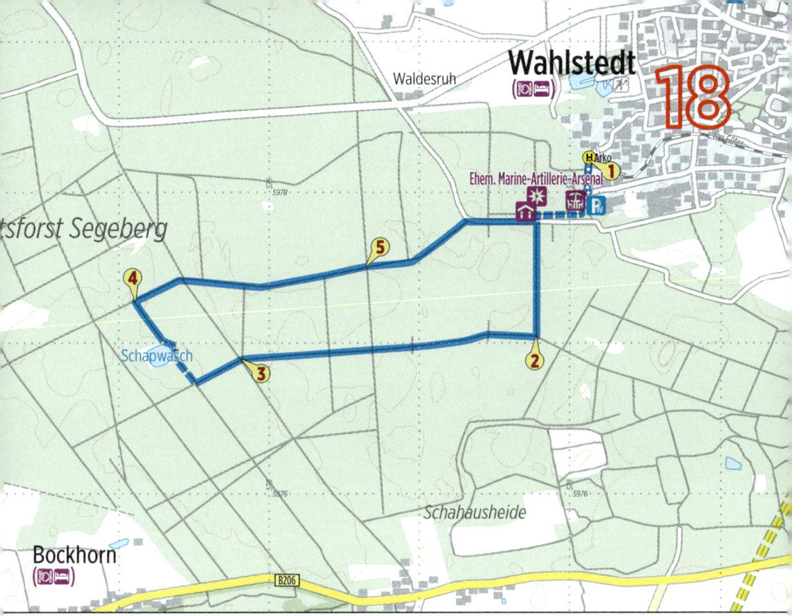

Waldesruh

Ehem. Marine-Artillerie-Arsenal

Arko

tsforst Segeberg

Schapwisch

Schahäuseheide

Bockhorn

B206

Wahlstedt

✱ Von 1937 bis 1945 wurden im **Marine-Artillerie-Arsenal** Munition für die Marine gefertigt. Auf 314 ha standen über 260 Gebäude und Munitionsbunker, ein 10 km langer Zaun umfasste das Gelände, und nahezu 2.000 Menschen arbeiteten während des Krieges im Arsenal. Nach dem Krieg dauerte es sieben Jahre, bis alle Bunker gesprengt waren. Heute erinnert

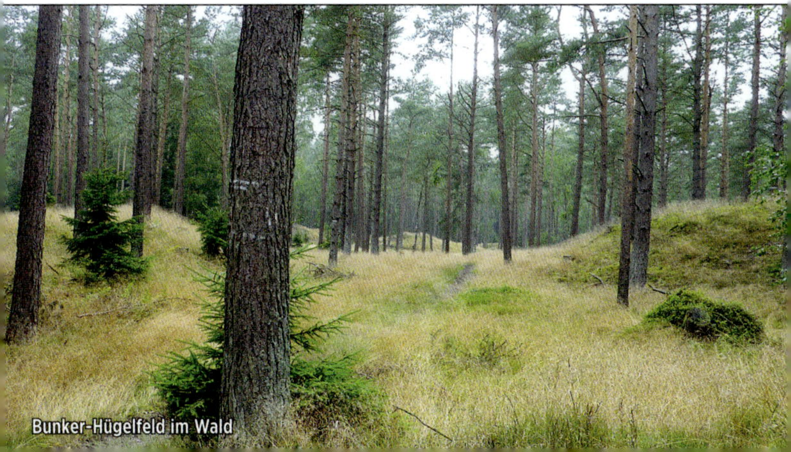

Bunker-Hügelfeld im Wald

Im Segeberger Staatsforst

ein Hügelfeld im Wald an das Arsenal; die Trasse einer Schmalspurbahn ist noch an einigen Stellen zu erkennen.

1 0,0 Von der Bushaltestelle der Straße nach Süden folgen ～ nach etwa 200 m rechts in den **Alten Barker Weg** ～ am Wanderparkplatz rechts auf den schmalen Pfad und an den **Toiletten** vorbei in den Wald, hier beginnt das Gebiet des **Marine-Artillerie-Arsenals** ～ weiter auf dem Wiesenpfad, rechter Hand befinden sich Trimm-Dich-Geräte ～ am breiteren Waldweg links, kurz darauf an der Kreuzung mit der **überdachten Bank** geradeaus dem Waldweg folgen ～ links und rechts des Weges liegen unzählige Hügel, ehemalige Erdbunker ～ einen Reitweg queren.

2 1,5 An der T-Kreuzung mit Bank nach rechts ～ weiter dem breiten Weg folgen.

3 3,5 An der Kreuzung mit **Bank** geradeaus ～ an der nächsten kleinen Kreuzung rechts auf den Wiesenweg (Holzgeländer) und diesem zum idyllisch gelegenen **See** folgen.

Schapwasch

Am Nordostrand des Sees bei der verdeckten Bank rechts auf den Forstweg und den See verlassen ～ an einem Hochsitz vorbei.

4 4,5 An der Kreuzung mit dem breiten Forstweg rechts ～ an der folgenden Kreuzung dem **Radwegweiser** Richtung Wahlstedt folgen.

5 6,1 Auch bei der nächsten Kreuzung mit Bank weiter geradeaus ～ von halblinks trifft ein Weg auf die Route, hier halbrechts der Radwegweisung folgen ～ an der überdachten Bank treffen Sie auf den bekannten Weg, diesem folgen Sie zurück zum Ausgangspunkt.

1 8,0 Die Tour endet an der Bushaltestelle, übrigens ganz in der Nähe vom Werksverkauf von arko (Confisiere).

Wahlstedt

Rund um den Großen Segeberger See

Start/Ziel: Bad Segeberg, Bahnhof
Aufstieg: 71 m
Abstieg: 71 m
Gehzeit: 2 - 2,5 Std.

Hartbelag: 25 %
Wanderwege: 59 %
Wanderpfade: 16 %

Charakteristik: Diese einfache Wanderung führt Sie einmal um den Großen Segeberger See, der zur Gipskarstlandschaft von Bad Segeberg gehört. Während die Wanderung im westlichen Abschnitt unmittelbar am Seeufer verläuft, wird im östlichen Teil der See verlassen und der 80 Meter hohe Moosberg erklommen. Von oben genießen Sie einen schönen Blick auf den See und Bad Segeberg.

Markierung: SE 1

Anfahrt: Von Hamburg mit dem RE 8 nach Bad Oldesloe, dort umsteigen in die RB 82. Direkt am Bahnhof befinden sich auch Parkplätze.

Bad Segeberg s. S. 96

1 0,0 Vom Bahnhof aus überqueren Sie die **B 206** und gehen entlang der **Bahnhofstraße** Richtung Tourist-Information ↝ links in die Fußgängerzone ↝ am **Marktplatz** rechts halten und am Ende der verkehrsberuhigten Zone weiter geradeaus ↝ auf Höhe der **Kleinen Seestraße** links auf den Fuß- und Radweg, dem Lauf des Wassers folgen und an der Straße weiter geradeaus ↝ an der Kreuzung geradeaus und hinunter zum See.

2 1,2 Am Ufer links auf den Schotterweg und an einem Bootsverleih vorbei ↝ nach rechts entlang der **Seepromenade** ↝ 🏊 weiter auf dem Schotterweg, immer entlang des Seeufers ↝ an einer Kneipp-Anlage vorbei.

3 3,7 Nach etwa 1,5 km über eine kleine Brücke, dann weiter am Ufer bleiben.

AUSFLUG Nach links dem Bachlauf folgend kommen Sie nach etwa 800 m zu einer historischen Wassermühle und zur Räucherkate.

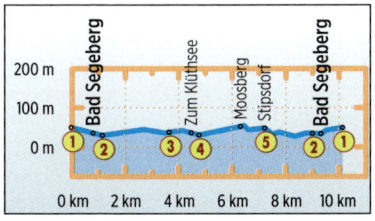

Blick auf Bad Segeberg

Klein Rönnau
Vorwahl: 04551

❋ **Historische Wassermühle**, Mühlenweg 2, ☎ 83531, ☎ 84740 ☉ Das Fachwerkgebäude stammt aus dem Jahre 1648, der Backsteinanbau ist von 1900. @ qtf886

❋ **Räucherkate**, Eutiner Str. Die Räucherkate von 1829 wurde noch bis zur Jahrtausendwende als Wurst- und Schinkenräucherei genutzt. @ nmi675

Vorbei an der Anlegestelle des Bootsclubs ∿ an der **Badestelle** auf die Asphaltstraße und dieser nach rechts folgen, geradeaus und auch links geht es zu einer Gaststätte.

🏕 **KlüthseeCamp**, Stipsdorfer Weg, ☎ 04551/82368, @ xfb883

🏕 **Zum Klüthsee**, Klüthseehof 1, ☎ 04551/83323, ☉ Do-Mi ab 12 Uhr, @ irr211

94

4 4,8 Nach etwa 300 m rechts auf den Fußweg ∿ der See wird nun verlassen und Sie wandern leicht bergan, zwischendurch haben Sie immer wieder schöne Blicke auf den See ∿ durch eine Röhre den Wirtschaftsweg unterqueren und weiter auf dem Pfad ∿ vor der Asphaltstraße rechts auf den Pfad hinter der Hecke, parallel zur Straße ∿ nach etwa 300 m nach links über die Straße und hinauf zum Moosberg.

Moosberg (80 m)
Nach dem Genießen der Aussicht gehen Sie zurück zur Straße, dort links und nach Stipsdorf 🚉 ∿ an der **Dorfstraße** rechts.

Stipsdorf
5 7,3 An der **Bushaltestelle** vorbei und dahinter an der Weggabelung nach

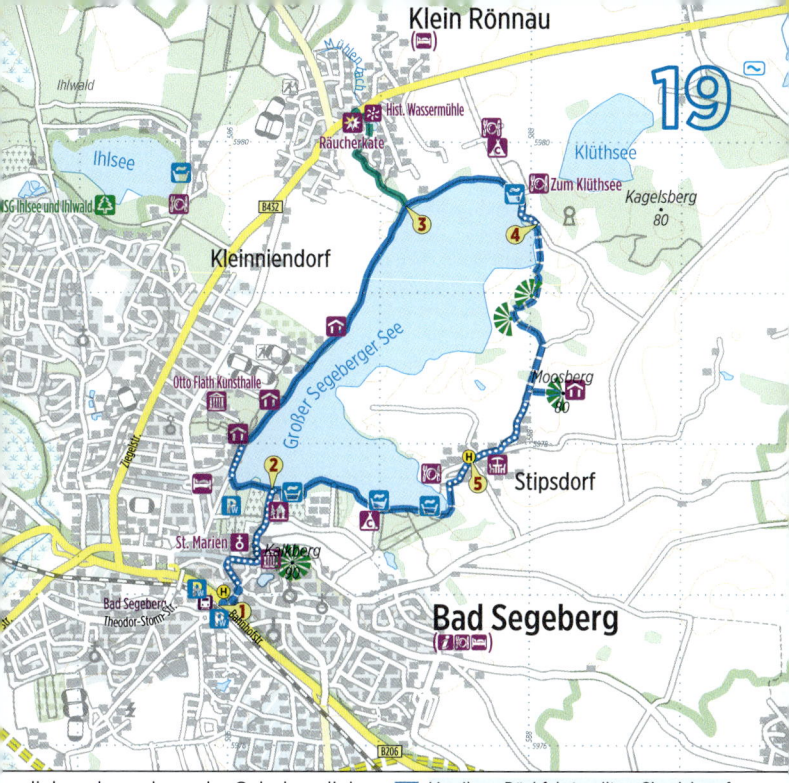

links 〰 bergab, an der Gabelung links und kurz vor dem Hof erneut links auf den schmalen Asphaltweg 〰 🚣 weiter auf einem Pfad 〰 über eine kleine Brücke, kurz darauf an der Gabelung rechts am See bleiben 〰 es geht nun idyllisch am Ufer zurück nach Bad Segeberg 〰 am **Segelclub** und einem **Strandcafé** vorbei.

2 ⁹,⁰ Nach links auf die Straße und zurück zum Ausgangspunkt.

Vor Ihrer Rückfahrt sollten Sie sich auf keinen Fall die Besteigung des Kalkbergs entgehen lassen. Oben haben sie eine tolle Rundumsicht sowie einen Blick hinter die Kulissen des Freilichttheaters.

✳ Der **Kalkberg** ist ein 92 m hoher Kalkstein-Felsen, unter dem sich ein Steinsalzstock befindet. Die am Berg gelegene Naturhöhle gilt als das größte natürliche Fledermaus-Quartier in Norddeutschland.

1 ¹⁰,¹ Die Wanderung endet am Bahnhof.

Bad Segeberg

95

Bad Segeberg

Vorwahl: 04551

🛈 **Tourist-Information**, Oldesloer Str. 20, 📞 96490, @ xou512

🏛 **Alt-Segeberger Bürgerhaus**, Lübecker Str. 15, 📞 964204 ☺, @ huy365

🏛 **Noctalis – Welt der Fledermäuse**, Oberbergstr. 27, 📞 80820 ☺ Europas einzige Fledermaus-Erlebnisausstellung führt in die Lebenswelt der heimischen, fliegenden Säugetiere. Leistungen und Eigenarten dieser geheimnisvollen Tiere werden auf vier Etagen und in der Kalkberghöhle, dem größten deutschen Winterschlafquartier für Fledermäuse, spannend inszeniert. @ vxr666

🏛 **Otto-Flath-Kunsthalle**, Bismarckallee 5, 📞 879900 ☺☺ Der Holzbildhauer Otto Flath (1906-1987) lebte und wirkte über 50 Jahre in Bad Segeberg. Die neu gestaltete Kunsthalle Otto Flath zeigt in der ständigen Ausstellung mit rund 40 Plastiken und einer Auswahl an Aquarellen einen repräsentativen Querschnitt seiner Werke. @ qqo168

⛪ **St. Marien**, Kirchpl. 5, 📞 955255. Die 1156 erbaute Marienkirche gilt als eines der bedeutendsten romanischen Bauwerke in Norddeutschland und ist die erste Kirche, in der das Gewölbe aus Backstein geschaffen wurde. Ein prachtvoller Schnitzaltar aus dem 16. Jh. ziert den Innenraum. @ mxp615

🎭 **Karl-May-Spiele**, Freilichttheater am Kalkberg, 📞 01805/952111. Seit ihrer Gründung 1952 sind die Karl-May-Spiele jedes Jahr im Sommer ein Erlebnis für die gesamte Familie. @ jov153

Bad Segeberg verdankt seine Existenz dem Kalkberg, der eigentlich ein Gipsfelsen ist. König Lothar III. ließ als erster 1134 eine Burg namens Siegesburg (Segeberg) auf dem Berg errichten, die mehrmals zerstört und wieder aufgebaut wurde. Im Dreißigjährigen Krieg wurde die Burg von schwedischen Truppen gebrandschatzt und verfiel. Heute gibt es nur mehr Reste des damaligen Burgbrunnens. Auch die Stadt brannte und alle Häuser bis auf eines wurden zerstört. In diesem nun ältesten Haus Bad Segebergs ist das Museum „Alt-Segeberger-Bürgerhaus" untergebracht.

Durch den Gipsabbau am Kalkberg wurde der Berg um 19 Meter abgetragen. Das gewonnene wertvolle Baumaterial fand u. a. beim Bau des Lübecker Doms und der Segeberger Marienkirche Verwendung. An der östlichen Bergflanke entstand dadurch eine Grube. Heute können Sie hier das Freilichttheater mit rund 7.500 Sitzplätzen besuchen, in dem von Ende Juni bis Anfang September die Karl-May-Spiele stattfinden.

St.-Marien-Kirche in Bad Segeberg

Tour 20   **12,3 km**

Auf dem Stormarnweg
von Bad Oldesloe nach Reinfeld

Start: Bad Oldesloe, Bahnhof
Ziel: Reinfeld, Bahnhof

Aufstieg: 127 m	*Hartbelag:* 33 %
Abstieg: 129 m	*Wanderwege:* 38 %
Gehzeit: 3 – 3,5 Std.	*Wanderpfade:* 28 %

Charakteristik: Der Stormarnweg führt auf einer Gesamtlänge von 108 Kilometern von Reinbek nach Lübeck und quert den Kreis Stormarn. Der Abschnitt von Bad Oldesloe nach Reinfeld gehört zu den schönsten des Fernwanderweges und führt Sie von der ehemaligen Kurstadt zunächst entlang der Trave, dann durch Wälder und Felder über sanfte Hügel in die Karpfenstadt Reinfeld.

Tipp: In Reinfeld können Sie im Anschluss noch eine kürzere Runde um den Herrenteich anhängen (s. Tour 21)

Markierung: Stormarnweg, gelber Pfeil

Anfahrt: Mit dem RE 8 von Hamburg nach Bad Oldesloe. Direkt am Bahnhof befinden sich auch Parkplätze.

Abfahrt: Von Reinfeld mit dem RE 8 zurück nach Hamburg, dieser hält auch in Bad Oldesloe.

Bad Oldesloe

Vorwahl: 04531

🛈 **Stadtinfo Bad Oldesloe**, Beer-Yaacov-Weg 1, 📞 504195, @ wkf578

🏛 **Heimatmuseum**, Königstr. 30, 📞 504180 ⌂ ⌘ Neben der Oldesloer Stadtgeschichte wird auch die

In Bad Oldesloe

Vor- und Frühgeschichte thematisiert. @ lxe262

- 🏛 **Peter-Paul-Kirche**, Kirchberg 8, 📞 1689600. Die spätbarocke Kirche wurde 1763 errichtet. Die heutige Form resultiert aus einem Umbau in den 1960er Jahren.

- ✳ **Kornmühle**, Mühlenstr. Die Ursprünge der Wassermühle reichen bis ins Mittelalter zurück, allerdings wurde diese Anlage 1798 während eines großen Stadtbrandes zerstört. Die Mühle wurde zwar wenig später wieder aufgebaut, doch schon zu Beginn des 20. Jhs. stillgelegt. Das Wasserrad, das heute zu sehen ist, ist ein Nachbau des alten.

- 🛏 **Travebad**, Konrad-Adenauer-Ring 1e, 📞 162152. Mit Sauna. @ dtd342

1 **0,0** Vom Bahnhof aus gehen Sie gerade über den Platz 〰 die Mommsenstraße überqueren und in die **Bangerstraße** 〰 an der Ampel geradeaus in den Park 〰 dem weiten Linksbogen folgen 〰 den Park wieder verlassen und an der Bushaltestelle die **Kurpar-**

kallee überqueren 〰 über die **Beste** und dahinter rechts in die Straße **Kirchberg** 〰 an der Weggabelung der Einbahnstraße folgen und dann in die Sackgasse 〰 links an der **Kirche** vorbei und am Anfang der Fußgängerzone links über die Treppenstufen hinunter 〰 die Trave queren und auf die Altstadtinsel, die von der Trave umflossen wird 〰 rechts, dann links und wieder rechts in die **Heiligengeiststraße**.

2 **1,1** Die Trave erneut queren und dahinter rechts auf den Schotterweg 〰 nun schön am Ufer auf dem **Travewanderweg** weiter 〰 unter der Brücke der Bundesstraße, später unter der Bahnlinie hindurch 🚶.

3 **2,7** In einer Linkskurve in einen kleinen Wald hinein, kurz darauf an der Weggabelung rechts zurück zum Fluss 〰 unter einer weiteren Eisenbahnbrücke hindurch, dies ist die **Vogelfluglinie**, und weiter am Ufer bleiben.

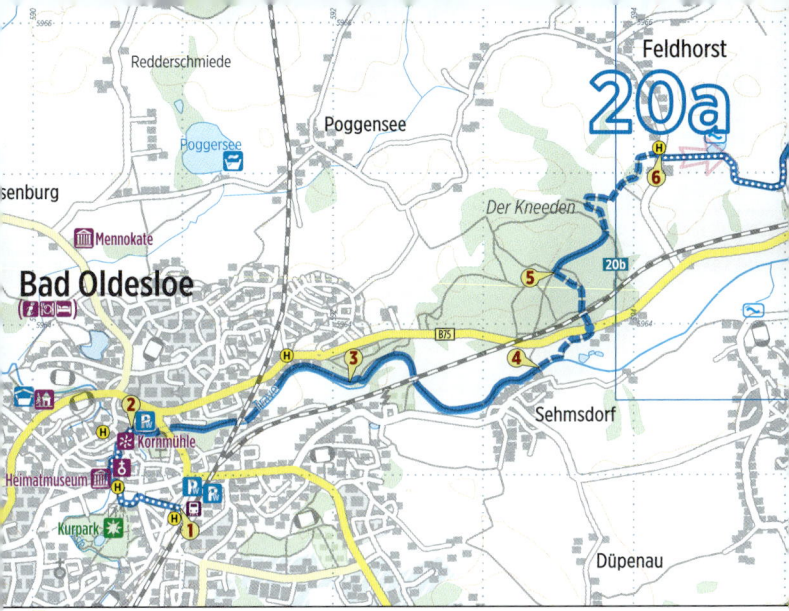

4 4,4 An der Fußgängerbrücke geradeaus auf den Pfad ⇝ kurz entlang eines Altarms der Trave, dann wird der Fluss verlassen und es geht leicht bergan ⇝ die **B 75** überqueren und weiter auf dem Schotterweg bergan ⇝ erneut die **Vogelfluglinie** queren, diesmal über eine Brücke ⇝ im Wald weiter geradeaus, kurz darauf am Reitweg links.

5 5,3 An der Kreuzung mit dem Forstweg rechts ⇝ der Linkskurve des Weges folgen, kurz darauf an der Weggabelung rechts bergab auf dem schmaleren Weg ⇝ vor dem Zaun rechts und auf dem sehr schmalen Pfad weiter bergab ⇝ auf der Brücke einen Bach queren, diesem dann parallel folgen,

ehe der Weg nach links wegknickt ⇝ einen Wiesenweg queren und dahinter in das Wäldchen, dort steil bergan ⇝ am Rand eines Feldes entlang.

6 6,8 An der **K 2** kurz rechts, dann die Straße nach links überqueren und Richtung Hohenkamp ⇝ vorbei an drei **Klärteichen** ⇝ an der T-Kreuzung beim Hof **Hohenkamp** links ⇝ am Ende des Asphalts weiter auf dem Schotterweg.

7 8,2 An der Bank den Hauptweg nach rechts auf einen schmalen Wiesenweg verlassen ⇝ im Wald links und zunächst in der Nähe des Waldrandes entlang, dann rechts tiefer in den Wald ⇝ am **Rastplatz** weiter geradeaus auf den Forstweg ⇝ in Kurven

An der Trave

bergab, nach der zweiten Rechtskurve links auf den schmalen Pfad.

8 ⁹,⁵ Über zwei kleine Brücken, dahinter geradeaus den Wald verlassen und zwischen den Feldern hindurch.

AUSFLUG Wenn Sie vor der zweiten Brücke links dem Pfad leicht bergan folgen, kommen Sie nach wenigen Metern zu einem idyllischen kleinen See im Wald.

Dem Wiesenweg bis zum Hof **Dröhnhorst** folgen 〰 weiter am Ufer des **Messingschlägerteichs** entlang 〰 an der Asphaltstraße weiter geradeaus und nach Reinfeld hinein 🚏.

9 ¹⁰,⁹ An der Hauptverkehrsstraße weiter geradeaus und zwischen den beiden Teichen hindurch 〰 am **Herrenteich** auf den Schotterweg und am Südufer entlang 〰 den Bach **Mühlenau** überqueren, dahinter rechts Richtung Bahnhof 〰 am **Rathaus** und an der **Kirche** vorbei 〰 am Ende der Straße weiter geradeaus in die **Bahnhofstraße** und dieser folgen bis zum Bahnhof.

10 ¹²,³ Die Wanderung endet am Bahnhof.

Reinfeld (Holstein)

Vorwahl: 04533

🏛 **Heimatmuseum**, Neuer Garten 9, ✆ 2073457, 🕑 So 10-12 Uhr u. n. V. Schwerpunktthemen des Museums sind das ehem. Zisterzienser-Kloster (1186-1582), die Herzoglich Plönsche Zeit (1582-1762) und der in Reinfeld geborene Lyriker Matthias Claudius.

🏛 **Mühlenmuseum**, Matthias-Claudius-Str. 1, ✆ 8610, 🕑 So 10-12 Uhr. Es sind Exponate aus der einstigen Claudius-Mühle zu sehen.

⛪ **Matthias-Claudius-Kirche**, Paul-von-Schoenaich-Str. 9, ✆ 8939. Die 1636 erbaute Kirche wurde an der Stelle der ehemaligen Klosterkirche errichtet. Die barocke Innenausstattung ist besonders sehenswert.

✱ **Rathaus**, Paul-von-Schoenaich-Str. 7. Das Rathaus wurde 1907 errichtet.

🏞 **Fasanerie**, An der Fasanerie 24 In der Fasanerie können Sie unterschiedliche Fasane und Vögel beobachten.

Ende des 12. Jahrhunderts legten Zister-
ziensermönche im Gebiet um das heutige
Reinfeld zahlreiche Teiche an, die sie zur
Karpfenzucht nutzten. Das ausgehobene
Erdmaterial nutzten die Mönche, um die
Heilsau aufzustauen, und der Herrenteich entstand. Das Kloster in Reinfeld
existierte knapp 400 Jahre, ehe es durch
die Säkularisation im 16. Jahrhundert
aufgelöst wurde. Heute ist Reinfeld ein
staatlich anerkannter Erholungsort und
als Karpfenstadt bekannt

Auf dem Stormarnweg

Tour 21   5,7 km

Naturerlebnispfad Reinfeld

Start/Ziel: Reinfeld, Bahnhof

Aufstieg: 25 m   *Hartbelag:* 26 %

Abstieg: 25 m   *Wanderwege:* 72 %

Gehzeit: 1,5 Std.   *Wanderpfade:* 2 %

Charakteristik: Die Stadt Reinfeld ist für ihre Teiche und die Karpfenzucht bekannt. Einmal um den größten Teich – den Herrenteich – führt ein kurzer Naturerlebnispfad, der an 16 Stationen abwechslungsreich das Ökosystem rund um den Teich erklärt.

Markierung: keine

Anfahrt: Mit dem RE 8 von Hamburg nach Reinfeld. Direkt am Bahnhof befinden sich auch Parkplätze.

Reinfeld s. S. 100

1 0,0 Vom Bahnhof aus folgen Sie der Straße bis zum Kreisverkehr, dort biegen Sie links in die **Mahlmannstraße** ein ⌢ rechts in die Straße **Neuhof**, kurz darauf rechts auf den geschotterten Fuß- und Radweg ⌢ am **Neuhöfer Teich** weiter geradeaus und am Nordufer entlang ⌢ am Westufer weiter geradeaus auf der Straße ⌢ den Bach **Mühlenau** queren, dahinter an der Straße links.

2 1,1 An der T-Kreuzung rechts, dann die **Matthias-Claudius-Straße** überqueren und zum Südufer des **Herrenteichs**, hier links ⌢ am westlichen Ufer nach rechts dem breiten Schotterweg folgen Richtung Badestelle ⌢ Sie befinden sich nun auf dem Naturerlebnispfad, unterwegs gibt es immer wieder Informationstafeln und Stationen ⌢ links von der **Badestelle** am Zaun entlang 🚻 ⌢ hinter der Badestelle wieder zum Ufer.

3 2,1 An der Gabelung rechts am Ufer bleiben.

AUSFLUG Nach links lohnt ein Besuch der nur wenige Meter entfernten Vogelvolieren der sogenannten Fasanerie, der Eintritt ist frei.

Nun geht es etwa 500 m am Westufer des Herrenteichs entlang ⌢ am Rastplatz rechts, kurz darauf links über die Holzbrücke ⌢ vor der Straße rechts und weiter am Ufer entlang ins **Naturschutzgebiet Oberer Herrenteich** ⌢ über die Brücke, die den Unteren und den Oberen Herrenteich trennt.

4 3,5 Hinter der Brücke rechts ⌢ weiter am See bleiben, Sie folgen bis zum Ende des Sees der Uferpromenade ⌢ am Südufer an der

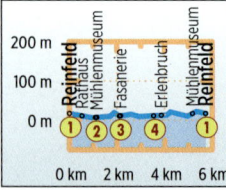

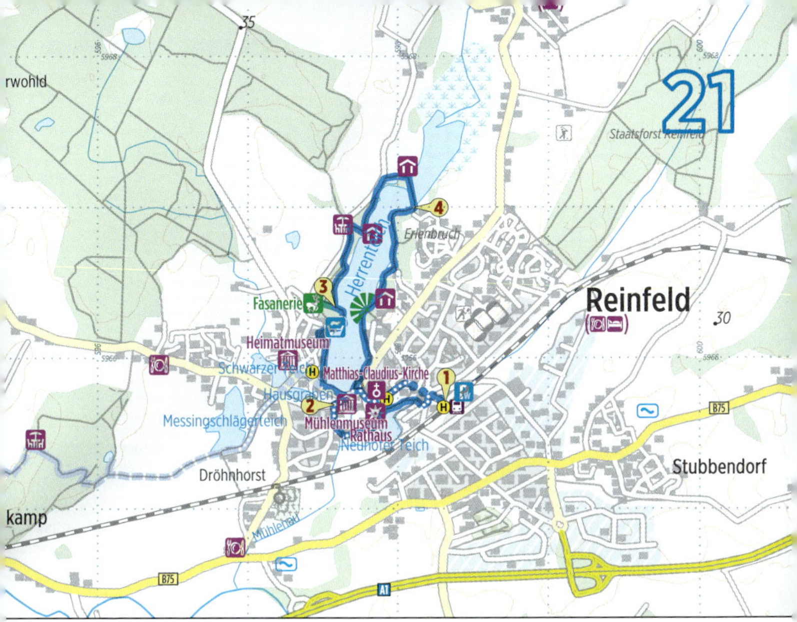

Reinfeld

Stubbendorf

Ahrensböker Straße links, kurz darauf rechts Richtung Bahnhof ≈ am **Rathaus** und an der **Kirche** vorbei ≈ am Ende der Straße weiter geradeaus in die **Bahnhofstraße** und dieser folgen bis zum Bahnhof.

1 [5,7] Die Wanderung endet am Bahnhof. **Reinfeld**

Zwischen Unterem und Oberem Herrenteich

Tour 22   **8,2 km**

Um den Küchensee zur Inselstadt

Start/Ziel: Ratzeburg, Schlosswiese
Aufstieg: 94 m   *Hartbelag:* 34 %
Abstieg: 94 m   *Wanderwege:* 54 %
Gehzeit: 2 - 2,5 Std.   *Wanderpfade:* 12 %

Charakteristik: Die auf einer Insel gelegene Altstadt von Ratzeburg zählt zu den schönsten Schleswig-Holsteins. Die Stadtbesichtigung lässt sich mit einer Wanderung um den Küchensee kombinieren. Hin- und Rückweg verlaufen meist über idyllische Wege am Hang entlang, manchmal berühren Sie auch direkt das Seeufer. Am Wendepunkt der Tour bietet sich eine Einkehr in der Farchauer Mühle an.

Markierung: vereinzelte Wanderwegweiser „Rundweg Küchensee"

Anfahrt: Mit der Buslinie 8700 vom Hamburger U-Bhf. Wandsbek Markt zur Haltestelle Lüneburger Damm in Ratzeburg. Alternative Bahnanfahrt: von Hamburg über Büchen bis Bhf. Ratzeburg, von dort 1,5 km zu Fuß entlang der Bundesstraße.

Ratzeburg s. S. 106

1 **0,0** Vom Parkplatz Schlosswiese auf der westlichen Seite zur Ampelkreuzung, dort über den **Lüneburger Damm** rechts parallel zur Straße an der **Bushaltestelle** vorbei vor der Tankstelle links in die **Dr.-Alfred-Block-Allee** nach der Minigolfanlage links an der Straße entlang nach 300 m links in den **Farchauer Weg** zwischen eingezäunten Grundstücken am Hang oberhalb des Sees entlang, später idyllisch durch den Wald.

2 **2,1** An der Kopfsteinpflasterstraße entlang an der nächsten Gabelung links auf Asphalt weiter oberhalb der Badestelle vorbei am Ende des Parkplatzes schräg links in den anfangs recht schmalen Waldweg links auf die Straße der Linkskurve folgen.

3 **3,0** Am **Farchauer Hof** links abbiegen Richtung Farchauer Mühle die Hofzufahrt überqueren nach dem Linksbogen wandern Sie direkt am Seeufer entlang an der Kanu-Anlegestelle geradeaus weiter, rechts gelangen Sie zur Farchauer Mühle.

Farchauer Mühle, ✆ 04541/86000, April-Okt., tägl. ab 11.30 Uhr, Nov.-März,

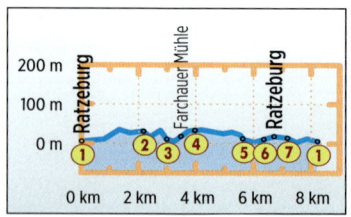

Di-So ab 11.30 Uhr. Gasthaus und Mühlencafé. In der ehemaligen Kornwassermühle mit funktionierendem Mühlrad sind Ferienwohnungen entstanden. @ gyx438

Auf dem schmalen Pfad direkt am See entlang weiter ~ ab der Holzbrücke über den **Schaalseekanal** wird der Weg breiter und entfernt sich vom Ufer ~ an der Abzweigung links halten. **4** 4,0 An der Gabelung rechts auf dem Radweg bleiben ~ am **Haus Waldesruh** weiter dem Radweg folgen ~ bleiben Sie immer auf dem Hauptweg ~ bei den Häusern geradeaus weiter ☕. **5** 5,6 An der früheren Kleinbahntrasse links Richtung Ratzeburg Zentrum ~ auf dem autofreien Damm zwischen Küchensee und Stadtsee hindurch ~ geradeaus unter dem Gebäude hindurch

~ an der schönen Promenade entlang. **6** 6,3 Am ehemaligen Stadtbahnhofsgebäude gehen Sie rechts.

VARIANTE Wollen Sie die Altstadt nicht besichtigen, können Sie auch der Promenade am See entlang zurück zum Parkplatz folgen.

Auf der Hauptroute am **Theaterplatz** geradeaus über die Fußgängerampel ~ immer geradeaus durch die Altstadt von Ratzeburg, vorbei am Platz **Am Markt** und dem Kreismuseum. **7** 7,2 Vor dem Dom im spitzen Winkel links ~ rechts Richtung CVJM-Freizeitheim ~ links am Seeufer entlang, immer in Wassernähe halten ~ am **Eispavillon** rechts. **1** 8,2 Am Großparkplatz an der Schlosswiese ist das Ende der Tour erreicht. **Ratzeburg**

Ratzeburg

Vorwahl: 04541

Tourist-Information, Unter den Linden 1, Im Rathaus, ☎ 8000886, @ lio872

Personenschifffahrt, Schlosswiese 6, ☎ 7900, @ sqo576

Kreismuseum, Domhof 12, ☎ 86070 ♿ Ehemaliges Herrenhaus der Herzöge von Mecklenburg aus dem Jahre 1764. Ausgestellt werden Exponate zum Thema Stadtgeschichte, Heimat- und Naturkunde. Außerdem sehenswert sind wertvolle Stuckarbeiten im Rokokosaal. @ mki274

Ernst-Barlach-Museum, Barlachpl. 3, ☎ 3789 ♿ Werke des berühmten Malers und Bildhauers E. Barlach (1870-1938), der in Ratzeburg seine Jugend verbrachte, werden gezeigt. @ ehh553

A.-Paul-Weber-Museum, Domhof 5, ☎ 860720 ♿ Ausgestellt sind Werke des 1980 verstorbenen A. P. Weber, der durch seine zeitkritischen Grafiken bekannt wurde. @ fhj276

Ratzeburger Dom, Domhof 35, ☎ 3406 ⚅ 1154-1220 ließ Heinrich der Löwe den Dom erbauen. Es handelt sich dabei um einen romanischen Backsteinbau mit einer sehenswerten geschnitzten Renaissance-kanzel, einem Passionsrelief im Flügelaltar und einem prächtigen Kreuzgang mit Kreuzrippengewölbe. Im Klosterinnenhof befindet sich das Werk „Bettler auf Krücken" von Ernst Barlach. @ cac184

Erlebnisbahn Ratzeburg, Im Bahnhof 1b, ☎ 802535, ⏱ Voranmeldung erbeten. Auf der stillgelegten Bahntrasse zwischen Ratzeburg und Hollenbek sind Fahrten mit Handhebeldraisinen oder Hydrobikes möglich. @ rur728

Badestelle an der Schlosswiese, Schlosswiese, @ nxu218

Aqua Siwa, Fischerstr. 45, ☎ 4822, @ ixk764

Der Luftkurort Ratzeburg mit 15.000 Einwohnern liegt auf einer Insel, umgeben von vier verschiedenen

Ratzeburger Dom

Ratzeburg

Dom
Braunschweiger Löwe
Kreismuseum
A.-Paul-Weber-Museum
Rathaus
Töpferstr.
Unter den Linden
Herrenstr.
Langenbrücker Str.
Ernst-Barlach-Museum
Amtsgericht
Königsdamm

Kl. Kreuzstr.
Gr. Kreuzstr.
Domhof
Regentlahn
Bülestr.
Junkernstr.
Brauerstr.
Am Wall
Gr. Wallstr.
Fischerstr.
A. d. Brauerei
Seedt.
Grönstr.
Bäker W.
Am Steinsan

Seen – Küchensee, Stadtsee, Domsee und Ratzeburger See. Erstmals erwähnt wurde „Racesburg" in einer Urkunde, die 1062 in Worms ausgestellt wurde. Der Name geht wahrscheinlich auf den slawischen Fürsten Ratibor zurück, der „Ratse" genannt wurde und in einer Ringburg residierte. Im 11. Jahrhundert war Ratzeburg Schauplatz von Auseinandersetzungen zwischen Christen und Slawen. Heinrich der Löwe belehnte Graf Heinrich von Bodewide mit der Festung im 12. Jahrhundert.

Nach dem Sturz Heinrichs des Löwen ging Ratzeburg mit Lauenburg in askanische Herrschaft über, wobei die beiden Städte das Herzogtum Lauenburg bildeten. Nach dem Aussterben des askanischen Hauses wurde eine größere Festung durch das nun zuständige Haus Lüneburg-Celle errichtet. Weil der dänische König Christian V. darin eine Verletzung des „Westfälischen Friedens" sah, machte er 1693 die Stadt dem Erdboden gleich. Im Stil einer barocken geometrischen Anlage wurde die Stadt danach wieder aufgebaut.

Anfang des 19. Jahrhunderts verarmte Ratzeburg und stand unter wechselnden Herrschaften, bis die Stadt im Wiener Kongress 1815 den Dänen zugeschlagen wurde. Die Festung wurde abgerissen, und 1865 wurde Ratzeburg Teil von Preußen.

Tour 23   **12,7 km**

Der Große Ratzeburger See

Start: Ratzeburg, Schlosswiese
Ziel: Rothenhusen, Schiffsanlager
Aufstieg: 98 m   *Hartbelag:* 3 %
Abstieg: 95 m   *Wanderwege:* 88 %
Gehzeit: 3 – 3,5 Std.   *Wanderpfade:* 9 %

Charakteristik: Der Ratzeburger See ist beeindruckende neun Kilometer lang. Bei dieser Tour erwandern Sie das komplette Westufer des Sees und fahren dann mit dem Schiff zurück in die Inselstadt Ratzeburg. Der erste Abschnitt bis nach Buchholz führt oberhalb des Steilufers durch den

Wald, ab Buchholz wandern Sie dann meist in Ufernähe. Mehrere Badestellen laden zu einer längeren Pause ein.
Markierung: blaues X
Tipp: Die Tour kann mit der Wanderung entlang der Wakenitz nach Lübeck (s. Tour 24) kombiniert werden.
Anfahrt: Mit der Buslinie 8700 vom Hamburger U-Bhf. Wandsbek Markt zur Haltestelle Lüneburger Damm in Ratzeburg. Alternative Bahnanfahrt: von Hamburg über Büchen bis Bhf. Ratzeburg, von dort 1,5 km zu Fuß entlang der Bundesstraße.
Abfahrt: Das Schiff zurück zum Ausgangspunkt fährt in der Saison Di-So bis zu vier Mal täglich. Informieren Sie sich vor der Tour unter www.schiffahrt-ratzeburg.de oder ☎ 04541/7900.

Ratzeburg   s. S. 106
1 0,0 Vom Parkplatz Schlosswiese auf der westlichen Seite zum straßenparallelen Rad- und Fußweg 〰 an der **Bushaltestelle** vorbei 〰 an der nächsten Möglichkeit

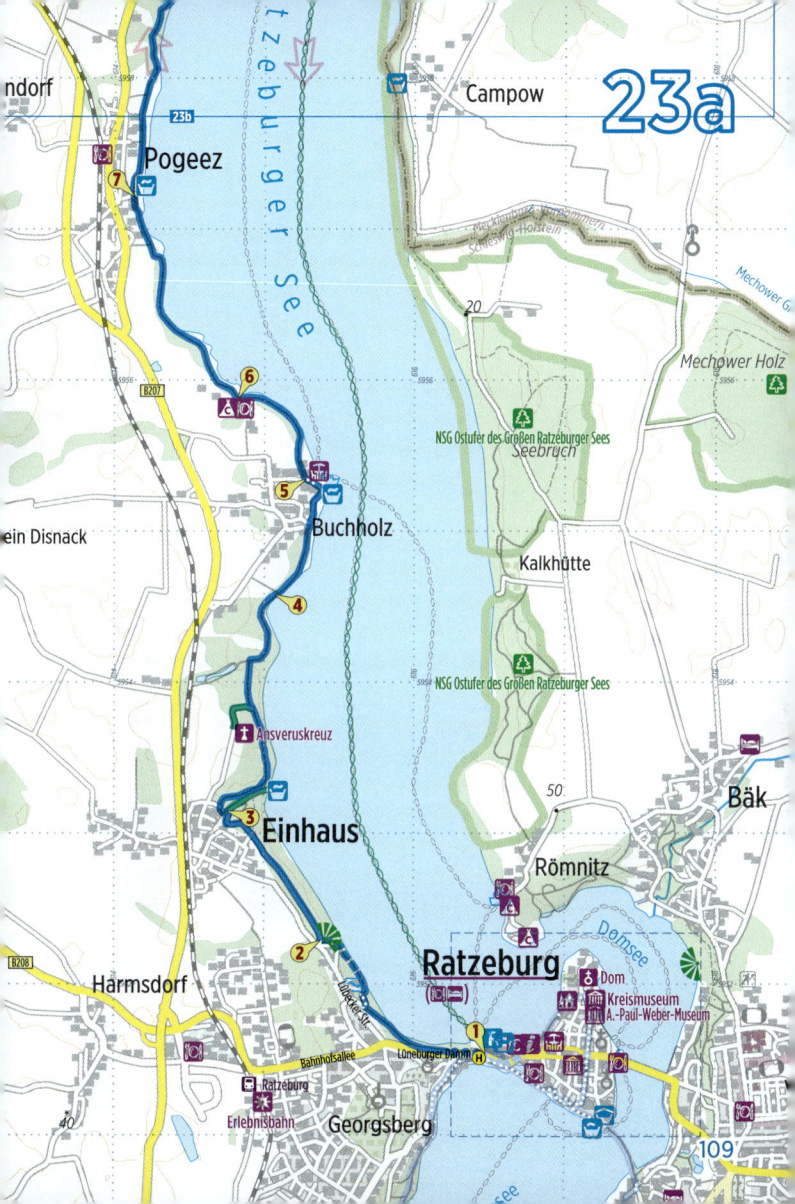

Campow

23b

Pogeez

tzeburger See

Schleswig-Holstein
Mecklenburg-Vorpommern

Mechower Gr.

20

Mechower Holz

6

B207

NSG Ostufer des Großen Ratzeburger Sees
Seebruch

5

Buchholz

Kalkhütte

4

NSG Ostufer des Großen Ratzeburger Sees

Bäk

Ansveruskreuz

50

Römnitz

3

Einhaus

Domsee

2

Ratzeburg

Dom
Kreismuseum
A.-Paul-Weber-Museum

B208

Harmsdorf

Lütticker Str.

1

Lüneburger Damm

H

Bahnhofsallee

Ratzeburg
Erlebnisbahn

Georgsberg

ein Disnack

ndorf

leicht rechts in den **Spehrweg**, also möglichst nahe am Seeufer bleiben 〰 an der Asphaltstraße rechts 〰 vor dem Zaun rechts 〰 am letzten Privatgrundstück wird der Weg deutlich schmaler 〰 steil bergauf.

2 ¹·⁵ Am Querweg rechts  〰 oberhalb des Steilhangs durch den Wald 〰 an der Gabelung an der **Infotafel Einhaus** links.

3 ²·⁶ Biegen Sie an der T-Kreuzung links ab.

> **TIPP**
> Rechts gelangen Sie zur Badestelle an der Himmelswiese. Von dort geht es über Treppenstufen direkt zur Hauptroute zurück.

Gleich nach der Kreuzung rechts und dem langen Bogen folgen 〰 auf dem breiten Forstweg etwas erhöht durch den Wald 〰 am beschilderten Abzweig geradeaus weiter.

> **AUSFLUG**
> Nach links können Sie einen Abstecher hinauf zum über 500 Jahre alten Ansveruskreuz machen.

✿ **Ansveruskreuz.** Das Radkreuz aus dem 15. Jh. ist seit 1951 Pilgerstätte. Eine Infotafel erklärt die Geschichte des Heiligen Ansverus.

Weiter auf dem breiten Weg durch den Wald 〰 längere Zeit bergab.

4 ⁴·⁵ Am Abzweig, wo der Radweg links abbiegt, geradeaus weiter 〰 am Schilfgürtel des Ratzeburger Sees entlang.

Buchholz

5 ⁵·⁴ Nach dem Parkplatz biegen Sie rechts ab in den Wanderweg 〰 dieser führt nun direkt am See entlang.

6 ⁶·² Am **Campingplatz** geradeaus weiter auf dem nun etwas schmaleren Weg 〰 am Abzweig des Radwegs geradeaus weiter.

Pogeez

7 ⁷·⁹ Gehen Sie am **Strandbad** geradeaus 〰 weiterhin mal durch Wald, mal an Feldern entlang, nach rechts bieten sich immer wieder Blicke auf den See 〰 zwischen den Zäunen an den Bootsliegeplätzen entlang 〰 in Groß-Sarau an der Badestelle vorbei.

Blick auf die Altstadtinsel und die Seen von Ratzeburg

Groß Sarau
Vorwahl: 04509

Nobis Krug, Tüschenbeker Weg 1a, 📞 8086, 🕐 Do-Di 12-21 Uhr, Mi 17-21 Uhr, @ qnu215

8 ^{10,3} Am Parkplatz geradeaus weiter Richtung Rothenhusen 〰 es beginnt nun der letzte, meist schattige Abschnitt der Tour 〰 immer auf dem Hauptweg bleiben.

9 ^{11,7} An der **Bootskrananlage** rechts in den Fußweg 〰 vorbei an einer **Ferienhausanlage** und diversen Bootsliegeplätzen 〰 an der Infotafel zum Naturschutzgebiet Wakenitz rechts über die Brücke 〰 nach der Brücke rechts.

10 ^{12,7} Die Wanderung endet am Schiffsanleger in Rothenhusen.

TIPP Von hier können Sie mit dem Schiff zurück nach Ratzeburg fahren. Die Wartezeit lässt sich gut am gegenüberliegenden Rastplatz oder im Biergarten des Fährhauses verbringen.

ANSCHLUSS Sie können die Wanderung durch das Naturschutzgebiet Wakenitz nach Lübeck anschließen – oder wahlweise mit dem Schiff auf der Wakenitz nach Lübeck fahren (s. Tour 24).

Rothenhusen (Groß Sarau)
Vorwahl: 04509

⛴ **Personenschifffahrt**, Schlosswiese 6, Ratzeburg, 📞 04541/7900. In der Saison 3 Fahrten tägl. @ sqo576

⛴ **Wakenitz-Schifffahrt Quandt**, 📞 0451/793885. In der Saison 3 Fahrten tägl. @ rmf272

🏠 **Fährhaus Rothenhusen**, 📞 8059, 🕐 Mi-Fr 14-21 Uhr, Sa, So 12-21 Uhr, @ ryj352

Tour 24 — 17,5 km

Entlang der Wakenitz nach Lübeck

Start: Rothenhusen, Schiffsanlager
Ziel: Lübeck, Moltkebrücke

Aufstieg: 107 m   *Hartbelag:* 26 %
Abstieg: 112 m   *Wanderwege:* 66 %
Gehzeit: 4 - 4,5 Std.   *Wanderpfade:* 8 %

Charakteristik: Die idyllische Wakenitz wird oft als „Amazonas des Nordens" bezeichnet. Entlang der früheren deutsch-deutschen Grenze konnte sich die Natur ungestört entwickeln. Sie starten die Tour auf der Wakenitz mit einer Dampferfahrt von der Hanse- und Welterbe-Stadt Lübeck nach Rothenhusen. Von dort wandern Sie durch das wunderbare Naturschutzgebiet zurück nach Lübeck. Unterwegs erwartet Sie nicht nur herrliche Natur, auch einige schöne Einkehrstätten liegen am Weg.

Markierung: Drägerweg

Tipp: Die Tour lässt sich verkürzen, wenn Sie am Grönauer Baum in den Bus steigen.

Anfahrt: Mit dem RE 80/8 von Hamburg nach Lübeck, dort Stadtbus 5 zur Haltestelle Moltkestraße und zum Schiffsanleger Moltkebrücke. Per Schiff gelangen Sie auf der Wakenitz in 1,75 Std. nach Rothenhusen (max. drei Fahrten täglich, Infos unter ☎ 0451/793885 oder www.wakenitz-schiff-fahrt-quandt.de). Alternativ nutzen Sie ab Lübeck den

ein- bis zweistündlich verkehrenden Bus 8710 bis Haltestelle Schanzenberg, wo ein reizvoller Zuweg nach Rothenhusen beginnt.

Anschluss: Tour 23

Rothenhusen s. S. 111

1 0,0 Halten Sie sich am Schiffsanleger rechts ⌣ nach der Holzbrücke rechts und auf dem Asphaltweg am Flussufer entlang.

Wakenitz

Die Wakenitz mit ihren urwaldartigen Au- und Bruchwäldern wird gerne als

„Amazonas des Nordens" bezeichnet. Die Wakenitz-Niederung zwischen dem Ratzeburger See und Lübeck entstand nach dem Abschmelzen der Eiszeitgletscher. In den Jahrzehnten der deutsch-deutschen Teilung konnte sich die grenznah gelegene Natur frei entfalten und ist weitgehend unverbaut geblieben. Damit das so bleibt, wurde die Wakenitz-Niederung sowohl in Schleswig-Holstein als auch in Mecklenburg-Vorpommern unter Naturschutz gestellt.

Nördlich von Rothenhusen

An der Straße nach links ⌇ am Wanderparkplatz rechts in den **Dräger-weg** ⌇ an der Gabelung links ⌇ in einer Rechts-Links-Kombination aus dem Wald hinaus.

2 1,8 Am Asphaltweg links ⌇ am nächsten Abzweig wieder rechts ⌇ schräg rechts in den kleinen Wanderpfad ⌇ an einem schönen Erlenbruchwald entlang ⌇ den Asphaltweg überqueren ⌇ vor der Autobahn rechts, dann diese unterqueren.

3 2,9 Am Abzweig geradeaus, der Abstecher zum Aussichtspunkt lohnt nicht ⌇ an der T-Kreuzung rechts, links ginge es nach Groß Grönau.

4 4,2 Geradeaus in den bergab führenden Rad- und Fußweg ⌇ der schmale Weg taucht wieder in das urtümliche Naturschutzgebiet ein ⌇ immer auf dem Hauptweg bleiben, es geht kurvenreich durch den Wald ⌇ an der Dreierkreuzung rechts ⌇ an der nächsten Gabelung links.

5 6,3 An der Schranke vor dem Gasthof knickt der Weg nach links.

Absalonshorst

⚓ **Wakenitz-Schifffahrt Quandt**, Rothenhusen (Groß Sarau), ✆ 0451/793885. In der Saison 3 Fahrten tägl. @ rmf272

🍴 **Landhaus Absalonshorst**, ☾ April-Okt., Mi-So ab 11.30 Uhr, Nov.-März, Fr-So ab 11.30 Uhr, @ pwm252

Weiterhin dem kurvenreichen Wegverlauf folgen ⌇ über die kleine Straße ⌇ an der Gabelung rechts, also vorerst weiter am Waldrand ⌇ an der Kreuzung im Wald geradeaus.

6 8,2 Erneut eine kleine Asphaltstraße queren.

> **TIPP** Die Straße führt nach rechts zum Restaurant Müggenbusch, das nur ein paar Minuten entfernt ist.

Müggenbusch

⚓ **Wakenitz-Schifffahrt Quandt**, Rothenhusen (Groß Sarau), ✆ 0451/793885. In der Saison 3 Fahrten tägl. @ rmf272

🍴 **Müggenbusch**, Müggenbuschweg 10, ✆ 0451/501999, ☾ Di-So ab 11.30 Uhr, @ ame117

Der Weg führt im weiteren Verlauf kurz am Ufer der **Wakenitz** entlang ⌇ geradeaus über die Zufahrt zum

Reiterhof ⤳ durch die schöne Allee zwischen den Feldern.

7 10,0 Nach der Holzbrücke führt der **Trägerweg** rechts weiter.

AUSSTIEG Wenn Sie die Tour beenden wollen, können Sie nach der Brücke links abbiegen. An der Ratzeburger Landstraße gibt es Bushaltestellen.

Auf der weiteren Route immer am Wasser entlang ⤳ am Anlegeplatz haben Sie einen schönen Blick auf die Wakenitz ⤳ an der T-Kreuzung rechts und über die Brücke ⤳ auf dem Damm neben den Bahngleisen entlang.

8 12,0 Kurz nach dem Parkplatz der Badestelle biegen Sie links ab ⤳ an der T-Kreuzung links 🚏 ⤳ geradeaus über die Straße ⤳ an der Gabelung vor der Birkengruppe links ⤳ an der T-Kreuzung links, nun immer in Ufernähe bleiben.

9 13,6 Links in die **Isegrimstraße** ⤳ am nächsten Abzweig links in den Rad- und Fußweg ⤳ immer in Wassernähe bleiben ⤳ an der **Schrebergarten-**

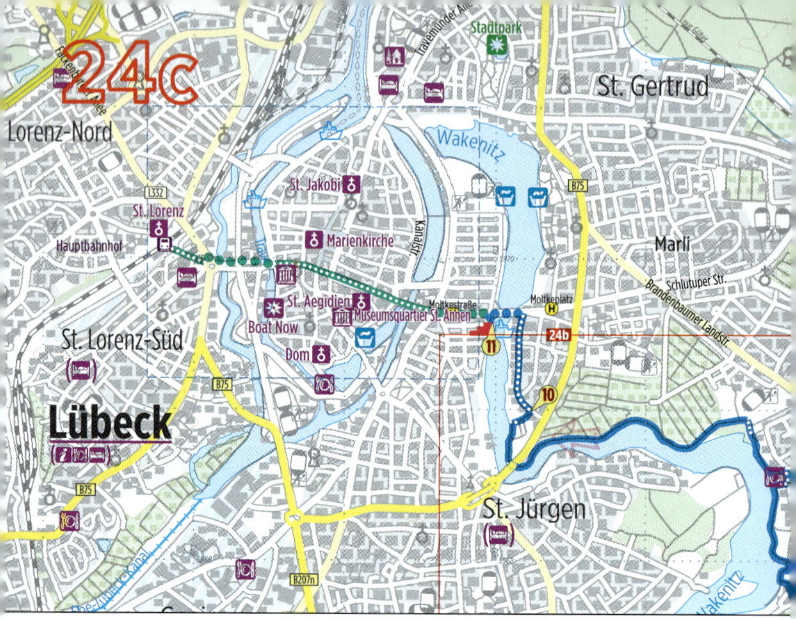
24c
Lorenz-Nord
Stadtpark
St. Gertrud
Wakenitz
L332
St. Jakobi
B75
St. Lorenz
Hauptbahnhof
Marienkirche
Kanalstr.
Marli
Schlutuper Str.
Brandenbaumer Landstr.
St. Aegidien
Moltkestraße
Moltkeplatz
Museumsquartier St. Annen
Boat Now
St. Lorenz-Süd
Dom
24b
11
10
Lübeck
St. Jürgen
B207n
Wakenitz

siedlung entlang ⁓ Sie unterqueren die Bundesstraßenbrücke ⁓ bald darauf entfernt sich der Weg vom Wasser.

10 16,5 An der **Elsässer Straße** links ⁓ durch ein schönes Villenviertel ⁓ an der Vorfahrtsstraße links und über die **Moltkebrücke** ⁓ auf der anderen Brückenseite geht es links hinunter zum Schiffsanleger, wo Sie die Tour heute Morgen begonnen haben.

11 17,5 Sie haben das Ende der Tour erreicht, zur nächsten Bushaltestelle ist es nicht weit.

INS ZENTRUM Sie können von hier aus auch durch die Lübecker Innenstadt und vorbei am Holstentor zum Hauptbahnhof laufen, die Strecke ist etwa 2 km lang.

Lübeck s. S. 117

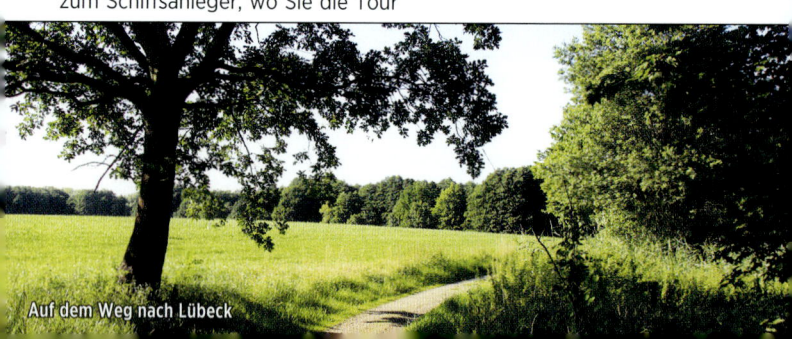

Auf dem Weg nach Lübeck

Lübeck

Vorwahl: 0451

🛈 Tourist-Information, Holstentorpl. 1, ☎ 8899700, @ lbg213

⛴ CitySchifffahrt, Wallstr. 17, ☎ 3002376. Stadt-, Kanal- und Hafenrundfahrten. @ mit835

⛴ Hermes, An der Untertrave 12/13, Hansekai/Hansemuseum, ☎ 0163/5475773. Linienfahrten von Lübeck nach Travemünde. @ kcp252

⛴ Quandt-Linie, Willy-Brandt-Allee 13, Schiffsanleger Quandt-Linie, ☎ 77799, @ ntg675

⛴ Wakenitz-Schifffahrt, Moltkestr., unterhalb der Moltkebrücke, ☎ 793885, @ dub287

🏛 Europäisches Hansemuseum, An der Untertrave 1, ☎ 8090990 ♿ Das Museum erzählt die Geschichte vom Aufstieg und Fall der einstigen Wirtschaftsmacht im Nord- und Ostseeraum. 800 Jahre Hansegeschichte werden, z. T. interaktiv, präsentiert. @ rmb564

🏛 Museumsquartier St. Annen, St.-Annen-Str. 15, ☎ 1224137 ♿ Das Museumsquartier verbindet Geschichte, Kunst und Gegenwart der Hansestadt. @ dpm758

🏛 Buddenbrookhaus, Mengstr. 4, ☎ 1224190 ♿ Das Buddenbrookhaus ist den Gebrüdern Thomas und Heinrich Mann gewidmet und wurde durch den nobelpreisgekrönten Roman „Die Buddenbrooks" von Thomas Mann zu einem literarischen Denkmal. Ab 2020 bis voraussichtlich Herbst 2023 geschlossen (Ausstellung „Buddenbrooks im Behnhaus" in dieser Zeit im Behnhaus/Drägerhaus und „Buddenbrooks am Markt" am Markt 15). @ myl251

🏛 Günter-Grass-Haus, Glockengießerstr. 21, ☎ 1224230 ♿ Hier sind Werke des Literaturnobelpreisträgers, Grafikers und Bildhauers Günter Grass zu sehen. @ fnv571

🏛 Holstentormuseum, Holstentorpl., ☎ 1224129 ♿ Stadtgeschichtliches Museum. @ dif427

🏛 Museumshafen, Wenditzufer/An der Untertrave, entlang der Untertrave, ☎ 4008399 ♿ Die Mitglieder des gemeinnützigen Vereins „Museumshafen zu Lübeck e. V." haben einen Großteil ihrer traditionellen Segelschiffe und historischen Wasserfahrzeuge im selbstverwalteten Museumshafen liegen. @ xpw856

🏛 TheaterFigurenMuseum, Kolk 14, ☎ 78626. Hier werden Theaterpuppen aus drei Kontinenten ausgestellt, hinzu kommen Requisiten, Plakate und Puppenbühnen. Nebenan befindet sich das Figurentheater mit phantasievollen Inszenierungen von Märchen, Opern, Dramen und Kindergeschichten. Bis voraussichtlich Ende 2021 ist das Museum wegen Renovierung geschlossen. @ eqh587

🏛 Willy-Brandt-Haus, Königstr. 21, ☎ 1224250 ♿ Ausstellung über das Leben und Vermächtnis des Bundeskanzlers und Friedensnobelpreisträgers Willy Brandt - des wohl bekanntesten Sohns der Hansestadt. @ ltp746

🏛 Behnhaus Drägerhaus, Königstr. 9-11, ☎ 1224148 ♿ Bedeutende Ausstellungen von Kunst des 19. und 20. Jhs. werden hier in zwei liebevoll restaurierten Kaufmannshäusern aus dem 18. Jh. gezeigt. @ rbx355

Ortsinformationen

🏛 **Museum für Natur und Umwelt**, Musterbahn 8, 📞 1224122 ♿ Ausstellung zur Naturgeschichte Schleswig-Holsteins und der Tier- und Pflanzenwelt rund um Lübeck. @ tem644

⛪ **Dom**, Mühlendamm 2-6, 📞 74704 🕖 Heinrich der Löwe beauftragte im Jahr 1173 den Bau des Domes zu Lübeck. Über 70 Jahre später konnte die rote Backsteinkirche, die zwei 115 m hohe Türme besitzt, eingeweiht werden. Wie auch die Marienkirche und die Petrikirche wurde der Dom im Zweiten Weltkrieg stark beschädigt. Mit dem Wiederaufbau begann die Stadt 1960. Sehenswert sind die zahlreichen Kunstschätze. @ ass641

⛪ **Katharinenkirche**, Königstr., 📞 1224137. Die Katharinenkirche wurde zwischen 1300 und 1360 erbaut. Terrakottafiguren des berühmten Künstlers Ernst Barlach schmücken die Westfassade der ehemaligen Kirche, in der heute sakrale Kunstwerke gezeigt werden. @ twh641

⛪ **St. Aegidien**, Aegidienstr. 75, 📞 705622. Die Aegidienkirche wurde im 14. Jh. im Stil der Backsteingotik erbaut. @ wxg482

⛪ **St. Jakobi**, Jakobikirchhof 3, 📞 308010. In der „Kirche der Seefahrer" findet sich eine Gedenkstätte zur Erinnerung an alle Opfer auf See sowie eines der Rettungsboote der Pamir. Das Segelschulschiff war 1957 vor den Azoren gesunken, sechs Seeleute überlebten das Unglück. Im Gegensatz zur Marienkirche blieb die Jakobikirche von Zerstörungen im Zweiten Weltkrieg verschont. So können Altar und Orgel im Originalzustand bewundert werden. @ opq326

⛪ **St. Petri**, Petrikirchhof, 📞 397730. Die Restaurierungsarbeiten der im Zweiten Weltkrieg stark zerstörten Kirche wurden 1987 beendet. Von der Plattform des Kirchturms genießt man einen herrlichen Blick auf die Altstadt und die Vorstädte. @ fbb657

⛪ **Marienkirche**, Schüsselbuden 13, 📞 397700 🕖 Die zwischen 1250 und 1350 errichtete Kirche ist die drittgrößte Kirche Deutschlands. Das Mittelschiff gilt mit seiner Höhe von 40 m als weltweit höchstes Backsteingebäude. 1942 brannte die Kirche bei einem Bombenangriff fast vollständig aus. Dabei wurde auch die Astronomische Uhr aus dem 16. Jh. zerstört. Heute gibt es in der Kirche eine 1955-1967 erbaute Nachbildung. Die 1942 heruntergestürzten Glocken sind als Mahnmal zu besichtigen. @ frn863

🎭 **MUK**, Willy-Brandt-Allee 10, 📞 7904400. In der Musik- und Kongresshalle Lübeck finden diverse Veranstaltungen statt: Kabarett, Musicals, Messen, Konzerte u. v. m. @ ytt767

✴ **Historische Altstadt**. Lübecks Innenstadt wurde 1987 in ihrer Gesamtheit von der UNESCO zum Weltkulturerbe erklärt.

✴ **Holstentor**, Holstentorpl. Das Holstentor ist das Wahrzeichen der Stadt. Dereinst Gefechtsstützpunkt, auf dem über 30 Geschütze ihren Platz hatten, begrüßt das Tor ganz im Sinne der Inschrift „Concordia Domi Foris Pax" („Drinnen Eintracht, draußen Frieden") entsprechend die heutigen Besucher der Stadt.

✴ **Rathaus**, Breite Str. 62. Die Außenfassade mit den vergoldeten Turmspitzen und den detaillierten Wappendarstellungen ist unverändert. Der überwiegende Teil des Gebäudes (13. Jh.) erfuhr jedoch in den letzten Jahrhunderten erhebliche Veränderungen.

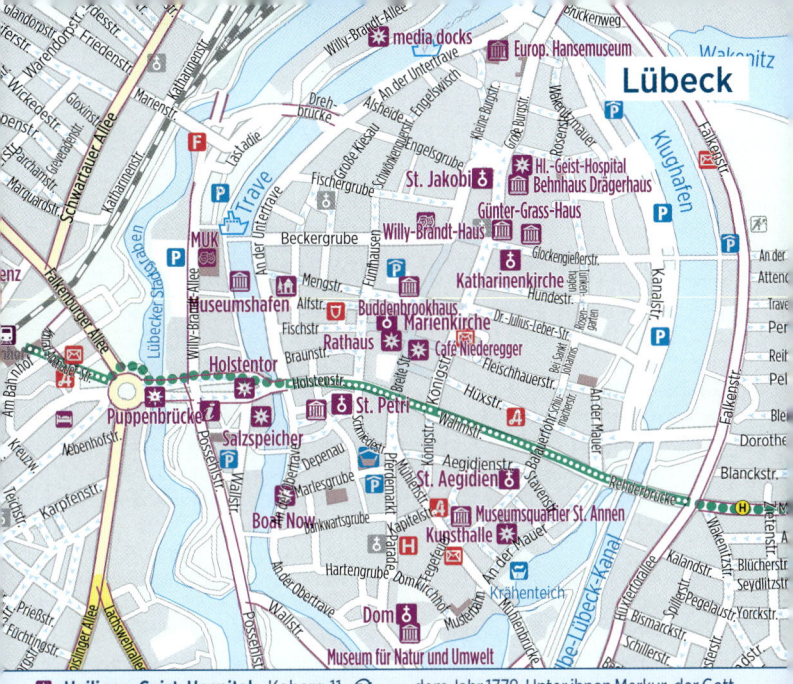

✻ **Heiligen-Geist-Hospital**, Koberg 11 🔟 Errichtet zwischen 1276 und 1286, ist es das älteste erhaltene Hospital Deutschlands. Bis 1970 lebten in dem seit dem Jahr 1517 zu einem Altenheim umfunktionierten Haus alte Menschen in Zimmern, die gerade 4 m² maßen und nicht mehr Platz boten als für Schrank, Tisch, Stuhl und Bett.

✻ **Boat Now**, An der Obertrave/Ecke Marlesgrube, ✆ 0152/53754042. Führerscheinfreie Elektroboote für 6 Personen. @ edb421

✻ **Café Niederegger**, Breite Str. 89, ✆ 5301126 🔟 Das Café hat das Lübecker Marzipan in aller Munde gebracht, mit Marzipan-Salon. @ lxp467

✻ **Puppenbrücke**. Sieben verschiedene Sandsteinfiguren zieren die Puppenbrücke aus

dem Jahr 1778. Unter ihnen Merkur, der Gott des Handels und Gewerbes - passend zur Geschichte der Stadt. Pikanterweise bietet er seinen splitternackten „Achtersteven" den zu Wasser fahrenden Kaufleuten dar.

✻ **Salzspeicher**, Wallstr. Die Salzspeicher befinden sich in unmittelbarer Nähe zum Holstentor. Hier wurde das Salz aus der Lüneburger Heide gelagert und später auf dem Seeweg vor allem nach Skandinavien geliefert.

🛏 **Altstadtbad Krähenteich**, An der Mauer 51, ✆ 3970650, @ ebq685

🛏 **Falkenwiese**, Wakenitzufer 1b, ✆ 794315, @ lnm786

🛏 **Zentralbad**, Schmiedestr. 1-3, ✆ 7025821, @ xlc867

Im 11. Jahrhundert wurde von den Wenden die Handwerkersiedlung und der Handelsort „Liubice" gegründet. Dieser Ort an der Mündung der Schwartau in die Trave wurde jedoch 1138 zerstört. Wenige Jahre später plante der Vasall des Sachsenherzogs Heinrich des Löwen, Graf Adolf II., eine Kaufmannssiedlung an der Ostseeküste zu bauen, um sein Land zu besiedeln und um Handel und Schiffsbau zu fördern. Seine Wahl fiel wohlüberlegt auf eine Landzunge am Zusammenfluss von Wakenitz und Trave, die gleichsam einer Insel von beiden Flüssen umgeben war. Das 135 Hektar große Areal lag inmitten von Sümpfen, die die Verteidigung der im Jahre 1143 errichteten Siedlung Lübeck erheblich erleichterten. Zudem war die Ostseeküste 20 Kilometer entfernt, sodass auch keine unliebsamen Überfälle durch Seeräuber zu befürchten waren. Gleichzeitig lag sie nahe den wichtigsten Handelswegen und besaß über die Trave den Zugang zur Ostsee und damit zum attraktiven Ostseehandel. Lübeck entwickelte sich schnell zu einem florierenden Handelsplatz. 1157 brannte die Siedlung jedoch nieder, und Heinrich der Löwe erzwang die Rechte an der Siedlung von seinem Vasallen. 1159 gründete er Lübeck neu und stattete die Stadt mit Privilegien aus. Sein Ziel war es, den deutschen Kaufleuten mehr Einfluss im Ostseehandel zu verschaffen. Dieses Ziel war jedoch nur über eine Einigung mit den gotländischen Handelsbauern mög-

Lübeck, Stadtpanorama

lich, die den Ostseehandel zu diesem Zeitpunkt beherrschten. Da beide Parteien zerstritten waren, stiftete Heinrich 1161 Frieden zwischen deutschen und gotländischen Händlern. Die deutschen Kaufleute schlossen sich daraufhin in einer Schwurgemeinschaft, der „Genossenschaft der Gotland besuchenden Deutschen", zusammen. Dieser Zusammenschluss gilt als der Beginn der Hanse.

Die deutschen Kaufleute waren sehr erfolgreich und konnten schon ein Jahrhundert später die Gotländer aus dem Ostseehandel verdrängen. Sie gründeten in den wichtigsten Handelsstädten Kontore und handelten mit allen Waren, die auf den Märkten an der Ostsee angeboten wurden. Mit den berühmt gewordenen Hanse-Koggen transportierten sie ihre Waren von Nowgorod in Russland bis nach Südfrankreich. Ihre Handelsposition war so mächtig, dass sie Sonderrechte in den verschiedensten Ländern erhielten. Im Laufe des 13. und 14. Jahrhunderts schlossen sich immer mehr Städte dem losen Städ-

tebund, der Hanse, an. Regelmäßig fand der sogenannte Hansetag statt, auf dem die Städte sich über das gemeinsame Handeln absprachen. Das erstaunliche an dieser Handelsgemeinschaft war, dass sie über Jahrhunderte ohne bindende Verträge, nur von den Handelsinteressen der Städte geleitet, funktionierte. Lübeck, 1226 in den Stand einer reichsfreien Stadt erhoben, übernahm schnell die führende Stellung im Städtebund. Im 15. Jahrhundert kam es in der Hanse zu ernsthaften Krisen. Der Niedergang der Kontore in der zweiten Hälfte des Jahrhunderts sowie die Reformation und ihre Folgen und das Aufstreben süddeutscher Kaufleute trugen dazu bei, dass der Einfluss der Hanse mehr und mehr schwand. Der Bürgermeister der Hansestadt Jürgen Wullenwever versuchte in einem Krieg gegen Holland, Schweden und Dänemark, die Vormachtstellung Lübecks in der Hanse zu erneuern. Er scheiterte jedoch mit diesem Vorhaben und wurde 1537 hingerichtet. Gegen Ende des 16. Jahrhunderts bemühten sich die Städte der Gemeinschaft um eine Erneuerung und eine Einigung der Hanse. Diese Bemühungen konnten, durch die Wirren des Dreißigjährigen Krieges bedingt, zu keinem Ergebnis geführt werden. 1669 traten neun Städte ein letztes Mal zum Hansetag in Lübeck zusammen. Danach zerfiel die Hanse endgültig. Der Gedanke der Hansetage wurde dann 1980 von der niederländischen Stadt Zwolle wiederbelebt.

Aus der Zeit der Hanse ist der Stadt Lübeck, die auch gerne als die Königin der Hanse bezeichnet wird, ein ganz besonderer Schatz geblieben: die wunderschöne mittelalterliche Altstadt. 1987 wurde sie als Gesamtensemble von der UNESCO in die Liste des „Kultur- und Naturerbes der Welt" aufgenommen. Über 1.000 Gebäude stehen seitdem unter Denkmalschutz. Die Straßenzüge werden geprägt von den wunderschönen alten Bürgerhäusern mit den charakteristischen Stufengiebeln, zahlreichen „Ganghäusern" und den großen Backsteinkirchen.

Tour 25

17,7 km

Die Möllner Seenkette

Start/Ziel: Mölln, Bahnhof

Aufstieg: 200 m
Abstieg: 198 m
Gehzeit: 4 - 4,5 Std.

Hartbelag: 26 %
Wanderwege: 57 %
Wanderpfade: 17 %

Charakteristik: Von der Eulenspiegelstadt Mölln wandern Sie durch den Naturpark Lauenburgische Seen an mehreren Seen der Möllner Seenkette entlang. Oft geht es durch den Wald, manchmal durch Felder und meistens direkt am See entlang. Die Uferwege sind ausnahmslos gut begehbar, und mehrere Badestellen laden zu einem Sprung ins kalte Nass ein. Am Ende der Tour lohnt sich eine Besichtigung der Möllner Altstadt.

Markierung: Entlang der Seen ist meistens mit weißem X beschildert.

Tipp: Die Tour lässt sich nach Belieben verkürzen.

Anfahrt: Mit dem RE 1 von Hamburg nach Büchen. Dort Umstieg in den RE 83 und nach Mölln.

Mölln s. S. 127

1 0,0 Vom Bahnhof gehen Sie kurz links Richtung Ortszentrum, dann an der Verkehrsinsel über die Vorfahrtsstraße und geradeaus in die Fußgängergasse ∿ weiter auf der Straße **Herrenschlag** ∿ an der Querstraße links in den **Wasserkrüger Weg** ∿ nach dem Fußgängerübergang rechts die Straße **Gudower Weg** queren und in die Straße **Am Kurgarte**n ∿ noch vor dem Parkplatz biegen Sie links ab in den Rad- und Fußweg ∿ am gepflasterten Weg rechts und gleich wieder rechts hoch auf den **Klüschenberg**.

Historischer Wasserturm. Der 1911-1913 im neoromanischen Stil erbaute Turm befindet sich in Privatbesitz.

2 0,8 Am Wasserturm geradeaus weiter ∿ am Zaun nach rechts versetzt weiter ∿ links auf die Straße ∿ an der

Entdecken Sie das **Herzogtum Lauenburg**

Informationen zu Rad- und Wanderrouten,
Gastronomie und Unterkünften erhalten Sie auf

www.herzogtum-lauenburg.de

Steg am Lütauer See

anschließenden T-Kreuzung rechts 〰 am Blumengeschäft links auf den Kiesweg neben der **Hindenburgstraße** 〰 links in den **Waldhallenweg** 〰 immer auf dem Wanderpfad an der Straße entlang 〰 am **Parkplatz Uhlenkolk** entfernt sich der Weg von der Straße.

3 ²,³ Sie überqueren den nächsten Parkplatz und die Forststraße 〰 an der Gabelung rechts 〰 rechts auf den Uferweg und am **Schmalsee** entlang.

Möllner Seenkette

Die sieben Seen umfassende Seenkette entstand am Ende der letzten Eiszeit, als beim Abtauen der Gletscher riesige Eisblöcke liegenblieben und Vertiefungen in der Landschaft bildeten. Nach dem endgültigen Schmelzen der Eisblöcke füllten sich die Vertiefungen mit Wasser. Die größten Seen der Möllner Seenkette sind der Drüsensee und der Lütauer See (auch: Lüttauer See).

Kurz vor dem Unterstand links in den unscheinbaren Pfad, weiterhin direkt am Seeufer entlang.

4 ³,⁵ Links auf den breiten Weg 〰 am nächsten Abzweig geradeaus.

VARIANTE Links führt der Carmen-Langmaack-Weg durch schönen Bruchwald zum späteren Rückweg am anderen Seeufer.

An der Badestelle vorbei 〰 an der Gabelung links, nach der Holzbrücke erneut links 〰 an der Gabelung nach der schönen Badestelle mit dem Steg links, Sie wandern jetzt immer am Ufer des **Lütauer Sees** entlang 〰 neben der Straße links auf den Asphaltweg.

5 ⁵,⁵ Kurz nach der Brücke die Straße überqueren und in den breiten Waldweg.

VARIANTE Geradeaus weiter treffen Sie vor dem Campingplatz auf den späteren Rückweg und können die Tour wahlweise um gut 6 km verkürzen.

Unter der früheren Bahnbrücke hindurch, danach rechts 〰 an der nächsten Gabelung links 〰 es folgt ein sehr schöner Wegabschnitt entlang eines Bruchwaldes 〰 auf den nächsten Kilometern immer direkt am Ufer des **Drüsensees** entlang.

6 ⁸,³ An der Kreuzung links und über die kleine Holzbrücke 〰 an der Rast-

bank links ↝ am nächsten Abzweig erneut links ↝ sandig über mehrere Holzstufen bergauf, der Weg entfernt sich jetzt vom Seeufer.

7 10,0 Am **Parkplatz Tiefe Kuhlen** links auf den Asphaltweg ↝ knapp 2 km auf dem Asphaltweg durch Wald und Felder ↝ links in die Straße **Am Drüsensee** ↝ in der scharfen Linkskurve rechts abbiegen, links liegt eine Einkehrmöglichkeit.

🍴 **Brandt's Gaststätte**, Am Drüsensee 1, ✆ 04542/2269, 🕐 Mi-So ab 11 Uhr, @ whw844

8 12,0 Rechts unter der Straße hindurch ↝ an der T-Kreuzung rechts ↝ links durch das **Campingplatzgelände** ↝ geradeaus auf den Forstwirtschaftsweg ↝ am ersten Abzweig im Wald links ↝ über Holzstufen hinab zum See ↝ am Ufer des **Lütauer Sees** entlang.

9 13,5 An der Holzbrücke rechts hoch ↝ links auf den etwas breiteren Weg ↝ Sie wandern am Ufer des **Schmalsees** entlang ↝ kurz vor der Nordspitze des Sees links in den schmalen Pfad direkt am Ufer ↝ links über die Holzbrücke, drüben wieder links.

VARIANTE Die Markierung weißes X weist nach rechts. Wenn Sie der Markierung folgen, ersparen Sie sich den folgenden Anstieg und wandern flach zurück nach Mölln, verpassen jedoch den Tierpark.

10 14,8 An den Treppenstufen rechts hinauf, der Kreis um die Möllner Seen hat sich jetzt fast vollständig geschlossen ↝ links auf die Asphaltstraße ↝ in der Linkskurve der Straße geradeaus weiter ↝ durch das Gatter in den Wildpark.

Möllner Wildpark
Vorwahl: 04542

🔲 **Möllner Wildpark**, Waldhallenweg 11, am östlichen Rand der Stadt, ✆ 803345. Heimische Tiere sind hier auf rund 20 ha Wiesen und Wald zu beobachten. Ein Spazierwegenetz führt Sie auf verschiedenen Rundgängen durch den Park. @ maf335

🍴 **Waldhallencafé Uhlenkolk**, ✆ 8279861, 🕐 Fr-So, Fei 10-18 Uhr, in Ferienzeiten Di-So, @ pwy338

11 15,4 An der Gabelung des Hauptweges rechts und das Wildparkgelände wieder verlassen ↝ vor der Franzosenschanze links.

❇ Die **Franzosenschanze** ist das Überbleibsel einer mittelalterlichen Burg aus dem 14. Jh. 1954 wurde hier eine Gedenkstätte für die Opfer des Zweiten Weltkrieges angelegt.

An der Asphaltstraße links auf den begleitenden Wanderweg ↝ am Beginn des Parkplatzes rechts abbiegen ↝ am Querweg rechts ↝ nach 100 m scharf links ↝ geradeaus auf den Asphaltweg ↝ an der Totholz-Infosäule schräg rechts.

12 16,5 Vor dem kleinen Teich gehen Sie rechts, nach der Brücke wieder links 🚉 ↝ rechts in die anfangs nicht asphaltierte **Brunnenstraße** ↝ nach rechts versetzt in die Straße **Am Markt** ↝ links in die **Marktstraße** ↝ an der Hauptstraße rechts ↝ an der Ampelkreuzung geradeaus ↝ an der Vorfahrtsstraße ebenfalls geradeaus weiter.

1 17,7 Sie erreichen den Bahnhof Mölln, wo die Tour endet.

Mölln

Mölln

Vorwahl: 04542

🛈 **Tourismus- und Stadtmarketing Mölln**, Am Markt 12, ☎ 8568890, @ rtq256

⛵ **Schiff & Boot Morgenroth**, Seestr. 47b, ☎ 3888, ☎ 0171/5115039. Schifffahrten auf den Möllner Seen. @ jjc532

🏛 **Eulenspiegelmuseum**, Am Markt 2, ☎ 835462 ⏰ Seit 1995 hat die berühmte deutsche Schelmenfigur hier ihr eigenes Museum. Mittels Gemälden, Plastiken und Büchern wird über das Leben von Till Eulenspiegel anschaulich berichtet. @ fnd855

🏛 **Möllner Museum**, Am Markt 12, im Historischen Rathaus, ☎ 835462 ⏰ Die Ausstellung informiert über die Stadtgeschichte Möllns, hervorzuheben dabei sind die Gegenstände rund um die Gilden und Zünfte und eine multimediale Reise auf den historischen Wasserstraßen der Region. @ kyg756

🔶 **St. Nicolai**, Am Markt 10, ☎ 856880. Spätromanischer Backsteinbau aus dem 13. Jh. mit beeindruckenden Fresken über den Hl. Nikolaus und einer mittelalterlichen Taufgruppe aus der Zeit um 1500. @ sxr238

✱ **Historisches Rathaus**, Am Markt 12, ☎ 8568890. Das Rathaus ist in der zweiten Hälfte des 14. Jhs. errichtet worden, wurde jedoch 1409 von Herzog Erich IV. von Sachsen-Lauenburg niedergebrannt. Mit Hilfe der Hansestadt Lübeck wurde es im Stil der Backsteingotik neu aufgebaut.

✱ **Till-Eulenspiegel-Brunnen**, Am Markt 12. Der Brunnen wurde vom Bildhauer Karl-Heinz-Goedtke entworfen. @ ncy583

🌿 **Naturparkzentrum Uhlenkolk**, Waldhallenweg 11, ☎ 803345. Naturkundliche Ausstellungen, Jugendcamp, Köhlerhütte, grünes Klassenzimmer, Seminar- und Veranstaltungsräume, Café und Ausgangspunkt für viele Wanderungen in die Wald- und Seenlandschaft. @ adn346

✉ **Luisenbad**, Am Schulsee, ☎ 906310, @ cjp156

Eingebettet zwischen dem Elbe-Lübeck-Kanal und der bekannten Möllner Seenkette liegt die sogenannte Till-Eulenspiegel-Stadt Mölln. Seit etwa 1180 existiert die heute 18.500 Einwohner zählende Stadt. Entscheidend für den wirtschaftlichen Aufschwung war seit jeher die Lage an verschiedenen Handelswegen wie beispielsweise der 1398 fertiggestellte Stecknitzkanal oder die Alte Salzstraße. Die prächtigen Fachwerkbauten in der gut erhaltenen Altstadt zeugen vom damaligen Reichtum der Stadt. Heute ist Mölln aufgrund seines Heilklimas und seiner Infrastruktur ein anerkannter Kurort und durch das Till-Eulenspiegel-Museum und seine Lage am Rand des Naturparks Lauenburgische Seen Anziehungspunkt für zahlreiche Touristen.

Mölln, Rathaus

Tour 26   12,3 km

Durch die Hahnheide

Start/Ziel: Trittau, Bushaltestelle Großenseer Straße

Aufstieg: 130 m	*Hartbelag:* 11 %
Abstieg: 130 m	*Wanderwege:* 76 %
Gehzeit: 3 - 3,5 Std.	*Wanderpfade:* 14 %

Charakteristik: Die Hahnheide ist eine bewaldete Moränenlandschaft und das größte Waldnaturschutzgebiet Schleswig-Holsteins. Die Wanderung führt Sie durch das riesige Waldgebiet, besonders im ersten Teil liegen viele kleine Seen. Höhepunkt der Tour ist der Aussichtsturm auf dem Großen Hahnheider Berg, von dem Sie bei guter Sicht bis nach Hamburg schauen können. Für die Wanderung sollten Sie über einen gewissen Orientierungssinn verfügen, da die Route stellenweise schlecht ausgeschildert ist und die Markierung mehrmals wechselt.

Markierung: Bis kurz vor dem Aus-sichtsturm mit gelben Pfeilen, später 28, 26, 27 und 25.

Anfahrt: Mit der RB 81 nach Rahlstedt. Von dort mit den Buslinien 264 oder 364 nach Trittau, Haltestelle Alter Markt. Auch andere Anfahrten mit dem ÖPNV möglich. Parkplätze gibt es am Friedhof und am Beginn des Naturschutzgebiets Hahnheide.

Trittau
Vorwahl: 04154

- **Gemeinde Trittau**, Europapl. 5, ✆ 80790, @ woh275
- **Wassermühle**, Am Mühlenteich 3, ✆ 807985, ✆ 807986. In dem alten Fachwerkgebäude von 1701 wurde bis 1963 Korn gemahlen. Heute wird das Gebäude als kultureller Treffpunkt genutzt, in der Galerie finden Ausstellungen zeitgenössischer Kunst statt. @ swj341
- **Napoleonbrücke**. Anfang des 19. Jhs. wurde die Brücke als Teil der Handelsstraße von Hamburg nach Mecklenburg erbaut.
- **Schönaubad**, Zum Schützenpl. 3, ✆ 2722, @ bok337

1 **0,0** Von der Bushaltestelle folgen Sie der **Bahnhof-**

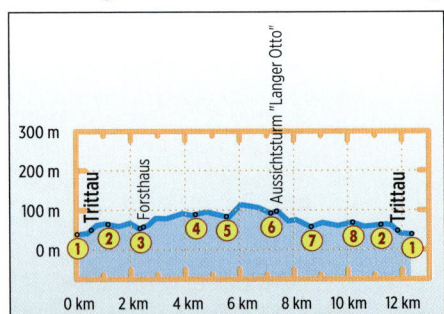

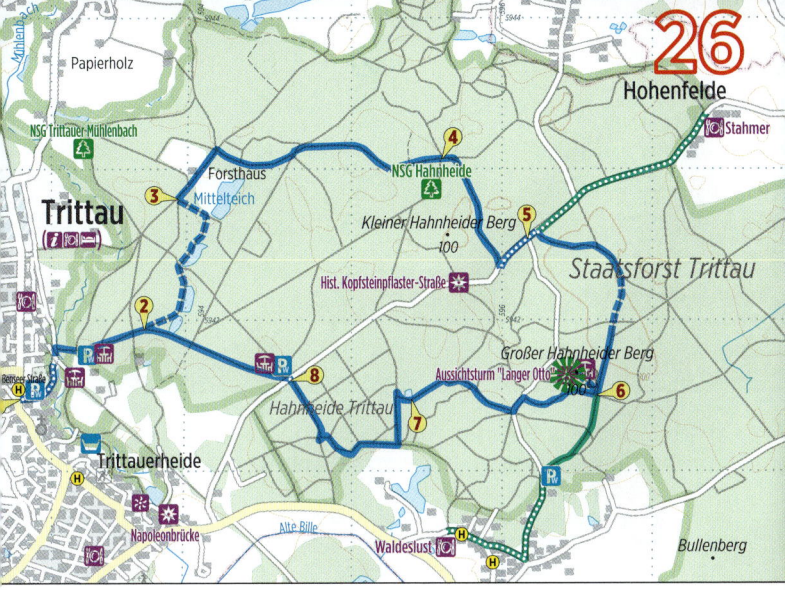

straße nach Süden und gehen links in die Straße **Am Markt** ～ den Ort verlassen ～ geradeaus unter der Brücke hindurch ～ nach rechts über die Brücke auf den Weg **Sänger-berg** ～ am Abzweig zum Gästehaus Sängerberg weiter geradeaus ～ am **Wanderparkplatz** weiter geradeaus ～ an der Kreuzung geradeaus.

2 **1,1** Kurz darauf halblinks auf den schmalen Pfad ～ vor dem Teich links halten ～ am nächsten Teich geradeaus und dann rechts am Ufer bleiben ～ an der T-Kreuzung vor dem **Mittelteich** links.

3 **2,3** Am Haus rechts auf dem Forst-weg und am **Forsthaus** vorbei ～ an der Kreuzung rechts ～ an der T-Kreu-zung biegen Sie links ab und halten sich kurz darauf an der Gabelung

rechts ～ es wird nun hügeliger, Sie folgen dem Weg durch eine Rechts-Links-Kurve.

4 **4,4** An der Kreuzung geradeaus und kurz darauf rechts ～ an der Kopf-steinpflaster-Straße links.

✳ Die historische **Kopfsteinpflaster-Straße** stammt aus dem 18. Jh. und führt von Trittau nach Hohenfelde. Der parallel verlaufende Sandweg wurde im Sommer genutzt. Dann waren die Wege trocken und angenehmer zu befahren.

5 **5,5** Am Abzweig Richtung Hamfelde weiter geradeaus, kurz darauf rechts auf den Schotterweg.

AUSFLUG Wenn Sie der Kopfsteinpflaster-Straße weiter folgen, kommen Sie nach knapp 1,5 km zum Gasthof Stahmer, der aber nur am Wochenende geöffnet hat.

Teich in der Hahnheide

Hohenfelde

📷 **Stahmer**, Haus 6, ☎ 04154/5048, 🕐 Sa, So/Fei ab 12 Uhr, @ dkn258

Es geht bergan 〰 vorbei an der **Friedensbank** 〰 nun wieder bergab, an der Weggabelung halbrechts auf den schmaleren Weg mit der Nr. 28 〰 wieder bergan, oben am Zaun entlang 〰 der Zaun knickt nach rechts, hier halblinks weiter auf dem Hauptweg 〰 an der **Caroline-Rudolphi-Bank** rechts Richtung Turm 〰 hinauf zum höchsten Punkt.

Großer Hahnheider Berg (100 m)

🔭 **Aussichtsturm „Langer Otto".** Vom 27 m hohen hölzernen Aussichtsturm haben Sie einen tollen Rundum-Blick, bei guter Sicht bis Hamburg.

Nach der Besteigung des Turms zurück zur Caroline-Rudolphi-Bank und dort rechts.

6 [7,1] Kurz darauf erneut rechts.

> **AUSFLUG** Geradeaus weiter sind es etwa 1,5 km nach Hamfelde, wo sich im Gasthof Waldeslust einkehren lässt.

Hamfelde

🍴 **Waldeslust**, Dorfstr. 6, ☎ 04154/2526, 🕐 Mi-So ab 11.30 Uhr, @ iwt261

Bergab und unten an der Kreuzung links 〰 nach etwa 100 m auf der rechten Seite den rechten der beiden Wege wählen mit den Nummern 26 und 27 〰 bergab und über einen Bach 〰 an der T-Kreuzung links, erneut bergab.

7 [8,6] An einem kleinen Teich vorbei, dahinter an der T-Kreuzung links, nun mit den Markierungen 25 und 26 〰 an der Weggabelung links 〰 an der T-Kreuzung am Zaun rechts der Markierung 25 folgen 〰 an der Kreuzung mit Zaun weiter geradeaus 〰 über die Kreuzung hinweg.

8 [10,2] Die Kopfsteinpflaster-Straße queren und links vom Wanderparkplatz entlang 〰 auf der rechten Seite liegt ein kleiner Teich.

2 [11,2] Kurz darauf erreichen Sie den Hinweg, dem Sie zurück zum Ausgangspunkt folgen.

1 [12,3] Die Tour endet an der Bushaltestelle in Trittau.

Trittau

Tour 27 5 km

Rund um den Lütjensee

Start/Ziel: Lütjensee, Parkplatz am Nordufer des Sees

Aufstieg: 37 m	*Hartbelag:* 38 %
Abstieg: 37 m	*Wanderwege:* 57 %
Gehzeit: 1,5 Std.	*Wanderpfade:* 5 %

Am Lütjensee

Charakteristik: Der gemütliche Spaziergang um den Lütjensee bietet immer wieder schöne Blicke auf das malerische Gewässer. Am Ostufer wandern Sie auf einem reizvollen Weg durch den Wald, im Westen hingegen durchqueren Sie den gleichnamigen Ort. Unterwegs laden mehrere Gaststätten zu einer kulinarischen Rast ein.

Markierung: keine

Anfahrt: Mit der RB 81 nach Rahlstedt. Von dort mit der Buslinie 364 nach Lütjensee, Kreuzung; alternativ mit der RB 81 bis nach Ahrensburg und von dort mit der Linie 369 nach Lütjensee. Am nördlichen Seeufer in

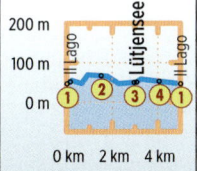

der Straße Seeredder befindet sich ein Parkplatz.

Lütjensee

🅿 **Il Lago**, Seeredder 16, ☎ 04154/70111, ⏲ Di-So ab 12 Uhr, @ lnr253

1 **0,0** Vom Parkplatz gehen Sie vor zum Seeufer und wandern zwischen Badestelle und **Gaststätte** hindurch 〰 dahinter folgen Sie dem Wanderweg nach rechts 〰 am Ufer des Sees entlang, zahlreiche Rastbänke säumen den Weg 〰 vorbei am Hotel.

🅿 **Seehof am Lütjensee**, Seeredder 22-25, ☎ 04154/70070, @ cmn732

Der Weg führt links in den Wald hinein, gehen Sie an der T-Kreuzung nach

131

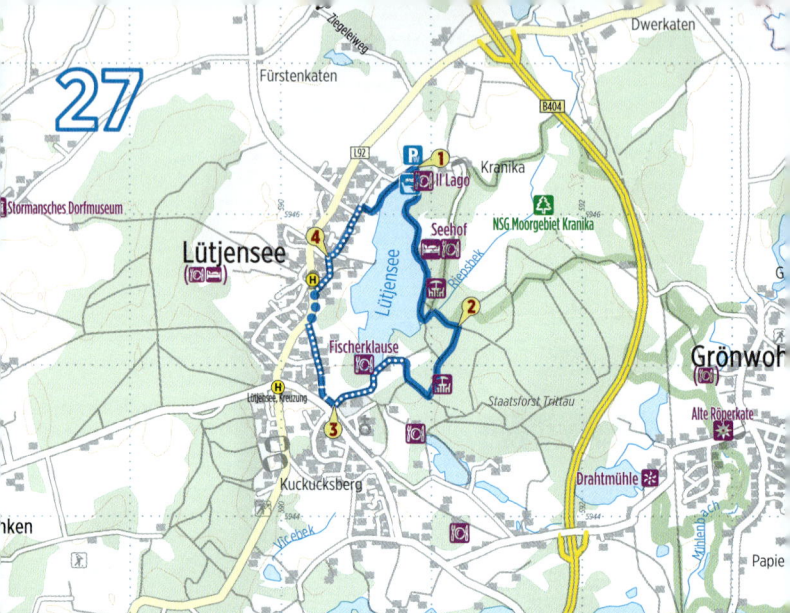

rechs ~ vorbei am Rastplatz, dann an der Kreuzung geradeaus weiter ~ im Linksbogen zum breiten Forstweg, hier nach rechts und über die Brücke.

2 ^{1,5} Nach etwa 200 m zweigen Sie an der Kreuzung direkt nach der wegweisenden Rastbank nach rechts ab Richtung Fischerklause ~ an dem Rast- und Spielplatz vorbei ~ an der folgenden T-Kreuzung nach rechts ~ geradeaus auf Asphalt weiter und am Parkplatz entlang ~ Sie kommen an einer **Gaststätte** vorbei.

🔵 **Fischerklause am Lütjensee**, Am See 1, ✆ 04154/792200, @ uye315

3 ^{2,9} An der T-Kreuzung wenden Sie sich nach rechts ~ an der folgenden Straßengabelung halten Sie sich rechts und bleiben auf dem Wander-

weg neben der Straße ~ 🚌 an der Vorfahrtsstraße nach rechts ~ gleich darauf rechts in die **Alte Dorfstraße** und am Blutspendedienst vorbei.

4 ^{4,0} An der Gabelung beim Spielplatz halten Sie sich rechts und bleiben auf der **Alten Dorfstraße** ~ im Rechtsbogen der Straße, die später in einem Wendekreis endet, geradeaus auf den Schotterweg ~ nach wenigen Metern geradeaus auf eine Straße hinter dem Haus Nr. 13 rechts hinab zum Seeufer ~ auf dem schönen Wanderweg am Ufer des Sees in Richtung Norden ~ an der Badestelle treffen Sie wieder auf die Hauptroute.

1 ^{5,0} Beim Parkplatz endet der Spaziergang um den Lütjensee.

Lütjensee

Tour 28 7,8 km

Von Kiekut nach Ahrensburg

Start: Großhansdorf, U-Bahnhof Kiekut
Ziel: Ahrensburg, Bahnhof

Aufstieg: 46 m	*Hartbelag:* 41 %
Abstieg: 55 m	*Wanderwege:* 44 %
Gehzeit: 2 - 2,5 Std.	*Wanderpfade:* 14 %

Charakteristik: Direkt vor den Toren von Hamburg gibt es in den Rauhen Bergen unerwartete Steigungen. Der 70 Meter hohe Gipfel ist jedoch schnell gemeistert, und Sie können sich auf dem folgenden Wegabschnitt durch stille Wälder zum idyllischen Manhagener Teich von den alpinen Anstrengungen erholen. Der letzte Abschnitt der Tour führt auf dem schönen Aue-Wanderweg nach Ahrensburg, wo sich eine Besichtigung des Wasserschlosses anbietet.
Markierung: Es gibt keine durchgehende Markierung (in den Rauhen Bergen z. T. orangenes Viereck; im letzten Abschnitt Aue-Wanderweg).
Anfahrt: Mit der U 1 nach Kiekut.

Dort gibt es auch einige Parkplätze.
Abfahrt: Mit der RB 81 zurück nach Hamburg.

Großhansdorf

1 0,0 Am Ausgang des U-Bahnhofs gehen Sie links 〰 links in die Straße **Bei den Rauhen Bergen** 〰 nach 600 m am kleinen Parkplatz mit der Wanderweg-Infotafel in den rechten der beiden Wanderwege .

> **TIPP** Wenn Sie der Straße ein Stück weiter folgen, finden Sie auf der linken Seite einen schönen kleinen See.

An der Kreuzung im Wald rechts 〰 an der anschließenden Gabelung links 〰 teilweise über Holzstufen steil bergauf 〰 der Weg führt kurz bergab und dann hinauf auf den höchsten Punkt der Rauhen Berge.

Rauhe Berge

2 1,2 Oben gehen Sie links und wieder bergab 〰 an der Mehrfachkreuzung links 〰 geradeaus über den breiten Querweg 〰 an Trimm-Dich-Stationen vorbei 〰 an der **Station 18** links auf den Querweg 〰 immer auf dem eindeutigen Hauptweg bleiben 〰 an der

Station 9 geradeaus weiter 〰 an der Gabelung in den mittleren der drei Wege.

3 [2,1] Die Schotterstraße überqueren und auf den kleinen Pfad am Holzzaun entlang.

> **TIPP** Schneller und einfacher, jedoch weniger reizvoll ist es, wenn Sie gleich rechts der Schotterstraße folgen.

Am Holzsteg über den kleinen Wasserlauf rechts 〰 auf dem kaum ausgeprägten Pfad durch den Wald 〰 links auf die Schotterstraße 〰 am nächsten Abzweig links in den breiten Waldweg 〰 an der Kreuzung links in den Wanderweg **Manhagener Teich** 〰 an den nächsten Abzweigungen jeweils geradeaus 〰 links sehen Sie durch die Bäume einen kleinen Teich, am anschließenden Abzweig geradeaus 〰 an der Gabelung rechts und auf den

See zu 〰 immer direkt am Seeufer entlang.

Manhagener Teich

4 [3,5] Am Wanderparkplatz die Straße überqueren und auf dem asphaltierten Rad- und Fußweg nach rechts 〰 an der Straße **An der Eilshorst** links 〰 auf dem Rad- und Fußweg an der Straße entlang 〰 durch den Tunnel unterqueren Sie die stark befahrene **L 224** 〰 geradeaus in den **Aue-Wanderweg**.

5 [4,3] Nach der Brücke über die Aue rechts 〰 auf dem schönen Weg am Bach entlang 〰 an der Gabelung rechts auf dem Aue-Wanderweg bleiben 〰 am **Sportplatz** rechts abbiegen.

6 [5,3] Am Asphaltweg links 〰 der Weg knickt nach links und führt unter der Straße hindurch 〰 Sie unterqueren die Eisenbahn 〰 mit Blick auf Schloss

In den Rauhen Bergen

Ahrensburg an der Gabelung rechts ⌇ 🚏 an der Ampel links die Straße überqueren ⌇ auf dem Fußweg parallel zur Straße ⌇ links über die **Schlossbrücke** und direkt am Schloss vorbei.

VARIANTE Der Park ist nur während der Öffnungszeiten des Museums zugänglich. Sollte das Tor geschlossen sein, wandern Sie immer am Schlossgraben entlang.

7 [6,5] Nach der erneuten Querung des Schlossgrabens links ⌇ am **Gedenkstein** rechts ⌇ rechts an der Straße

Am Alten Markt entlang ⌇ immer geradeaus durch die Innenstadt von Ahrensburg.

8 [7,8] Die Wanderung endet am Bahnhof Ahrensburg.

Ahrensburg s. S. 136

Ahrensburg

Vorwahl: 04102

Schlosskirche, Am Alten Markt, ☎ 52584. Der Innenraum der 1595 erbauten Backsteinkirche wurde zu Beginn des 18. Jhs. barock umgestaltet.

Schloss Ahrensburg, Lübecker Str. 1, ☎ 42510 ♿ Das weiße Renaissanceschloss liegt malerisch auf einer Insel, umgeben von einem Wassergraben und einem weitläufigen Park. Errichtet wurde es Ende des 16. Jhs. von Peter Rantzau und 200 Jahre später bedeutend umgestaltet. @ dhr417

Badlantic, Reeshoop 60, ☎ 48280, @ xfg421

Die Geschichte von Ahrensburg lässt sich bis ins 13. Jahrhundert zurückverfolgen, als die Grafen von Schauenburg mehrere Dörfer in diesem Gebiet gegründet haben. Ab 1327 gehörten diese zum Zisterzienserkloster Reinfeld und das nahe gelegene Woldenhorn war Sitz des Klostervogtes bis ins 16. Jahrhundert. Im Zuge der Reformation fiel das Land rund um Hamburg an den dänischen König, der wiederum seinem Feldherrn Daniel Rantzau die Dörfer rund um das heutige Ahrensburg überließ. Sein Bruder Peter Rantzau erbaute das oben beschriebene Schloss, wobei eine soziale Leistung hier besonders erwähnenswert ist: Bereits 1595 ließ Rantzau neben der Wasserburg und der Schlosskirche sogenannte „Gottesbuden" errichten, die damals wie heute Wohnungen für bedürftige Menschen beherbergen. Im 18. Jahrhundert musste das Schloss aufgrund von hohen Schulden verkauft werden und kam in Besitz des Kaufmannes Schimmelmann, der es zu einem barocken Anwesen umgestalten ließ.

Dass Ahrensburg heute zu einem beliebten Ausflugsziel für die Hamburger zählt, wurde bereits 1865 mit dem Bau der Eisenbahnlinie Hamburg – Lübeck eingeleitet. Seither stieg nicht nur die Zahl der Einwohner, sondern auch jene der Touristen, die einen kurzen Ausflug ins Grüne machen möchten.

Schloss Ahrensburg

Tour 29   12,1 km

Billetal und Sachsenwald

Start/Ziel: Aumühle, S-Bahnhof

Aufstieg: 116 m   *Hartbelag:* 6 %

Abstieg: 116 m   *Wanderwege:* 39 %

Gehzeit: 3 - 3,5 Std.   *Wanderpfade:* 55 %

Charakteristik: Der Sachsenwald ist die größte geschlossene Waldfläche Norddeutschlands. Die große Tour durch den Sachsenwald führt im ersten Abschnitt durch das idyllische Billetal, meist direkt am Rand des Hochufers entlang. Je weiter Sie nach Nordosten vordringen, desto einsamer wird der schöne Pfad. Der deutlich einfachere, doch etwas eintönige Rückweg führt dann meist auf breiten Forstwegen im Auf und Ab durch den Sachsenwald.

Markierung: Mit verschiedenen Nummern markiert, die in der Karte dargestellt sind.

Anfahrt: Mit der S 21 bis Endstation Aumühle. Am S-Bahnhof gibt es auch einige Parkplätze.

Aumühle

Vorwahl: 04104

🛈 **Gemeinde Aumühle,** Bismarckallee 21, im Rathaus, ✆ 9629618, @ vcs724

🏛 **Eisenbahnmuseum Lokschuppen Aumühle,** Am Mühlenteich, am östlichen Ortsrand auf der nördlichen Seite der Gleise, ✆ 9639208 ☺ Fahrzeugschau, Ausstellungen, Bahnwerkstatt, Draisinenfahrten. @ gpo858

🛐 **Aumühler Kirche,** Börnsener Str. 25, ✆ 3059. Die auch als „Bismarck-Gedächtnis-Kirche" bekannte Kirche ist ein runder Backsteinbau von 1930 im Stil des Backsteinexpressionismus.

🛐 **Bismarckturm,** Bismarckallee 21, ✆ 690620, ☺ jeden Sa, Anmeldung erforderlich unter ✆ 2282. Weithin sichtbar ist der weiße, denkmalgeschützte Wasser- und Aussichtsturm von 1897. Der Bismarck-Verehrer Emil Specht ließ den runden Turm aus Ziegelsteinen erbauen, innen mit Wandmalereien versehen und außen mit Zement verputzen. Der Turm diente als Bibliothek, als Bismarck-Museum und als Lager für Möbel, Früchte und für eine Steinesammlung. Heute wird er wieder als Bibliothek genutzt. @ pnn364

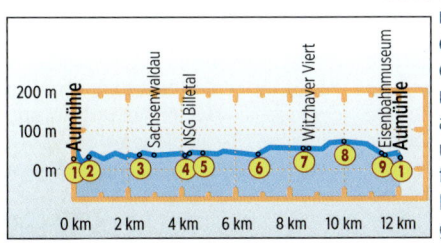

Aumühle, Mühlenteich

Die namensgebende „Aumühle" gab es bereits Mitte des 14. Jahrhunderts. Zu einem größeren Ort entwickelte sich die Siedlung jedoch erst ab 1871, als Kaiser Wilhelm I. den Sachsenwald an Otto von Bismarck verschenkte. Mit der Gründung eines Villenviertels und dem Bau des bekannten Bismarckturmes wurde Aumühle immer mehr zu einer beliebten, gehobenen Wohngegend nahe der Hansestadt Hamburg. Otto von Bismarck spielte hier eine große Rolle. Er verbrachte seine letzten Lebensjahre in Friedrichsruh, einem Ortsteil von Aumühle.

1 0,0 Am Bahnhof Aumühle gehen Sie auf der Brücke rechts 〜 an der Ampel über die Straße und in die Straße **Am Mühlenteich** 〜 im Linksbogen zum **Gasthof Waldesruh** 〜 vor der **Fürst-Bismarck-Mühle** rechts auf den gepflasterten Weg 〜 im Links-

bogen in das Naturschutzgebiet Billetal.

Billetal

Die Bille entspringt nordöstlich der Hahnheide und mündet bei Hamburg in die Elbe. Seit 1987 ist das Billetal zwischen Grander Mühle und Reinbeker Mühlenteich mit seiner besonderen Tier- und Pflanzenwelt Naturschutzgebiet. Entstanden ist das Tal am Ende der letzten Eiszeit durch abfließendes Schmelzwasser. Der weitgehend naturnah erhaltene Fluss hat seitdem seinen Lauf immer wieder geändert.

2 0,5 Im Rechtsbogen des Pflasterweges geradeaus in den schmalen Waldweg 〜 am nächsten Abzweig geradeaus 〜 den Markierungen 1 und 3 folgend links abbiegen 〜 Sie folgen jetzt immer dem wurzligen Pfad am Hochufer der **Bille** und ignorieren alle abzweigenden Pfade 〜 der Pfad

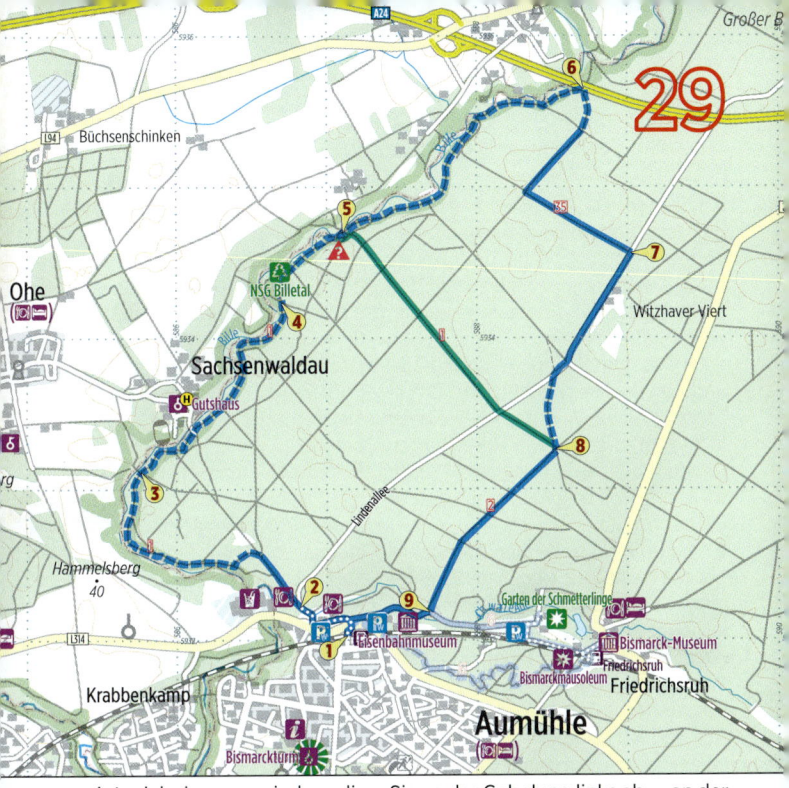

verzweigt sich immer wieder, die einzelnen Äste führen aber später wieder zusammen.

3 2,4 An der Infotafel an der **Fürstenbrücke** geradeaus weiter, Sie folgen der Markierung 1 ⌒ weiterhin immer in Bachnähe halten ⌒ auf Höhe der Siedlung Sachsenwaldau an der nächsten Brücke geradeaus weiter ⌒ der Pfad führt durch eine kleine Mulde, anschließend wieder oberhalb der Bachauen entlang ⌒ kurz nachdem der Weg etwas breiter wurde, biegen Sie an der Gabelung links ab ⌒ an der nächsten Gabelung erneut links.

4 4,1 An der Gabelung kurz vor dem Wildzaun rechts und somit eine Schleife der Bille abkürzen ⌒ nachdem Sie kurz wieder direkt am Hochufer waren, an der Gabelung rechts ⌒ ▲ am nächsten Abzweig geradeaus am Hochufer entlang, Sie verlassen somit die Markierung Nr 1.

VARIANTE Der Weg 1 führt geradeaus durch den Wald zur Lindenau, bietet also eine Möglichkeit, die Tour vorzeitig zu beenden.

Der weitere Hauptweg ist nun etwas beschwerlicher und nicht mehr durchgehend markiert, auf die vereinzelten weißen X auf den Bäumen können Sie sich nicht verlassen.

5 4,8 An der Brücke schräg rechts in den leicht ansteigenden Pfad ～ an der Gabelung links ～ weiterhin in der Nähe des Baches bleiben, der Pfad ist nun deutlich weniger begangen ～ am abzweigenden Weg neben der Wiese geradeaus weiter, auf der anderen Bachseite blicken Sie auf ein schönes Anwesen ～ den Abzweig zur Wiese ignorieren ～ in der scharfen Rechtskurve links bergab ～ über die kleine Holzbrücke, danach wieder leicht bergauf.

6 6,8 Unmittelbar vor der **Autobahnbrücke** rechts, ab hier folgen Sie der Markierung 35 bzw. den gelben Pfeilen ～ Sie verlassen die Bille und somit auch das Naturschutzgebiet ～ der Weg wird im weiteren Verlauf deutlich breiter und führt Sie im leichten Auf und Ab durch den Sachsenwald ～ an der Forststraßenkreuzung links.

7 8,5 An der T-Kreuzung rechts ～ an der Siedlung Witzhaver Viert entlang.

Witzhaver Viert

An der großen Kreuzung dem Rechtsbogen folgen, ab hier orientieren Sie sich an der Markierung 2 ～ nach 150 m links in den schlechter begehbaren Waldweg ～ immer auf dem eindeutigen Hauptweg bleiben.

8 10,0 Geradeaus über die erste Forststraße, dann rechts auf die zweite Forststraße ～ immer geradeaus der Markierung 2 folgen, es geht meist bergab.

9 11,4 An der großen Dreiecks-Kreuzung schräg rechts und über die Brücke, hier verlassen Sie nun die Markierung 2 ～ auf dem breiten Forstweg bleiben ～ geradeaus am **Bauernhof** entlang ～ an der Straße schließt sich der Kreis.

1 12,0 Die Tour endet wieder am Bahnhof Aumühle.

Aumühle

Im Sachsenwald

Tour 30   4,5 km

Der Schlangenweg

Start/Ziel: Aumühle, S-Bahnhof

Aufstieg: 59 m   *Hartbelag:* 28 %

Abstieg: 59 m   *Wanderwege:* 35 %

Gehzeit: 1,5 Std.   *Wanderpfade:* 38 %

Charakteristik: Friedrichsruh, der Altersruhesitz Otto von Bismarcks, ist bereits seit dem 19. Jahrhundert ein beliebtes Ausflugsziel der Hamburger und bietet mehrere Attraktionen wie z. B. das Bismarck-Museum und den Garten der Schmetterlinge. Sie wandern vom S-Bahnhof Aumühle auf einem breiten Wald- und Wiesenweg durch den Sachsenwald nach Friedrichsruh. Noch schöner ist der Rückweg auf dem Schlangenweg, der seinem Namen alle Ehre macht und sich in engen Kurven durch den Wald schlängelt. Nach insgesamt nicht einmal 5 Kilometern sind Sie wieder zurück in Aumühle.

Markierung: 6

Anfahrt: Mit der S 21 bis zur Endstation Aumühle. Am S-Bahnhof gibt es auch einige Parkplätze.

Aumühle   s. S. 137

1 0,0 Am Bahnhof Aumühle gehen Sie auf der Brücke rechts ~ an der Ampel über die Straße und in die Straße **Am Mühlenteich** ~ rechts Richtung Garten der Schmetterlinge und Ei-

senbahnmuseum ~ dem Wegverlauf folgen.

2 0,7 An der Kreuzung nach der Brücke rechts ~ erneut den Bach überqueren und geradeaus an der Wildblumenwiese entlang ~ am Ende des Parkplatzes rechts auf die Asphaltstraße.

AUSFLUG Geradeaus gelangen Sie zum Garten der Schmetterlinge, der mit seinem Tropenhaus und dem schönen Garten direkt am Schlossteich liegt.

✿ **Garten der Schmetterlinge**, Am Schlossteich 8, ✆ 04104/6037, ✆ 0172/4048626, ☾ Mitte März-Mitte Okt., Di-So 10-18 Uhr. Der Garten ist Deutschlands ältester Schmetterlingspark mit über 80.000 Besuchern pro Jahr. @ yud136

3 1,5 An der T-Kreuzung links ~ am **Bahnhof** rechts durch die Unterführung.

INS ZENTRUM Links würden Sie hinab zum Bismarck-Museum im Zentrum von Friedrichsruh kommen.

Friedrichsruh (Aumühle)
Vorwahl: 04104

🏛 **Bismarck-Museum**, Am Museum 2, ✆ 97710 ⊜ Zahlreiche Dokumente, Briefe und Hand-

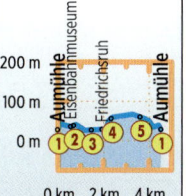

Auf dem Weg nach Friedrichsruh

schriften erinnern an das Leben und politische Wirken des ehemaligen Reichskanzlers. @ qkl443

- ✹ **Bismarckmausoleum**, ☏ 97710 ⬒, @ twa834
- ✹ **Ehemaliges Bahnhofsgebäude**, Am Bahnhof. Das Haus aus dem Jahr 1847 ist das älteste erhaltene Bahnhofsgebäude Schleswig-Holsteins und eines der ältesten in Deutschland, heute Sitz der Otto-von-Bismarck-Stiftung.
- ✹ **Schneckenberg**, südl. des Bismarckmausoleums. Der Schneckenberg ist vermutlich ein vorgeschichtlicher Grabhügel – einer von Dutzenden hier im Umkreis. Im 19. Jh. diente er als Aussichtsberg.

Im Jahr 1871 schenkte Kaiser Wilhelm I. Otto von Bismarck, dem ersten Reichskanzler des Deutschen Kaiserreiches, den Sachsenwald. Bismarck kümmerte sich fortan um die forstwirtschaftliche Nutzung des Sachsenwaldes und erwarb in Friedrichsruh, wo er sich zunehmend aufhielt, mehrere Anwesen. Nach seiner Entlassung 1890 bis zu seinem Tod 1898 machte Otto von Bismarck Friedrichsruh zu seinem Alterssitz. Seine letzte Ruhe fand er im 1899 errichteten neuromanischen Mausoleum. Schloss Friedrichsruh, Bismarcks Friedrichsruher Wohnsitz, wurde nach der Zerstörung im Zweiten Weltkrieg in neuem Stil wieder aufgebaut, ist aber für die Öffentlichkeit nicht zugänglich.

Auf der anderen Seite der Unterführung vor dem Aufgang zum Bismarck-Mausoleum links und gleich wieder links die Treppenstufen hinauf 〰 am **Denkmal** links, gleich danach rechts auf den ansteigenden Wanderweg 〰 im Bogen um den **Schneckenberg**. **4**[2,3] Am Rand der Wiese etwas versteckt nach rechts abbiegen und die Treppenstufen hinab 〰 die Straße überqueren und im Wald rechts bergab 〰 am **Denkmal** links, auf der rechten Seite sehen Sie jetzt die **Gruftkapelle** 〰 an der Gabelung links 〰 Sie schlängeln sich jetzt auf dem **Schlangenweg** durch den Wald und ignorieren alle querenden und

Map labels:
- Sachsenwaldau
- Gutshaus
- Lindenallee
- ielsberg 40
- Garten der Schmetterlinge
- Friedrichsruh
- Eisenbahnmuseum
- Bismarck-Museum
- Friedrichsruh
- Krabbenkamp
- Bismarckmausoleum
- Aumühle
- Bismarckturm
- Aumühler Kirche
- L208
- L314

30

abzweigenden Wege und Pfade.
5 [3,6] Am Ende des schönen Pfades links auf den Fahrweg ⌇ am nächsten Abzweig rechts und wieder auf einem schönen Pfad durch den Wald ⌇ an der T-Kreuzung links ⌇ an der Straße rechts und über die Bahngleise ⌇ an der Fußgängerampel links und zurück zum Bahnhof.

1 [4,5] Die Tour endet wieder am Ausgangspunkt.

Aumühle

Der Schlangenweg

Lauenburg/Elbe

Vorwahl: 04153

Tourist-Information, Elbstr. 59, 5909220, @ hqg527

Raddampfer Kaiser Wilhelm, 51086, Fahrten 14-tägig an den Wochenenden von Ende Mai bis Ende Sept. @ fqx548

Reederei Helle, 592848, 0171/9945396. Ausflugsfahrten Elbe-Seitenkanal und Elbe sowie Besichtigungsfahrt durch das Schiffshebewerk Scharnebeck. @ wyl327

Elbschifffahrtsmuseum, Elbstr. 59, 5909219 ♿. Die interaktive Ausstellung steht unter dem Motto „Mensch-Modell-Maschine". Schwerpunkt sind die Arbeits- und Lebensbedingungen beim Schiffbau und der Elbschifffahrt in einem Zeitraum von 1000 Jahren, teilweise anschaulich gestaltet mittels begehbarer Erlebniswelten. @ kxb883

Mühlenmuseum, Bergstr. 17, Lauenburger Mühle, 5890 ♿. Ein ehemaliger Müller führt sachkundig durch die Windmühle und berichtet vom Leben und Arbeiten seines Standes. @ ipg624

Maria-Magdalenen-Kirche, Kirchpl. 1. Die im Kern gotische Kirche wurde über die Jahrhunderte mehrfach umgebaut. Sie besitzt eine reichhaltige Innenausstattung.

Schlossturm und Schloss, Amtspl. 6 ♿ Der Schlossturm ist das älteste Bauwerk der 1182 errichteten Askanierburg und kann besichtigt werden. Vom ehemals großzügigen Schloss, in dem einst so bekannte Persönlichkeiten wie Wallenstein, König Wilhelm I. und Bismarck weilten, ist nur noch ein Seitenflügel erhalten geblieben. @ emg125

Findorff-Haus, Hohler Weg 3. Das im Jahr 1607 errichtete Gebäude ist das Geburtshaus der Gebrüder Findorff. Der eine war Kunstmaler, der andere hat als Moorkommissar in 20 Jahren 90.000 ha Moorland erschlossen und erwarb sich so den Namen „Vater der Moorbauern". @ eoj477

Palmschleuse, Bei der Palmschleuse. Es ist die älteste erhaltene Kammerschleuse Nordeuropas. @ jme886

Fürstengarten und Grotte. Der um 1590 durch Herzog Franz II. geschaffene Garten wurde um 1656 als barocke Anlage nach böhmischem Vorbild gestaltet. In den vergangenen Jahren erfolgte die Restaurierung nach Originalplänen, zu sehen sind auch exotische Pflanzen, z. B. ein Ginkgobaum. @ sdg237

Freibad, Am Kuhgrund, 4115, @ mem188

Die reichverzierten und malerischen Fachwerkhäuser in der historischen Altstadt zeugen von einem über die Jahrhunderte andauernden, blühenden Geschäftsleben Lauenburgs. Die Lage an der Elbe und an der Alten Salzstraße machte sie zu einem der wichtigsten Umschlagplätze Nordeuropas. Heute ist die Altstadt der größte Denkmalbereich Schleswig-Holsteins. Entlang der Elbstraße, Lauenburgs ältester Straße, und des Hohlen Weges, dem ehemaligen Burggraben, stammen die Häuser überwiegend aus dem 16. und 17. Jahrhundert. Eine geschlossene historische Bebauung aus dem 17. und 18. Jahrhundert ist in den Straßen Neustadt, Grünstraße und Hunnenburg erhalten.

Tour 31

18,6 km

Am Elbufer von Lauenburg nach Geesthacht

Start: Lauenburg, Bahnhof

Ziel: Geesthacht, Bushaltestelle Geesthacht ZOB, Norderstraße

Aufstieg: 213 m   *Hartbelag:* 29 %

Abstieg: 205 m   *Wanderwege:* 52 %

Gehzeit: 4,5 - 5 Std.   *Wanderpfade:* 20 %

Charakteristik: Ausgehend vom schönen Elbstädtchen Lauenburg mit seinen reichverzierten Fachwerkhäuschen führt Sie diese Streckenwanderung – teilweise auf einem reizvollen Pfad am Ufer der Elbe entlang – nach Geesthacht. Dabei durchqueren Sie das Naturschutzgebiet „Hohes Elbufer" und kommen am archäologischen Denkmal Ertheneburg vorbei. Unterwegs bieten sich immer wieder Blicke auf den ruhig dahin fließenden Fluss. In Geesthacht können Sie vom Aussichtsturm beim Speichersee eine herrliche Fernsicht genießen. Mehrere Einkehrmöglichkeiten laden zur zünftigen Rast ein.

Markierung: 30, Elbuferwanderweg

Anfahrt: Mit dem RE 1 nach Büchen, dort Umstieg in den RE 83 und nach Lauenburg. Am Bahnhof gibt es auch Parkplätze.

Abfahrt: Mit Buslinie 31 oder 8800 zum S-Bahn-

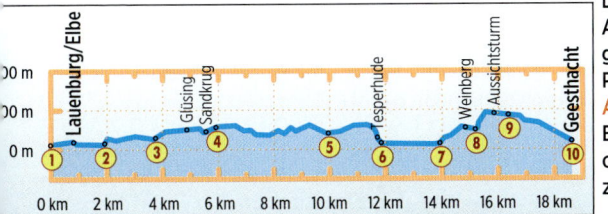

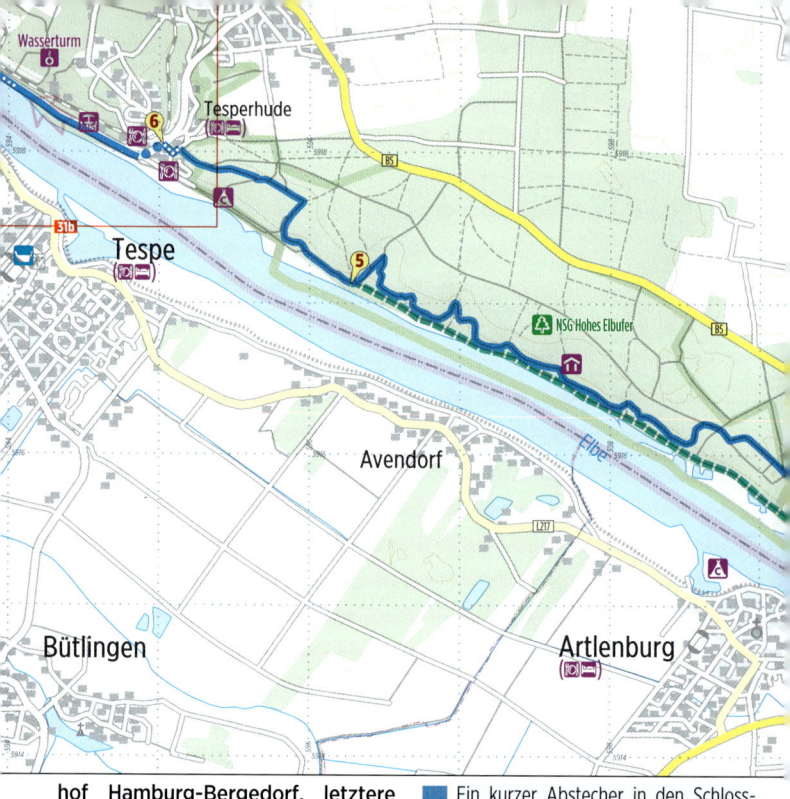

hof **Hamburg-Bergedorf**, letztere fährt auch zum Ausgangspunkt nach Lauenburg.

Lauenburg/Elbe s. S. 144
1 0,0 Vom Bahnhof aus gehen Sie parallel zur **B 209** über den **Elbe-Lübeck-Kanal** ～ an der Ampel nach links über die Bundesstraße und auf dem Fußweg zur **Bahnhofstraße** ～ dieser folgen, sie geht dann in die **Elbstraße** über.

TIPP
Ein kurzer Abstecher in den Schlosshof lohnt sich. Dazu rechts über die Fährtreppe hinaufsteigen. Neben der Tourist-Information und dem Schlossturm finden Sie hier auch den Aussichtspunkt „Askanierblick", von dem Sie eine schöne Aussicht auf Lauenburg und die Elbe genießen können.

In der **Elbstraße** vor dem Kaiserlichen Postamt nach rechts ～ vor dem Gasthof links zur Statue **„Der Rufer"**, hier nach rechts und über ein paar Stufen zum **Elbufer** hinab ～ auf Kopfstein-

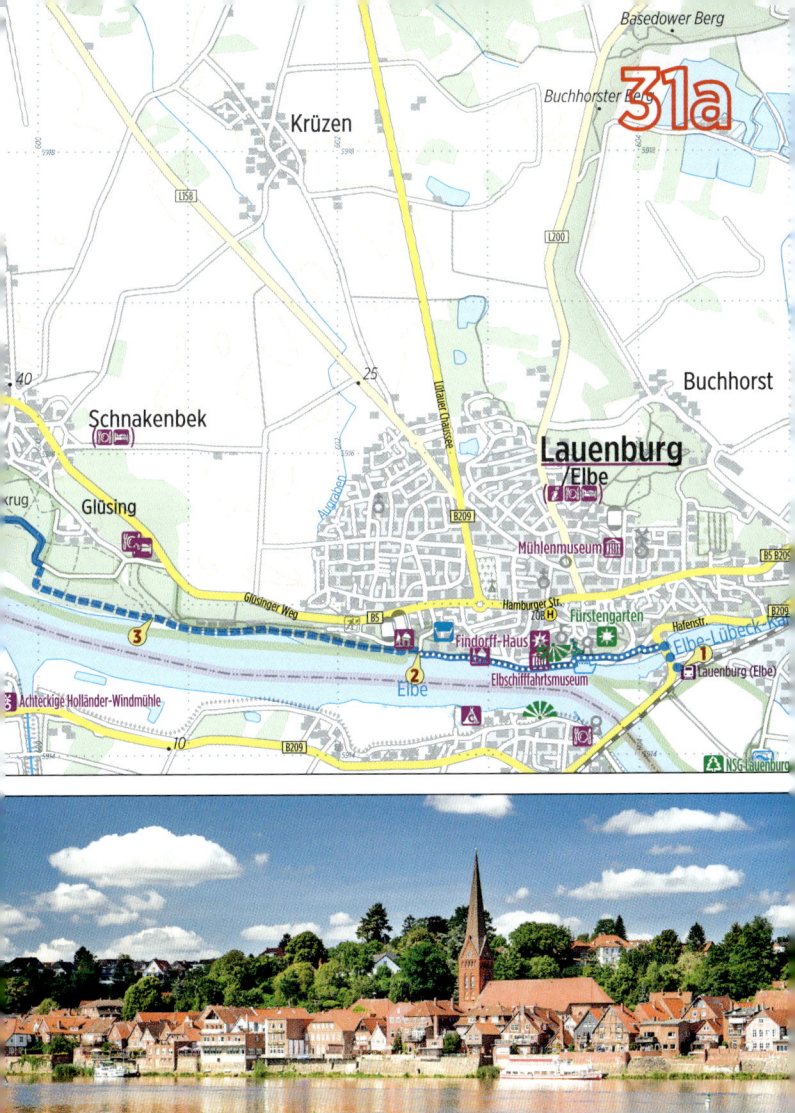

Basedower Berg

Buchhorster Berg

31a

Krüzen

L158

L200

40

25

Schnakenbek

Buchhorst

Lauenburg
/Elbe

Glüsing

krug

Mühlenmuseum

Lütauer Chaussee

Augraben

B209

B5 B209

Glüsinger Weg

B5

Hamburger Str.
208 H

Fürstengarten

Hafenstr.

B209

Elbe-Lübeck-Kanal

3

Findorff-Haus

Elbe

2

Elbschifffahrtsmuseum

1 Lauenburg (Elbe)

Achteckige Holländer-Windmühle

10

B209

NSG Lauenburg

Blick auf Lauenburg

Rastplatz bei der Ertheneburg

pflaster direkt neben dem Fluss entlang ∽ über ein paar Stufen hinauf und am Elbe-Radweg geradeaus weiter ↗.

2 ¹,⁹ Im Rechtsbogen des gepflasterten Weges geradeaus auf den Wanderpfad **Elbwanderweg** in Richtung Tesperhude ∽ an der Gabelung halten Sie sich links, um am kleinen Elbstrand vorbei zu kommen ∽ nach etwa 400 m bleiben Sie an der Gabelung links unten ∽ im folgenden Verlauf kommen Sie immer wieder mal direkt an das Elbufer heran ∽ der Pfad führt aus dem Wald hinaus quer über eine Wiese.

3 ³,⁸ Am Ende der Wiese, wo der breite Weg beginnt, nehmen Sie links den Pfad, der zwischen Zäunen entlang auf eine Erhöhung führt ∽ am hohen Elbufer entlang ∽ der Pfad leitet Sie hinab, dann bei der Rastbank im Rechtsbogen vom Ufer weg ∽ am Forstweg – hier treffen Sie wieder auf den Elbe-Radweg – nach links ∽ an den folgenden Kreuzungen bleiben Sie auf dem Hauptweg bzw. dem Radweg.

AUSFLUG Etwas später bietet sich links ein Abstecher zur Ertheneburg. Von der ehemaligen Burg ist zwar nicht mehr viel zu sehen, aber eine Rastbank lädt zu einer idyllischen Pause mit Blick auf den Fluss.

Ertheneburg. Herzog Heinrich der Löwe soll die frühmittelalterliche Burg auf der Flucht vor Kaiser Friedrich Barbarossa I. in Brand gesteckt haben. Wenig später wurde sie abgetragen, heute ist nicht mehr viel von der Anlage zu sehen.

Am gepflasterten Weg nach rechts ∽ im Schnakenbeker Ortsteil **Sandkrug** geradeaus über die Straße.

Sandkrug

Alter Sandkrug, Alte Salzstr. 34, ☎ 04153/520976, ⏲ Mi-So 12-19 Uhr, @ tse666

VARIANTE Die Route verläuft nun kilometerlang auf einem breiten Schotterweg, dem Elbe-Radweg. Etwas unterhalb gibt es im Naturschutzgebiet einen sehr reizvollen Uferpfad. Dieser wird allerdings nicht gepflegt, manchmal stellen umgestürzte Bäume Hindernisse dar. Wenn Sie sich dadurch nicht abschrecken lassen, können Sie – zumindest abschnittswei-

se – auch diesem romantischen Weg folgen. Zweigen Sie dafür an der Straße links ab und halten Sie sich nach der Gaststätte rechts.

4 5,9 Dem markierten Radweg folgend laufen Sie an der Weggabelung am Waldanfang links in den gekiesten Forstweg ⌁ auf dem hügeligen Weg nun fast 5 km durch den Wald des Naturschutzgebietes.

5 9,9 Nach dem scharfen Linksknick kommen Sie wieder näher ans Ufer ⌁ weiterhin immer auf dem Hauptweg bleiben ⌁ kurz vor dem nächsten Ort geradeaus auf den breiten Forstweg und bergab nach Tesperhude ⌁ ▭ bei den ersten Häusern an der Straße nach links, dann dem Rechtsbogen folgen.

Tesperhude (Geesthacht)
Vorwahl: 04152

▢ **Elbblick**, Elbuferstr. 102, ☎ 2835, @ owx618

▢ **Landhaus Tesperhude**, Elbuferstr. 100, ☎ 72244, @ cey184

▢ **Elbkantinchen**, Strandweg 1, ☎ 0171/9718686, @ dgc577

An der Elbe

🍴 **Café Koch**, Tesperhuder Str. 70, 📞 837099, @ uqx788

6 [11,8] An der Vorfahrtsstraße nach links, dann im Rechtsbogen geradeaus auf den gekiesten Uferweg ↝ auf dem schönen Wanderweg am Ufer der Elbe entlang ↝ am Ende des Weges auf dem asphaltierten Gehweg neben der Straße weiter ↝ am ehemaligen **Kernkraftwerk Krümmel** vorbei.

Krümmel (Geesthacht)
Vorwahl: 04152

⚓ **Krümmeler Wasserturm**, Geesthang. Der 1917 erbaute und 30 m hohe Turm ist eines der letzten Relikte der ehemaligen Dynamitfabrik Krümmel.

📷 **Achilleon III**, Elbuferstr. 72, 📞 9027270, @ yts171

7 [13,9] An der Kreuzung nach dem Kraftwerk beim Krümmler Hof zweigen Sie rechts ab und kreuzen die Bahngleise, gleich dahinter nach links in die Straße **Kronsberg** ↝ in der Rechtskehre der Straße um die Schranke herum und geradeaus auf den geschotterten Forstweg.

8 [15,2] Nachdem Sie auf der Brücke die **Rohre des Speicherkraftwerkes** überquert haben, zweigen Sie dem Rundweg folgend rechts ab und kommen über ein paar Stufen zum Wanderpfad, der über den Hang hinauf führt ↝ rechts in den etwas breiteren Weg einbiegen ↝ an der T-Kreuzung mit dem Forstweg links Richtung Aussichtsturm ↝ rund 300 m nach dem Rechtsbogen zweigt rechts ein Stichweg zum **Aussichtsturm** ab, dort oben eröffnet sich ein schöner Blick über den Stausee und bis zur Elbe ↝ auf der Hauptroute geradeaus weiter.

9 [16,4] An der Vorfahrtsstraße wenden Sie sich kurz nach links und passieren die **Bushaltestelle Speicherbecker** ↝ gleich danach biegen Sie links ab und gehen an der Schranke vorbei auf den Forstweg ↝ nach wenigen Metern an der nächsten Möglichkeit nach rechts ↝ an der Kreuzung geradeaus weiter ↝ am **Parkplatz** links auf den Forstweg ↝ an der Gabelung bei den umzäunten Schächten halten Sie sich rechts ↝ wo der Weg zur Straße führt, wandern Sie geradeaus weiter ↝ an der folgenden Dreieckskreuzung nach rechts und am Abhang entlang weiter ↝ an der Kreuzung beim Rastplatz links über die Stufen zur Straße hinab ↝ Sie kreuzen die **Lauenburger Straße**

und die Bundesstraße ∿ am rechtsseitigen Gehweg am Sportplatz und am alten Friedhof entlang ∿ an der Kreuzung mit dem Richtweg links zur Bushaltestelle.

10 18,6 Am **Zentralen Omnibusbahnhof** erreichen Sie das Ende der Tour.

Geesthacht
Vorwahl: 04152

🛈 **Tourist-Information**, Bergedorfer Str. 28, Krügersches Haus, ✆ 836258, @ xrh427

🏨 **Holsteiner Hof**, Hechtholz 36, ✆ 8888862, @ spn637

🏛 **GeesthachtMuseum**, Bergedorfer Str. 28, Krügersches Haus, ✆ 836258 Das Museum befindet sich im ältesten Gebäude der Stadt. Es zeigt eine Ausstellung zur Technikgeschichte „Made in Geesthacht" und die Energie-Zukunftswerkstatt. @ ggj655

⛪ **St. Salvatoris**, Kirchenstieg 1, ✆ 2208 Die Fachwerkkirche (1685) wurde mit den 1684 vor den Elbfluten geretteten Steinen und dem Inventar der Vorgängerkirche erbaut.

❋ **Ehemalige Pulverfabrik**. Max Duttenhöfer gründete 1876 die Pulverfabrik in den Besenhorster Bergen, die u. a. Munition für die beiden Weltkriege herstellte. @ tml434

❋ **Elbbrücke mit Staustufe**, ✆ 8469140. Die Geesthachter Staustufe ging 1960 in Betrieb, um den Gezeiteneinfluss stromaufwärts zu minimieren. @ hom161

❋ **Energiepark**, Elbuferstr., ✆ 040/63966225, Besichtigung des Pumpspeicherkraftwerks für Gruppen n. t. V. Hier wird Energie aus Sonne, Wind und Wasser gewonnen. Es existiert ein Rundweg. @ mps355

❋ **Fischaufstiegsanlage**, ✆ 040/570113200, kostenlose Führungen n. t. V. Mit 550 m ist die Anlage die größte Fischtreppe Europas und wird von 50 Fischarten genutzt. @ tqy583

❋ **Museumseisenbahn „Karoline"**, Bahnstr. 45, ✆ 77899. Die Dampflok mit hist. Eisenbahnwaggons fährt auf der Strecke Krümmel-Geesthacht-Bergedorf (HH) an 6 Wochenenden im Jahr. @ ley628

✉ **Freizeitbad Geesthacht**, Elbuferstr. 1, ✆ 3100, @ aly422

Einen Kontrast zur eher beschaulichen Landschaft längs der mittleren Elbe bietet mit ihrer Technikgeschichte die Stadt Geesthacht. Der Schwede Alfred Nobel gründete 1866 im Geesthachter Ortsteil Krümmel eine Pulverfabrik, in der er das Dynamit erfand. Durch diese Erfindung wandelte sich die bescheidene Pulverfabrik zum bedeutendsten Sprengstoffwerk des europäischen Kontinents. Andere Energien setzen das 1958 erbaute Pumpspeicherwerk, das größte seiner Art in Norddeutschland, und das 1983 im gleichnamigen Ortsteil erbaute Kernkraftwerk Krümmel frei. Dieses ist seit dem Jahre 2011 stillgelegt.

Wichtig für den Hamburger Hafen und die Häfen an der Unterelbe sind die zwischen 1957 und 1960 erbaute Staustufe und die nach dreijähriger Bauzeit 1981 fertiggestellte zweite Schleusenkammer. Sie sorgen für die Regulierung des Fahrwassers der Oberelbe mit den Einfahrten in den Elbe-Lübeck-Kanal und den Elbe-Seitenkanal sowie zwischen Hamburg und Cuxhaven für eine gleichmäßige Elbtiefe von 12 Metern.

Tour 32 — 19,7 km

Entlang des Geesthangs von Geesthacht nach Bergedorf

Start: Geesthacht, Bushaltestelle ZOB, Norderstraße
Ziel: Hamburg-Bergedorf, S-Bhf. Bergedorf

Aufstieg: 228 m   *Hartbelag:* 37 %
Abstieg: 238 m   *Wanderwege:* 26 %
Gehzeit: 5 - 6 Std.   *Wanderpfade:* 37 %

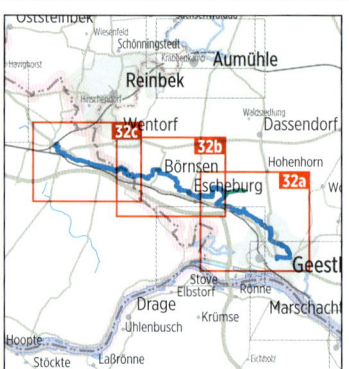

Charakteristik: Von Geesthacht nach Bergedorf zieht sich ein bis zu 50 Meter hoher Geesthang. Dieser Steilhang war einst das nördliche Ufer des Elbe-Urstromtals und wurde gegen Ende der letzten Eiszeit vor etwa 14.500 Jahren gebildet. Die Wanderung führt Sie über große Teile entlang des Geesthangs und bietet immer wieder schöne Blicke auf die Vierländer Marschlandschaft, unterwegs gibt es für die Region ungewöhnlich starke Steigungen. Je nach Jahreszeit kann der Weg stel-

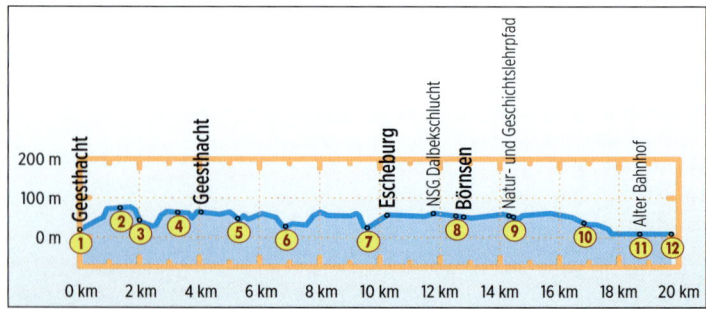

lenweise zugewachsen sein, lange Kleidung ist dann von Vorteil.

Markierung: gelbe Richtungspfeile

Anfahrt: Vom S-Bahnhof Bergedorf fahren die Buslinien 31 und 8800 nach Geesthacht.

Abfahrt: In Bergedorf hält der RE 1 sowie die S 2/S 21.

Geesthacht s. S. 151

1 0,0 Überqueren Sie die **Berliner Straße** an der Ampelkreuzung und folgen Sie ihr nach rechts 〜 am alten Friedhof und an den Sportanlagen vorbei 〜 etwa 150 m hinter dem Sportplatz links auf den schmalen Weg 〜 bald darauf wenige Meter nach der kleinen Sitzgruppe rechts auf den leicht zu übersehenden Pfad 〜 es geht steil bergan, achten Sie auf die gelben Richtungspfeile 〜 am Zaun, später am Waldrand entlang geradeaus.

2 1,4 An der T-Kreuzung links und dem Asphaltweg folgen 〜 der Asphaltweg knickt nach rechts, weiter geradeaus auf den Waldweg und bergab

~ über die Waldwegekreuzung geradeaus durch dichten Mischwald ~ an der nächsten Kreuzung geradeaus auf den schmalen Weg ~ am geplasterten Weg links zur Straße.

3 2,0 An der Straße rechts, die Bundesstraße überqueren und geradeaus in den **Hörner Weg** ~ am Parkplatz rechts auf den Fußweg ~ an der **Hugo-Otto-Zimmer-Straße** rechts ~ am Wendehammer in den Wald, an der Kreuzung geradeaus und kurz darauf an der Gabelung links halten ~ im Wald auf dem Hauptweg bleiben, dann steil bergan ~ am Ende der Steigung links.

4 3,3 Weiter dem Pfad folgen und auf der Höhe bleiben ~ an der Pfadgabelung im Wald rechts ~ über die Treppenstufen bergab ~ die Straße überqueren und wieder auf dem Pfad in den Wald ~ nach etwa 1 km dem Rechtsknick des Pfades folgen, kurz darauf im Hohlweg scharf links bergab.

5 5,3 Am großen Platz im Wald gehen Sie rechts und nehmen den linken der beiden Wege ~ auf dem Hauptweg bleiben und im leichten Auf und Ab durch den Wald ~ kurz vor dem Ende des Waldweges halbrechts auf den schmalen Pfad ~ an der Gabelung den linken Pfad wählen ~ es geht wieder bergan.

AUSSICHT

Wenn Sie oben den schmalen Pfad nach links nehmen, kommen Sie an die Abrisskante einer ehemaligen Kiesgrube. Von dort haben Sie einen guten Blick auf die Elbsandwiesen und die Besenhorster Sandberge.

Der Wanderweg

Weiter im Auf und Ab auf schmalem Pfad ∾ auf dem breiten Forstweg links und noch vor der Straße rechts ∾ linker Hand liegt ein kleiner Teich. **6** 6,9 An der Asphaltstraße rechts ∾ nach etwa 600 m links auf den Forstweg.

AUSFLUG Wenn Sie der Straße weiter folgen, kommen Sie nach etwa 1 km zum Restaurant Zum Fahrenkrug.

Fahrendorf (Geesthacht)

🔲 **Zum Fahrenkrug**, Fahrendorfer Dorfstr. 3, ✆ 04152/3178, ⏱ Mi, Do ab 16 Uhr, Fr-So ab 12 Uhr, @ gvj571

Der Weg wird schmaler und führt oberhalb des Teiches entlang ∾ an der Gabelung links Richtung Dalbekschlucht bergan ∾ den Wald verlassen ∾ links und dem Hauptweg über den

Golfplatz folgen ∾ am Abzweig des Asphaltweges weiter geradeaus ∾ vor dem Tor rechts auf den schmalen Pfad und in den Wald ∾ am Sportplatz auf die Asphaltstraße und in den Ort 🔲. **7** 9,6 An der Hauptverkehrsstraße links und kurz darauf rechts in die Sackgasse.

Escheburg

An der Schule vorbei und bergan ∾ am Dorfplatz mit den beiden Bänken links ∾ rechts in den **Ahornweg**, dann links der Straße **Lindenbreite** folgen ∾ 🚲 am Abzweig der Straße Dalbekhöhe weiter geradeaus in den Wald, kurz darauf halbrechts in das **Naturschutzgebiet Dalbekschlucht** ∾ rechts bergan und oberhalb der Schlucht entlang.

Dalbekschlucht

Dalbekschlucht. Das tief eingeschnittene Tal entstand während der Weichsel-Eiszeit, als sich Schmelzwasser seinen Weg zum Elbe-Urstromtal suchte. Heute ist die Schlucht ein bedeutendes Naturschutzgebiet. @ mfl784

An der Weggabelung rechts auf dem breiteren Weg bleiben, dann an der T-Kreuzung links ∼ an der Bank links bergab ∼ auf einer Holzbrücke über die Dalbek, dann steil bergan ∼ aus dem Wald hinaus und an der Straße links 🚏 ∼ an der größeren Straße weiter geradeaus.

Börnsen

8 12,5 Am Ende der Tempo-30-Zone rechts ∼ nach links in die Straße **Neuer Weg** ∼ links in die Straße **Am Hellholz** und dieser folgen ∼ im Rechtsknick der Straße weiter geradeaus auf den schmalen Pfad ∼ hinter dem letzten Grundstück rechts am Waldrand entlang ∼ an der Straße links ∼ am Ende der Straße rechts Richtung Waldkindergarten 🚸 ∼ am Waldkindergarten weiter geradeaus in den Wald, nun wandern Sie auf dem **Natur- und Geschichtslehrpfad Bergedorf – Börnsen**.

Der **Natur- und Geschichtslehrpfad Bergedorf – Börnsen** führt an alten Grenzsteinen und am historischen Grenzwall der Landesgrenze Hamburg – Schleswig-Holstein vorbei. Am Weg liegen neben einem alten Zollgraben auch diverse Hügelgräber. Nun geht es über einen wurzeligen Pfad bergauf und bergab.

9 14,4 Am breiteren Weg rechts ∼ an der T-Kreuzung erneut rechts ∼ auch an der Gabelung rechts halten und bergab ∼ weiter am **historischen Grenzwall** entlang ∼ an der T-Kreuzung mit Schranke links bergab, kurz darauf an der Bank geradeaus auf den schmalen Pfad ∼ am Rand ei-

In der Dalbekschlucht

ner Abbruchkante entlang ～ an der Kreuzung in der Nähe des Rastplatzes geradeaus ～ rechter Hand zunächst ein **Friedhof**, dann die **Sternwarte**, links bieten sich immer wieder schöne Ausblicke.

✱ **Hamburger Sternwarte**, August-Bebel-Str. 196, ☎ 040/64682975 ☞ Die historische Anlage mit ihren neobarocken Kuppelbauten und dem Park wurde 1912 in Betrieb genommen. Das Ensemble steht unter Denkmalschutz und beherbergt Teleskope aus der Zeit ab 1867 bis heute. Derzeit wird das Gelände von der Universität Hamburg genutzt. @ ied278

10 16,8 🚲 Geradeaus auf die Straße **Hermann-Löns-Höhe**, Sie können kurz danach auch links auf den Pfad mit dem Schild **Geschützte Grünan-**

lage parallel zur Straße entlang der Abbruchkante wandern ～ an der T-Kreuzung am Ende der Tempo-30-Zone links ～ an der Ampel die B 5 queren und rechts ～ links in die Sackgasse **Unterm Heilbrunnen** ～ über eine Brücke und dahinter am **Brookdeich** rechts.

11 18,7 An der Straße **Neuer Weg** rechts, hier befindet sich auch der Alte Bahnhof Bergedorf.

✱ **Alter Bahnhof Bergedorf**, Neuer Weg. Das 1842 errichtete Bahnhofsgebäude gehört zu den ältesten erhaltenen Bahnhofsbauten Deutschlands.

An der **Rektor-Ritter-Straße** links ～ an der **Vierlandenstraße** rechts und kurz darauf links in die Tempo-30-Zone ～ im Linksknick der Straße

Schloss Bergedorf

weiter geradeaus und auf der Brücke über den **Schleusengraben**.

❁ **Schleusengraben**. Der 1443 angelegte Schleusengraben verbindet die Bille mit der Dove Elbe und gehört zu den ältesten künstlichen Wasserstraßen Deutschlands.

Dahinter rechts ～ unter der Brücke hindurch, dahinter links und parallel zur Straße ～ die nächste Möglichkeit rechts und dann links.

12 ¹⁹,⁷ Am **S-Bahnhof-Bergedorf** endet die Wanderung.

Hamburg-Bergedorf
s. S. 159

Hamburg-Bergedorf

Vorwahl: 040

🛈 Bergedorf Information, Johann-Adolf-Hasse Pl. 1, ✆ 72693324, @ xgf878

⛵ Bergedorfer Schifffahrtslinie, Anleger Serrahnstr., ✆ 73675690. Fahrten durch die Vierlande, zur HafenCity, Hafenrundfahrten und nach Lüneburg. @ wkj622

🏛 Museum für Bergedorf und die Vierlande, Bergedorfer Schlossstr. 4, Bergedorfer Schloss, ✆ 428912509, ⏲ Di-So 11-17 Uhr. Zeugnisse städtischer und bäuerlicher Kultur.

⬛ Schloss Bergedorf, Bergedorfer Schlossstr. 4, ✆ 428912509. Die vierflügelige Anlage wurde vermutlich im 13. Jh. als Wasserburg errichtet und diente ab 1420 als Verwaltungssitz der beiden Hansestädte Hamburg und Lübeck für die Vierlande. 1867 erwarb Hamburg das Recht zur alleinigen Nutzung. @ cya813

✳ Historische Eisenbahn, Neuer Weg 39, Bahnhof Bergedorf Süd, ✆ 77899, ✆ 77809. Die historische Dampflok „Karoline" verkehrt zwischen Bergedorf und Geesthacht. @ pho333

✳ SkulpturenLandschaft Hamburg, Schulenbrooksweg 18, im Rathauspark, ✆ 79418624. Auf rund 1.500 m² lässt sich moderne Kunst im öffentlichen Raum erleben. @ qqj783

🛁 Bille-Bad, Reetwerder 25, ✆ 188890, @ fya587

Aus steinzeitlichen Funden geht hervor, dass bereits vor 15.000 Jahren hier Jäger und Sammler lebten, auch Ackergeräte und landwirtschaftliches Werkzeug belegen die frühen Siedlungen im heutigen Bergedorf.

Der Alte Bahnhof Bergedorf

Besonders der Standort am Billedelta, wo eine wichtige Handels- und Heerstraße zwischen Hamburg und Artlenburg vorbeiführte, trug zur raschen Entwicklung zum Marktflecken (um 1220) und zur Stadt (1275) bei. Unter anderem wurde zu dieser Zeit der wichtige Mühlendamm gebaut, der einerseits die Bille aufstaute, andererseits einen trockenen Fahrweg über das Flussdelta ermöglichte. Ein kleines Kuriosum der Stadt war die gleichzeitige Herrschaft von Lübeck und Hamburg über Bergedorf vom 15. bis ins 19. Jahrhundert. Jede der beiden Großstädte eroberte eine Burg von Bergedorf, was dazu führte, dass beispielsweise die Post weder von Hamburg noch von Lübeck verwaltet werden durfte und Bergedorf somit postalisch gesehen selbständig war.

Tour 33   6 km

Die Besenhorster Sandberge

Start/Ziel: Geesthacht, Parkplatz Heuweg/Ecke Dahlemer Weg

Aufstieg: 19 m   *Hartbelag:* 15 %

Abstieg: 19 m   *Wanderwege:* 65 %

Gehzeit: 1,5 Std.   *Wanderpfade:* 20 %

Charakteristik: Diese kurze Rundtour führt Sie durch das Naturschutzgebiet Besenhorster Sandberge und Elbsandwiesen, die ebenso wie andere Teile des Binnendünenzuges im Elbe-Urstromtal Mitte der 1990er Jahre unter Schutz gestellt wurden. Auf guten Wegen wandern Sie meist durch tiefen Wald und kommen an einzelnen Sanddünen vorbei, ehe es bei Borghorst mit herrlichem Blick über die weiten Elbwiesen am Waldrand entlang weiter geht. Kurz vor dem Ende der Tour können Sie die Überreste der ehemaligen Pulverfabrik betrachten.

Markierung: keine

Anfahrt: Vom S-Bahnhof Bergedorf mit der Buslinie 31 oder 8800 bis Geesthacht, Düneberger Straße, dort umsteigen in Buslinie 439 und bis Geesthacht, Charlottenburger Straße. Ein Parkplatz befindet sich am westlichen Stadtrand in der

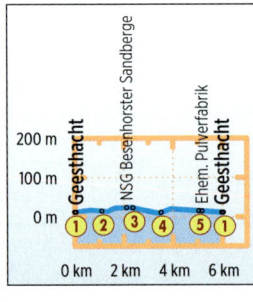

Nähe der B 404.

Geesthacht   s. S. 151

1 0,0 Vom Parkplatz folgen Sie dem **Heuweg** kurz in Richtung Norden, zweigen aber wenig später links ab auf den Wanderpfad, der zwischen den Häusern entlang führt ⌁ 🚫 der Weg wird bald etwas breiter und führt unter der Bundesstraße hindurch ⌁ gleich danach halten Sie sich an der Gabelung rechts und wandern in den Wald hinein ⌁ geradeaus auf den breiteren Wanderweg ⌁ an der nächsten Gabelung halten Sie sich rechts.

AUSFLUG Wenn Sie hier nach links abzweigen, kommen Sie zur größten Sanddüne dieses Naturschutzgebietes.

Nach wenigen Metern dann links.

2 1,1 Nach dem langgezogenen Linksbogen zweigen Sie der **Markierung Rotes Dreieck** folgend rechts ab ⌁ in der Linkskurve befindet sich rechts neben dem Weg eine Sanddüne ⌁ an der folgenden T-Kreuzung wenden Sie sich

nach rechts 〰 an der nächsten Kreuzung erneut rechts 〰 bleiben Sie auf dem Hauptweg, es geht kurz bergauf 〰 oben an der T-Kreuzung nach links. **3** **2,4** An der T-Kreuzung mit dem Reitweg, zu dem parallel hinter einem Zaun ein Wanderpfad entlang führt, wenden Sie sich nach links 〰 Sie verlassen das Naturschutzgebiet 〰 an der Kreuzung geradeaus weiter und rechts neben der Sanddüne entlang 〰 am Wendeplatz geradeaus auf den

Die Elbsandwiesen

Borghorster Hauptdeich ～ an der Vorfahrtsstraße, dem **Escheburger Weg**, nach links und auf dem Gehweg neben der Straße entlang.

4 ³,⁵ Nach etwa 100 m zweigen Sie im spitzen Winkel links ab in die Sackgasse **Am Kringel** ～ hinter dem kleinen Parkplatz geht es mit gutem Blick über die saftigen Elbwiesen in das **Landschaftsschutzgebiet Borghorster Elblandschaft** hinein ～ der Weg wird vorübergehend zu einem Pfad, wenig später aber wieder breiter ～ an der Kreuzung mit dem links abzweigenden Weg geradeaus weiter ～ an der folgenden Gabelung auf Höhe des Windrades halten Sie sich links und bleiben am Waldrand ～ den im spitzen Winkel nach rechts abzweigenden Weg lassen Sie hinter sich.

5 ⁵,⁰ Nach etwa 300 m folgen Sie dem Hauptweg nach links und kommen gleich darauf an den Ruinen der Alten Pulverfabrik vorbei.

✱ **Ehemalige Pulverfabrik Düneberg**. Die Anlage wurde 1877 von Max Duttenhöfer gegründet und anfangs vor allem zur Herstellung von Schwarzpulver genutzt. Später folgten andere Stoffe wie Nitroglycerin-Pulver etc. Die Nationalsozialisten ließen die Fabrik weitgehend ausbauen und verkauften sie 1934 an die Dynamit Nobel AG, die in Krümmel ansässig war. Gegen Ende des Zweiten Weltkrieges wurde die Anlage bombardiert, heute sind nur noch ein paar Reste der Anlage erhalten.

An der gleich folgenden Gabelung nehmen Sie den rechten Weg ～ nach wenigen Metern erneut rechts halten ～ der Hauptweg führt Sie zur Unterführung der Bundesstraße, ab hier folgen Sie dem bekannten Weg zurück zum Parkplatz 🚌.

1 ⁶,⁰ Am **Heuweg** sind Sie am Ende der Rundtour angelangt.

Geesthacht

Touren in Niedersachsen

Der südlich von Hamburg gelegene Teil Niedersachsens besteht im Bereich der Elbe aus Marschland, im Südwesten der Stadt findet sich die etwas höher gelegene Geest und im Südosten Heidelandschaften, die stellenweise recht hügelig sind.

Die ausgewählten Wanderungen führen Sie unter anderem durch die Obstregion Altes Land bei Buxtehude, entlang der Este bei Hollenstedt, durch die südlich von Harburg gelegenen Schwarzen Berge und auf diversen Touren durch die Lüneburger Heide. Hier wird mit dem Wilseder Berg auch der höchste Punkt des Wanderführers erreicht. Bei Rotenburg (Wümme) findet sich mit dem Großen und Weißen Moor zudem ein sehr gut erhaltenes Hochmoor.

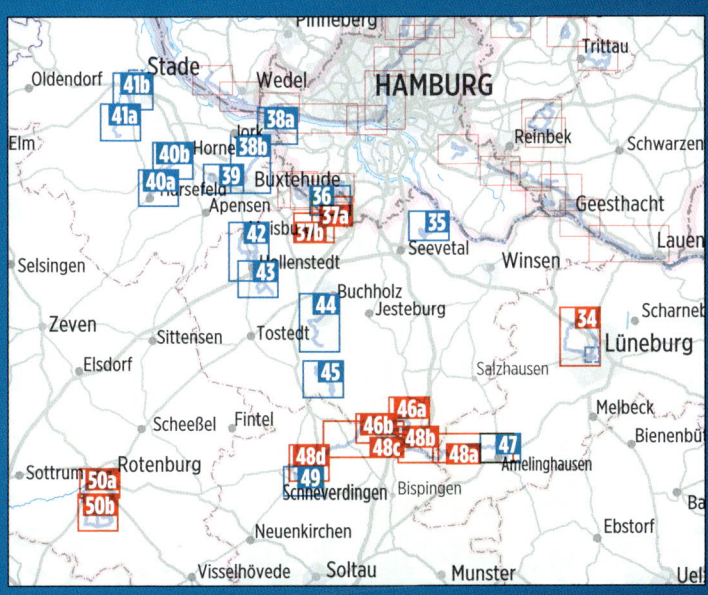

Tour 34   17,9 km

Über die Landwehr nach Lüneburg

Start/Ziel: Bardowick, Bahnhof

Aufstieg: 48 m   *Hartbelag:* 46 %

Abstieg: 48 m   *Wanderwege:* 54 %

Gehzeit: 4 - 4,5 Std.   *Wanderpfade:* 0 %

Charakteristik: Lüneburg ist eine bekannte und sehr sehenswerte Hanse- und Universitätsstadt. Dennoch ist bei dieser Wanderung nicht nur Lüneburg, sondern auch der Weg das Ziel: Sie wandern entlang alter Befestigungsgräben auf einfachen Waldwegen nach Lüneburg, der Rückweg führt dann direkt am Ufer der Ilmenau entlang nach Bardowick mit seinem sehenswerten Dom.

Markierung: Auf dem Hinweg keine Wegweisung, auf dem Rückweg Ilmenau-Radweg.

Tipp: Sie können die Tour wahlweise in Lüneburg beenden und mit der Bahn zurückfahren.

Anfahrt: Mit der RB 31 (metronom) zum Bahnhof Bardowick. Dort gibt es auch Parkplätze.

Bardowick

Vorwahl: 04131

🏛 **Heimatmuseum Gildehaus,** St.-Johannis-Str. 3, ☎ 129242, ⏲ Di-So 15-17 Uhr

⛪ **Dom St.-Petri-et-Pauli,** Beim Dom, ☎ 121143 ⓐ Der Dom zu Bardowick wurde von 1389 bis 1485 erbaut. Trotz seiner Bezeichnung war die gotische Hallenkirche allerdings nie ein Bischofssitz. Im Inneren sind das bronzene Taufbecken (1367), der Flügelaltar aus Eichenholz (um 1430) und das Chorgestühl sehenswert. @ lsg357

⛪ **Galeriehölländer Windmühle,** Mühlenstr. 38, ☎ 12206 ⓐ In der Mühle von 1813 wird bis heute gewerblich Korn gemahlen – 1/3 davon noch mittels Windkraft. Außerdem gibt es ein Mühlencafé, einen Mühlenladen und am Pfingstmontag lädt der Müller zum Mühlenfest. @ ljv546

✺ **St.-Nikolaihof.** Im St.-Nikolaihof gruppieren sich mehrere Wohn- und Wirtschaftsgebäude aus dem 13. bis 18. Jh. um eine gotische Kapelle. Einst waren hier die Leprakranken Lüneburgs unter-

gebracht, ehe die Anlage im 14. Jh in ein Altenheim umgewandelt wurde. @ otd856

❇ **Erntedankfest**, ✆ 12010. Jedes Jahr am 3. So. im Sept. findet das Fest mit zahlreichen regionalen Köstlichkeiten statt.

1 **0,0** Auf der Südseite der Gleise gehen Sie an der Straße rechts ～ links in die **Feldstraße** ～ am **Lerchenweg** rechts ～ am **Birkenweg** links ～ 🖼 geradeaus in den Forstweg ～ der Graben im Wald ist ein Überbleibsel der alten Landwehr.

Landwehr

Ab 1392 besaß Lüneburg das Stapelrecht. Jeder vorbeifahrende Kaufmann musste seine Waren in Lüneburg „stapeln", also zum Verkauf anbieten, bevor er weiterfahren konnte. Um zu verhindern, dass die Kaufleute einfach um Lüneburg herumfahren, wurden im Mittelalter Landwehre angelegt, Systeme von drei bis fünf parallel verlaufenden Wällen mit dazwischen liegenden Gräben, die ein Passieren erschweren bzw. unmöglich machen sollten.

2 **0,6** Geradeaus auf den Waldweg ～ dem Linksbogen folgen ～ begleitet vom Graben wandern Sie durch den schattigen Wald ～ geradeaus über das stillgelegte Bahngleis, gleich danach sehen Sie links zwei kleine Teiche ～ weiter geradeaus.

Vögelsen

3 **2,5** Gehen Sie geradeaus über die Straße ～ weitere 1,6 km an der Landwehr entlang durch den Wald.

4 **4,1** An der kleinen Querstraße links ～ durch die schöne Allee ～ 🖼 nach dem Ortsschild von Lüneburg weiterhin immer geradeaus.

5 **6,0** An der Vorfahrtsstraße geradeaus in den Plattenweg ～ rechts über Treppenstufen hinab ～ an der **Schomakerstraße** links ～ am Stoppschild geradeaus weiter ～ nach 150 m rechts und durch den **Michaelisfriedhof** ～ am Ende des Friedhofs links.

6 **7,4** An der Ampelkreuzung schräg rechts in den **Scunthorpepark** ～ über die Straße und im Rechtsbogen über einzelne Steinstufen bergauf ～ an der Gabelung im Park rechts ～ über

An der Ilmenau

Lüneburg, Am Stint

Treppenstufen hinab 〜 an der Straße links 〜 nach links versetzt in die Fußgängerzone 〜 am **Markt** links.

AUSSTIEG Wahlweise können Sie die Tour bereits in Lüneburg beenden und mit der Bahn nach Bardowick zurückfahren.

Zum Bahnhof Lüneburg   **1,2 km**
Durch die **Große** und die **Kleine Bäckerstraße** 〜 am Platz **Am Sande** links 〜 am Ende des Platzes rechts 〜 geradeaus über die Brücke 〜 an der Ampelkreuzung geradeaus 〜 nach der **Bahnbrücke** links hoch zum Bahnhof.

Lüneburg   s. S. 168
7 8,2 Auf der Hauptroute rechts in die Straße **An den Brodbänken** 〜 geradeaus in die Straße **Bei der Abtspferdetränke** 〜 an der **Abtsmühle** geradeaus und über die kleine Insel 〜 **Am Fischmarkt** links 〜 am alten Kran links über die Brücke 〜 rechts in die **Salzstraße** 〜 unter der Straßenbrücke durch 〜 direkt am Wasser entlang.

8 9,1 Vor dem Parkplatz gehen Sie rechts in den Rad- und Fußweg 〜 insgesamt 4 km auf dem schönen Kiesweg an der **Ilmenau** entlang 〜.

9 13,2 Nach der Rastbank am Querweg rechts 〜 an der **Schleuse Bardowick** geradeaus weiter 〜 geradeaus auf die gepflasterte Straße 〜 100 m später geradeaus weiter auf dem Kiesweg.

10 15,4 An der **Ilmenaubrücke** links und gleich wieder rechts in die **Kleine Brückenstraße** 〜 die Vorfahrtsstraße nach rechts versetzt queren 〜 links in die kleine Straße **Hinterm Dom** 〜 gegenüber vom Dom an der **Domschänke** links 〜 am nächsten Abzweig schräg rechts in die **Steinstraße**.

11 16,4 Gehen Sie nach rechts versetzt in den Weg **Am Wall** 〜 die Vorfahrtsstraße überqueren 〜 die Bundesstraße ebenfalls überqueren 〜 schräg links auf die Straße und durch das ruhige Wohngebiet 〜 an der Straße **Am Bahnhof** rechts 〜 rechts in die Unterführung.

1 17,9 Die Tour endet wieder am Ausgangspunkt am Bahnhof.

Bardowick

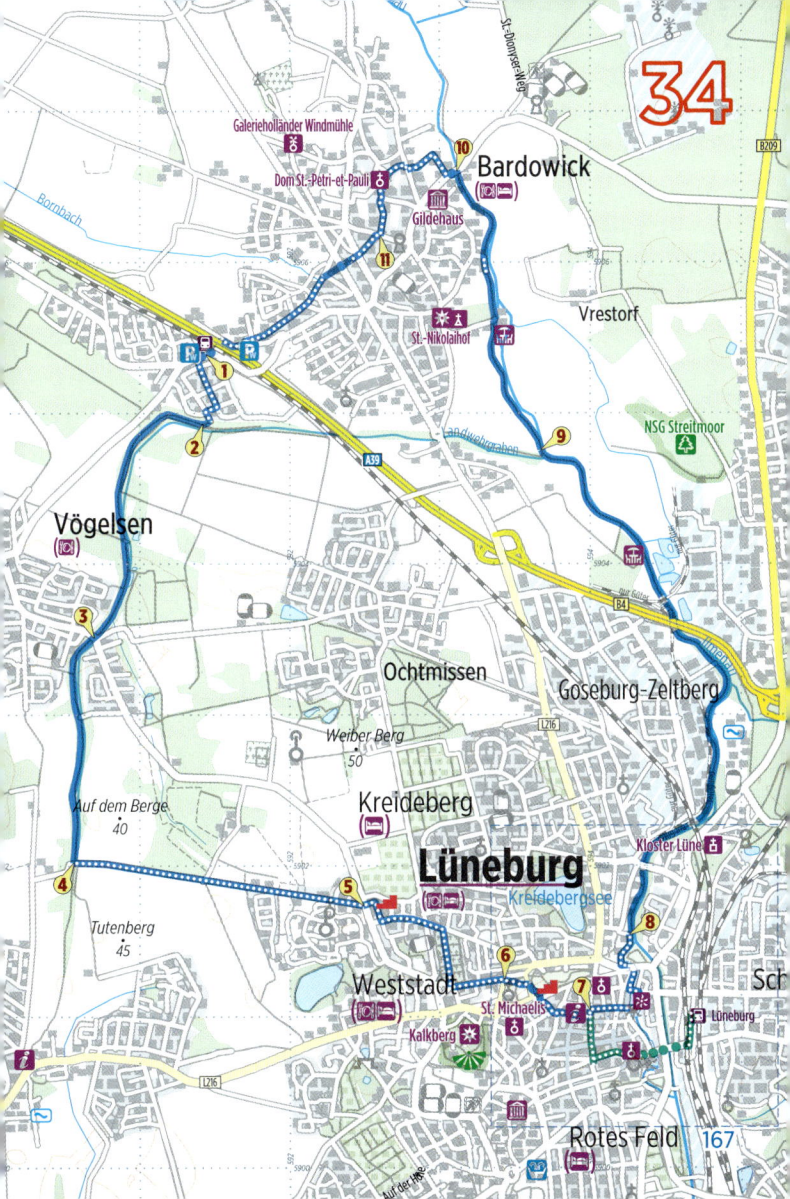

34

Galeriehölländer Windmühle

Bardowick

Dom St.-Petri-et-Pauli

Gildehaus

St.-Nikolaihof

Vrestorf

NSG Streitmoor

Vögelsen

Ochtmissen

Goseburg-Zeltberg

Weißer Berg
50

Kreideberg

Auf dem Berge
40

Lüneburg

Kreidebergsee

Kloster Lüne

Tutenberg
45

Weststadt

St. Michaelis

Lüneburg

Kalkberg

Rotes Feld

Lüneburg

Vorwahl: 04131

ℹ Tourist-Information, Am Markt, im Rathaus, ✆ 2076620, ✆ 0800/2205005 ✉, @ osy281

⛴ **Bergedorfer Schifffahrtslinie**, ✆ 040/73675690. Ausflugsfahrten auf dem Elbe-Seitenkanal und der Elbe nach Hamburg-Bergedorf. @ aqt335

🏛 **Deutsches Salzmuseum**, Sülfmeisterstr. 1, ✆ 7206513 ✉ Das Museum zeigt die Lüneburger „Salzgeschichte". Über 1.000 Jahre bestimmte das Salz das Leben der Stadt. Auf dem ehem. Gelände der Saline wird ein umfassender Einblick in die faszinierende Welt des Salzes gegeben. @ hiw758

🏛 **Museum Lüneburg**, Willy-Brandt-Str. 1, ✆ 7206580 ✉ Dauerausstellung mit Sammlungen zur regionalen Geologie, zur ur- und frühgeschichtlichen Besiedlung der Region und zur Blütezeit der Hansestadt im 15. und 16. Jh. @ gqm876

🏛 **Ostpreußisches Landesmuseum**, Heiligengeiststr. 38, ✆ 759950 ✉ @ gio376

🏛 **Brauereimuseum**, Heiligengeiststr. 38, ✆ 759950 ✉ Hier nahm das traditionsreiche Kronen-Brauhaus seinen Anfang. Im 16. Jh. gab es in Lüneburg rund 80 Brauereien. Die einzelnen Produktionsschritte beim Bierbrauen werden anschaulich dargestellt. @ xak276

🏛 **Feuerwehrmuseum**, Lise-Meitner-Str. 12, ✆ 30120 🄯 Es werden Exponate aus der 150-jährigen Geschichte der Lüneburger Feuerwehr gezeigt. @ yuo227

🄳 **St. Johannis**, Bei der St.-Johanniskirche 2, ✆ 44542, ✆ 8983711 (Turmführungen) 🄬 Die imposante fünfschiffige gotische Hallenkirche stammt aus dem 14. Jh. @ vtg483

🄳 **St. Nicolai**, Lüner Str., ✆ 2430770, ✆ 8983711 (Turmführungen) 🄬 Die Kirche wurde im 15. Jh. in Anlehnung an die nordfranzösischen Kathedralen gebaut. Der „Schifferkranz" auf der Turmspitze zeigte im Mittelalter, dass sich hier ein religiöses Zentrum der Schiffer befand. @ ywh617

🄳 **St. Michaelis**, Johann-Sebastian-Bach-Pl., ✆ 2873310 🄬 Das Gotteshaus wurde von 1376 bis 1434 als neue Klosterkirche der Benediktiner erbaut. @ mys362

🄳🏛 **Kloster Lüne**, Am Domänenhof, ✆ 52318 ✉ Das Kloster wurde nach zwei Bränden in den ursprünglich hölzernen Gebäuden in Backsteinbauweise neu errichtet. Vor allem die Brunnenhalle mit Handsteinbrunnen und das Refektorium mit Wandmalereien sind sehenswert. Außerdem ist hier ein Textilmuseum mit Kostbarkeiten, wie Altar- und Fastentüchern aus dem 13. und 14. Jh., Teppichen, Banklaken, Weißstickereien etc. untergebracht. @ yvf726

🄱 **Lüneburger Wasserturm**, Am Wasserturm 1, ✆ 7895919 🄬 Der Turm entstand 1907 im neogotischen Stil nach Plänen von Franz Krüger. Der begehbare Turm beherbergt ein Zentrum für Umweltbildung zum Thema „Wasser" und vom Dach bietet sich ein unvergleichlicher Ausblick auf Lüneburg und seine Umgebung. @ mgu865

✳ **Abtsmühle Lüneburg**, Bei der Abtsmühle 1. Der Wasserturm der Mühle, die „Abtswasserkunst", stammt aus dem Jahre 1530. In der Mühle (1147) befindet sich heute ein Hotel.

✳🄷 **Lüner Mühle**, Bei der Lüner Mühle, ✆ 308308. Die Mühle aus dem 4. Jh. beherbergt heute ein Restaurant mit Vinothek. @ xfu141

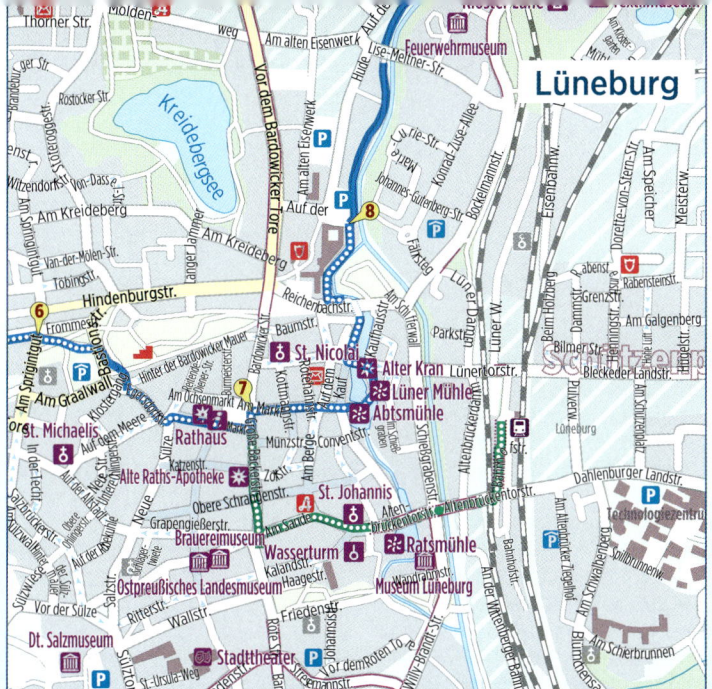

Ratsmühle Lüneburg, Bei der Ratsmühle 17. Die Mühle wurde erstmals im Jahr 1319 erwähnt und bis 1928 als Getreidemühle genutzt. Heute befinden sich im Gebäude Wohnungen und Gewerbe.

Alter Kran, Am Fischmarkt ⓘ Der Hafenkran aus dem Jahr 1797 hat 1840 seine schwerste Last gehoben, als er eine Dampflokomotive entladen hat, die auf dem Wasserweg von England nach Deutschland kam. Mit der charakteristischen Bretterverkleidung und dem Kupferdach ist der Kran eines von Lüneburgs Wahrzeichen. @ hrf454

Kalkberg. 133 Stufen führen auf den einst 70 m hohen Berg. Infolge des jahrhundertelangen Gipsabbaus hat er heute nur noch 1/16 seines Umfangs und ist auf 58 m Höhe geschrumpft. Vom Kalkberg aus haben Sie einen herrlichen Rundblick über Lüneburg. @ rou662

Alte Raths-Apotheke, Große Bäckerstr. 9, am Markt, ✆ 423 49. Das auffällige Gebäude aus dem Jahr 1598 beeindruckt mit seinem neunstufigen Treppengiebel sowie seinem farbigen Renaissanceportal aus Sandstein. Damals wie heute dient das Haus als Apotheke. @ ulq465

Heide-Express, ✆ 851801. Oldtimerzug, der von Mai bis Anf. Okt. am 1. und 3. Sonntag eines Monats zwischen Lüneburg und Bleckede verkehrt. @ chi725

✪ **Heinrich-Heine-Haus**, Am Ochsenmarkt 1, ☎ 3090 ♿ In dem schmuckvollen Patrizierhaus am Marktplatz lebten von 1822 bis 1826 die Eltern des Dichters Heinrich Heine, der Dichter selbst war hier häufig zu Besuch. @ dco437

✪ **Stadtführungen**. Es gibt ein breites Angebot an Stadt- und Erlebnisführungen, Informationen unter ☎ 0800/2205005. @ lut143

✪ **Stintmarkt**. Der im hist. Wasserviertel gelegene Markt war früher Hauptfang- und Verkaufsplatz des Stint – einem lachsähnlichen Fisch. Heute befinden sich hier inmitten der vielen schönen mittelalterlichen Häuser zahlreiche Lokale und Restaurants. @ seq846

✪ **Turmbläser am Markt**, bei der St.-Johannis-Kirche. Seit vielen Jahrzehnten lässt sich fast an jedem Morgen die Trompete des Turmbläsers vernehmen, der in alle vier Himmelsrichtungen den Vers eines Chorals erklingen lässt.

✪ **SaLü Bade- & Erlebniswelt**, Uelzener Str. 1-5, ☎ 7230 ♿ Freizeitbad mit Sole-Wellenbad und -Außenbecken, Riesenrutsche, Solarien und Saunalandschaft. @ mbj624

Im Jahre 956, als „Luniburc" erstmals urkundlich erwähnt wird, gab es bereits die Burg, das Kloster St. Michaelis auf dem Kalkberg und die Saline. Um diese drei Kerne herum entwickelte sich im 13. Jahrhundert unter Einbeziehung der alten dörflichen Siedlung „Modestorpe" die Stadt Lüneburg.

Als Produktionsstätte von Salz, dem bis dahin einzigen Konservierungsmittel, erhielt Lüneburg besondere Bedeutung und besonderes Gewicht in der Hanse, vor allem in Beziehung zum Hafen des „Hauptes der Hanse", Lübeck. Um 1600 zählte Lüneburg mit ca. 14.000 Einwohnern zu den Großstädten Deutschlands, danach fand die wirtschaftliche und kulturelle Blüte im Rahmen der Hanse allerdings ein Ende.

Im 19. Jahrhundert entwickelte sich aus dem alten Salzwerk ein Betrieb der chemischen Industrie und erhielt zusätzlich mit dem Solebad einen neuen, wenn auch regional begrenzten Zweig.

1980 endete die mehr als 1.000-jährige Geschichte der Saline, doch die Sole wird in dem 1973 gegründeten Kurzentrum weiterhin genutzt. 1976 entstand am Elbe-Seiten-Kanal ein neuer Hafen samt Industriegebiet.

Die große Bedeutung des „Weißen Goldes" für den Reichtum der Stadt spiegelt sich bis heute durch prächtige Patrizierhäuser aus dieser Zeit in der Innenstadt wider. Die unzähligen Cafés, urigen Kneipen und Restaurants, die alten Häuser im historischen Hafenviertel, die Flaniermeile Schröderstraße ... Lüneburg hat seinen Besuchern viel zu bieten. Wenn an einem warmen Sommertag Pferdekutschen über das Kopfsteinpflaster holpern, Touristen flanieren, Straßenmusiker die Atmosphäre verzaubern, dann versprüht die Stadt fast ein mediterranes Flair. Seit 2006 ist Lüneburg zudem Drehort für die beliebte ARD-Telenovela „Rote Rosen", durch die das Bild der wunderschönen Altstadt täglich in alle Welt getragen wird.

Tour 35   10,7 km

Durch die Untere Seeveniederung

Start/Ziel: Maschen, Bahnhof

Aufstieg: 9 m	*Hartbelag:* 59 %
Abstieg: 9 m	*Wanderwege:* 11 %
Gehzeit: 2,5 – 3 Std.	*Wanderpfade:* 29 %

Charakteristik: Neben dem größten Rangierbahnhof Europas erstreckt sich das Naturschutzgebiet Untere Seeveniederung. Regelmäßige Überflutungen ermöglichten hier seit jeher nur eine extensive Landnutzung, gute Voraussetzungen für eine artenreiche Flora und Fauna. Sie wandern – leider meist auf asphaltierten Wegen – durch das von Deichen und Wiesen geprägte Schutzgebiet. Mit ein bisschen Glück können Sie u. a. einen Weißstorch, Eisvogel oder Wachtelkönig sichten. Am Wendepunkt der Tour laufen Sie kurz direkt entlang der Elbe.

Markierung: keine

Anfahrt: Mit der RB 31 zum Bahnhof Maschen. Dort gibt es auch einen Parkplatz.

Maschen (Seevetal)

�֍ **Rangierbahnhof Maschen.** Der 1977 eröffnete Rangierbahnhof ist der größte Europas und der zweitgrößte weltweit.

✖ **Bunter Bahnhof,** Hörstener Str. Kinder, Jugendliche, Senioren und Behinderte haben in einem Kunstprojekt den Bahnhof mit Bildern zum Thema Reisen gestaltet.

1 **0,0** Am Bahnhofsvorplatz in Maschen gehen Sie an der Straße nach links ∿ scharf rechts in die Straße **Hinter der Bahn** ∿ am kleinen Parkplatz mit Infotafel links in das Naturschutzgebiet ∿ nach 500 m rechts in den kleinen Pfad zu einem Aussichtspunkt auf den **Steller See.**

▲ **NSG Untere Seeveniederung.** In dem 130 ha großen Schutzgebiet ist das wahrscheinlich größte Schachbrettblumenvorkommen Deutschlands zu finden. @ ufn611

✖ **Seevengeti.** Dieser für die Elbmarschlandschaft eigentümliche Naturraum entstand als Nebenprodukt des Mascher Rangierbahnhofes, bei dessen Bau in den 1970er Jahren Tonnen an Sand- und Torfböden sowie viel Gestein hier aufgeschüttet wurden. Aufgrund der Trockenheit und Nährstoffarmut entwickelte sich eine steppenähnliche Landschaft mit Magerrasen,

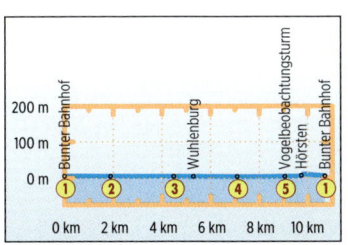

171

Dornengebüschen und Sandflächen.

2 1,9 Vom Aussichtspunkt zurück zum Asphaltweg ∿ nach rechts weiter ∿ nach der Brücke rechts abbiegen ∿ parallel zur **Seeve** durch die Felder.

3 4,5 Am Abzweig gehen Sie geradeaus weiter ∿ die Straße überqueren ∿ am **Schöpfwerk** über die Treppenstufen den Deich überqueren ∿ links parallel zur Elbe weiter ∿ am **Pegelstandsmesser** den Deich erneut überqueren ∿ links in die Straße **Herrendeich**.

Over (Seevetal)

🍦 **Melkhus**, Alter Elbdeich 172a, 📞 0170/3016677 📠

Durch die kleine Siedlung ∿ ab dem Ortsende auf Betonplatten über den Deich.

4 7,1 Die Straße verlässt den Herrendeich, Sie wandern oberhalb der Straße geradeaus auf der Deichkrone weiter ∿ am Ende des Weges auf der Deichkrone links zum Vogelbeobachtungsturm mit Blick auf den **Junkernfeldsee**.

5 9,1 Vom Turm zurück zum Deich und nach links weiter ∿ die Straße führt rechts hinunter zu den Häusern, Sie wandern oben auf der Deichkrone weiter.

Hörsten

An der **Hörstener Straße** links auf den begleitenden Rad- und Fußweg ∿ kurz vor dem Bahnhof Maschen schließt sich der Kreis.

1 10,7 Die Tour endet wieder am Ausgangspunkt am Bahnhof.

Maschen

Tour 36   6 km

Rund um den Wildpark

Start/Ziel: Rosengarten-Ehestorf, Bushaltestelle Wildpark Schwarze Berge

Aufstieg: 97 m   *Hartbelag:* 9 %

Abstieg: 97 m   *Wanderwege:* 64 %

Gehzeit: 1,5 Std.   *Wanderpfade:* 27 %

Charakteristik: Diese Wanderung führt Sie in einer kurzen Runde um den Wildpark herum. Unterwegs können Sie die Ruhe in dem schönen Wald der Schwarzen Berge genießen. Am Rande der Fischbeker Siedlung Waldfrieden lädt der Heidefriedhof, der als einer der schönsten in Hamburgs Süden gilt, zu einem Besuch ein. Sie sollten sich auch Zeit für eine Besichtigung des Wildparks oder des Freilichtmuseums (s. Tour 37) nehmen.

Markierung: Wander-Tour Wildpark und gelbe Richtungspfeile

Anfahrt: Mit der S 3 nach Hamburg-Neuwiedenthal, von Mitte Juli bis Mitte Oktober erschließt ab dort der zweistündlich verkehrende kostenlose Regionalpark-Shuttle an Wochenenden und Feiertagen den Regionalpark Rosengarten (s. S. 12). Ansonsten fahren Sie vom selben S-Bahnhof oder von Hamburg-Harburg Rathaus mit der Buslinie 340 bis zur Hal-

testelle Wildpark Schwarze Berge. Direkt am Eingang des Wildparkes und nördlich der Bushaltestelle gibt es große Parkplätze.

Wildpark Schwarze Berge   s. S. 176

1 0,0 Von der **Bushaltestelle** gehen Sie an der Einfahrt zum Wildpark vorbei ～ den mittleren Weg nehmen (Markierung Wandertour Schwarze Berge) ～ auf dem breiten Forstweg am Wildpark entlang durch den Wald hinab ～ an der T-Kreuzung nach rechts in das **Naturschutzgebiet** hinein und auf dem Hauptweg bleibend weiter bergab.

2 1,6 An der T-Kreuzung am Waldrand wenden Sie sich nach rechts in Richtung Heidefriedhof und folgen dem breiten Forstweg leicht bergab ～ am Rande der Fischbeker **Siedlung Waldfrieden** auf dem Pfad rechts neben der Straße entlang.

Fischbek-Siedlung Waldfrieden

◼ **Waldschänke**, Falkenbergsweg 153, ✆ 040/7015595

✿ **Heidefriedhof**

An der ersten Kreuzung gehen Sie bei der Gaststätte nach rechts ～ am

173

Parkplatz des **Heidefriedhofs** vorbei und geradeaus auf den zweispurigen Waldweg 〰 am Friedhof entlang.

3 2,7 An der Kreuzung am Ende der Weide zweigen Sie der Markierung folgend schräg links ab und wandern auf dem Pfad bergauf 〰 oben den Weg kreuzen und geradeaus weiter wieder bergab 〰 rechts in den querenden Pfad einbiegen 〰 an der folgenden Gabelung halten Sie sich links und folgen dem schönen Pfad leicht bergauf durch den Wald.

4 3,7 Sie kommen zu einem breiten Forstweg, hier nach rechts 〰 nach wenigen Metern zweigen Sie rechts ab auf den Wanderweg in Richtung Wildpark 〰 bleiben Sie auf dem Hauptweg 〰 an der Gabelung mit der Rastbank geradeaus weiter 〰 nach knapp 200 m zweigen Sie rechts ab und wandern auf dem Pfad bergab.

5 4,8 Biegen Sie rechts in den Forstweg ein 〰 nach gut 500 m an der Kreuzung nach rechts in Richtung Wildpark 〰 an der T-Kreuzung bei den Häusern wenden Sie sich nach rechts 〰 links in die Straße einbiegen 〰 geradeaus auf die Vorfahrtsstraße.

1 6,0 An der Bushaltestelle endet die kurze Rundtour.

Wildpark Schwarze Berge

Tour 37

17,9 km

Durch die Schwarzen Berge

Start/Ziel: Rosengarten-Ehestorf, Bushaltestelle Wildpark Schwarze Berge

Aufstieg: 298 m   *Hartbelag:* 8 %

Abstieg: 298 m   *Wanderwege:* 64 %

Gehzeit: 4,5 - 5 Std.   *Wanderpfade:* 28 %

Alte Wegweisung

Charakteristik: Ausgehend vom Wildpark durchstreifen Sie bei dieser Rundtour die schönen Wälder der Schwarzen Berge. Obwohl der höchste Punkt dieser Wanderung eine Höhe von nur 150 Metern erreicht, gibt es aufgrund des ständigen Auf-und-Ab-Gehens deutlich mehr Höhenmeter zu bewältigen. Abwechslungsreiche Wege und reizvolle Pfade führen Sie an alten Grenzsteinen und sagenhaften Findlingen vorbei. Am Rande des Kiekebergs können Sie sich in der schön gelegenen Gaststätte stärken und das sehenswerte Freilichtmuseum besuchen.

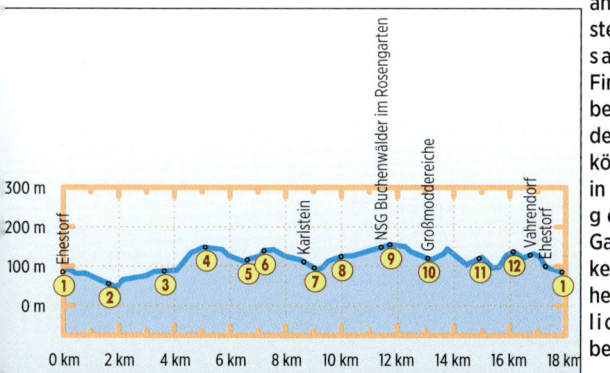

175

In den Schwarzen Bergen

Markierung: gelbe Richtungspfeile und namentliche Wegweisung

Anfahrt: Mit der S 3 nach Hamburg-Neuwiedenthal, von Mitte Juli bis Mitte Oktober erschließt ab dort der zweistündlich verkehrende kostenlose Regionalpark-Shuttle an Wochenenden und Feiertagen den Regionalpark Rosengarten (s. S. 12). Ansonsten fahren Sie vom selben S-Bahnhof oder von Hamburg-Harburg Rathaus mit der Buslinie 340 bis zur Haltestelle Wildpark Schwarze Berge. Direkt am Eingang des Wildparkes und nördlich der Bushaltestelle gibt es große Parkplätze.

Wildpark Schwarze Berge

✳ **Wildtierpark Schwarze Berge**, Am Wildpark 1, ☎ 040/81977470 ♿ Die weitläufige Wald-und Parklandschaft bietet u. a. Hirschen, Wisenten, Bären, Wölfen und Greif-vögeln ein Zuhause. Zudem bietet der Park Flugshows und weitere Attraktionen an. @ yvj768

1 0,0 Von der **Bushaltestelle** gehen Sie an der Einfahrt zum Wildpark vorbei ∿ den mittleren Weg nehmen (Markierung Wandertour Schwarze Berge) ∿ auf dem breiten Forstweg am Wildpark entlang durch den Wald hinab ∿ an der T-Kreuzung rechts in das **Naturschutzgebiet** hinein und auf dem Hauptweg bleibend weiter bergab.

2 1,6 An der T-Kreuzung am Waldrand wenden Sie sich nach links in Richtung Karlstein ∿ auf dem Hauptweg bleiben und sämtliche Abzweige ignorieren ∿ an der Gabelung am **Moisburger Stein** und der Rastbank nach links.

✳ **Moisburger Stein**. Der unscheinbare Stein markiert seit 1750 die Grenze zwischen Moisburg und Harburg.

An der nächsten Gabelung halten Sie sich rechts.

3 3,6 Nach etwa 1,3 km kommen Sie bei einer Rastbank zur nächsten Gabelung, hier erneut rechts halten und für die nächsten 1,5 km dem Forstweg bergauf folgen.

4 5,1 An der großen Wegkreuzung folgen Sie der Rundtour Schwarze Berge nach rechts in Richtung Karlstein.

VARIANTE Wollen Sie die Rundtour um 8 km abkürzen, zweigen Sie hier links ab. Nach etwa 350 m treffen Sie wieder auf die Hauptroute.

An der darauf folgenden Gabelung halten Sie sich links und bleiben am oberen Weg ∿ Sie kommen zu einer

größeren Kreuzung, hier erst den scharf links abzweigenden Weg ignorieren, dann an der Gabelung bei der Rastbank links halten ∿ der breite Weg führt bergab.

5 6,6 Nach dem absteigenden Rechtsbogen folgen Sie den gelben Richtungspfeilen nach links auf den Waldpfad und wandern geradewegs bergauf ∿ an der T-Kreuzung mit dem Forstweg rechts.

VARIANTE Falls Sie die letzte Schleife dieser Rundtour nicht mehr wandern wollen, zweigen Sie an dieser Kreuzung links ab.

6 7,2 Nach wenigen Metern zweigen Sie links ab auf den zweispurigen Waldweg ∿ an der bald folgenden Wegkreuzung rechts, nun folgen Sie bis zum Wegpunkt 8 dem Heidschnuckenweg ∿ der Weg schlängelt sich in Kurven hinab und entwickelt sich zunehmend zu einem Pfad ∿ zum Karlstein nochmals kurz hinauf.

✳ **Karlstein.** Laut einer Sage soll kein Geringerer als Karl der Große eine Rast bei diesem Stein unternommen haben. Er wollte unter Androhung der Todesstrafe nicht geweckt werden. Als sich das Heer der aufständischen Sachsen näherte, warfen seine Männer einen Hund auf ihn, um ihn wach zu kriegen. Daraufhin sei der Kaiser wütend aufgesprungen und habe gerufen: „So wie ich diesen Stein schlage, so werden wir auch die Sachsen schlagen!" Mit seinem Schwert soll er die tiefen Spalten in den Findling geschlagen haben. Laut Geologen stammt der Stein vom Ende der letzten Kaltzeit vor 10.000 Jahren.

Der Karlstein

An der Gabelung gleich nach dem Stein geradeaus weiter Richtung Moisburger Stein, hier treffen Sie auf den Europäischen Fernwanderweg E 1.

7 9,0 Sie kreuzen den Forstweg und wandern auf dem wurzeligen Pfad geradeaus weiter, links geht es zum Parkplatz an der Kreisstraße ～ im leichten Auf und Ab führt der schöne Weg durch dichten Wald ～ nochmals einen Forstweg kreuzen.

8 10,0 Am breiten Forstweg der Wandermarkierung nach rechts folgen.

6 10,8 Sie kommen zu der bereits bekannten Kreuzung, hier endet die Schleife zum Karlstein, Sie wandern geradeaus weiter ～ vorbei am Abzweig vom Hinweg und geradeaus weiter in Richtung Großmoddern Eiche ～ an der nächsten Kreuzung geradeaus ～ nach 100 m an der Kreuzung geradeaus auf den Betonplattenweg.

9 11,7 An der Kreuzung mit dem Markierungsstein in der Mitte biegen Sie links ab ～ am Ende der Betonplatten halten Sie sich rechts ～ an dem scharf rechts abzweigenden Forstweg vorbei ～ Sie kommen an einen Platz mit Sitzgelegenheiten am Ende eines Asphaltsträßchens.

✳ **Findlingsgarten an der Großmoddereiche.** Die hier aufgestellten Findlinge sind Zeugen einer weit zurückliegenden erdgeschichtlichen Entwicklung: Während der letzten Eiszeit brachten skandinavische Gletscher Sand, Kies und Gesteine bis nach Norddeutschland. Aus diesen Moränenablagerungen sind u. a. die Harburger Berge entstanden. Dank der Bekanntheit der Steine lässt sich deren Herkunft und somit auch eine ungefähre Fließrichtung der Gletscher feststellen. Die beeindruckende **Großmoddereiche** steht rechts neben dem Sträßchen.

10 13,1 Sie zweigen am Findlingsgarten links ab auf den Forstweg und wandern in den Wald hinein ～ an der gleich darauf folgenden Gabelung halten Sie sich rechts, links zweigt der Reitweg ab ～ der Weg entwickelt

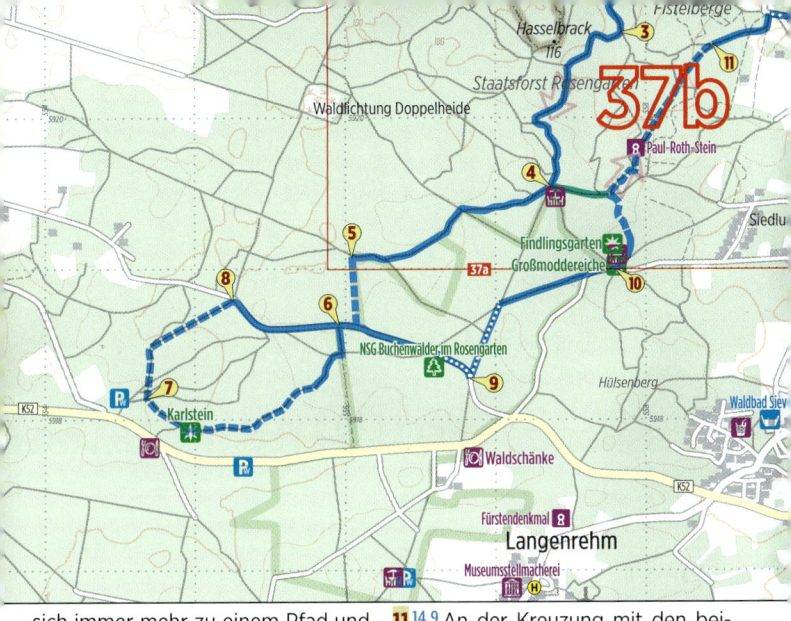

sich immer mehr zu einem Pfad und führt in einem Rechtsbogen bergauf 〜 an der Kreuzung schräg rechts auf den Pfad in Richtung Museum Kiekeberg 〜 oben am Bergrücken entlang 〜 über die Treppe hinab, den Forstweg kreuzen und wieder über Stufen hinauf 〜 am Ende der Treppe dem Weg nach links folgen 〜 vorbei am Paul-Roth-Stein.

✺ **Paul-Roth-Stein**. Der Stein ist dem „Freund der Heide und des Waldes" Paul Roth gewidmet. Der leidenschaftliche Wanderer war 35 Jahre lang Vorturner der Hamburger Turnerschaft von 1816.

Auf dem wurzeligen Pfad wandern Sie weiter im Auf und Ab 〜 an der Kreuzung geradeaus auf den markierten Pfad und steil bergauf.

11 14,9 An der Kreuzung mit den beiden Forstwegen nehmen Sie den ersten Weg rechts 〜 Sie verlassen den Wald 〜 geradeaus auf den breiten Schotterweg und am Waldrand entlang 〜 rechts in die Straße einbiegen 〜 nach wenigen Metern gehen Sie im Rechtsbogen der Straße geradeaus auf den zweispurigen Feldweg 〜 an der nächsten Kreuzung halblinks auf den Pfad und in den Wald hinein 〜 kurz vor dem Rastplatz dem Weg nach links folgen 〜 an der Gabelung halten Sie sich rechts und laufen über den Hügel hinüber 〜 an der T-Kreuzung nach rechts und in einer Linkskehre zur Straße hinab 〜 links in die Straße einbiegen, gleich darauf noch vor dem ersten Haus an der Rastbank nach

Freilichtmuseum am Kiekeberg

rechts 〰 an der Gabelung folgen Sie dem Hauptweg nach links 〰 aus dem Wald hinaus und am Hof entlang.

12 ¹⁶,¹ An der T-Kreuzung am Ende der Asphaltstraße links in den Wald hinein 〰 am Eingang vom Hochseilgarten links abzweigen.

❄ **Hochseilgarten**, Am Kiekeberg 5, ✆ 040/74325589, ✆ 0172/1691961 ⓝ, @ mfg216

An der Gaststätte vorbei und auf Asphalt hinab.

🍴 **Gasthaus zum Kiekeberg**, Am Kiekeberg 5, ✆ 040/7905021, @ wdv141

Unten an der T-Kreuzung wenden Sie sich nach links.

> **TIPP** Rechts befindet sich das liebevoll gestaltete Freilichtmuseum, den Eingang erreichen Sie nach 400 m beim großen Parkplatz.

Museumsdorf

🏛 **Freilichtmuseum**, Am Kiekeberg 1, ✆ 040/7901760, ⊙ Di-So mind. 10-16 Uhr. Historische Gebäude und ihre Ausstattung erzählen von der ländlichen Geschichte der Region. Mit Museumsgasthof und Aussichtsturm. @ law334

🍴 **Stoof Mudders Kroog**, Am Kiekeberg 1a, im Museumsgelände, ✆ 040/79144498, ⊙ Di-So 12-20 Uhr, @ bcj685

Auf dem 12 Hektar großen Freigelände befinden sich über 40 Bauernhäuser und Scheunen aus der Zeit von 1600 bis 1950 mit traditionellen Inneneinrichtungen, sie alle können betreten und besichtigt werden. Das Museum ist besonders familienfreundlich, Kinder bis 18 Jahre haben freien Eintritt. Im Außenbereich ermöglichen der Erlebnispfad, der Wasserspielplatz, die verschiedenen Nutz- und Ziergärten sowie einige alte Nutztier-Rassen ein kindgerechtes „Begreifen" und Lernen. Am Ende der Straße geradeaus auf den Schotterweg und quer durch die Felder zum Wildpark.

1 ¹⁷,⁹ An der Bushaltestelle beim Wildpark ist das Ende der Rundtour erreicht.

Wildpark Schwarze Berge

Tour 38 12,2 km

Auf dem Estedeich durchs Alte Land

Start: Cranz, Fähranleger
Ziel: Buxtehude, Bahnhof
Aufstieg: 8 m
Abstieg: 4 m
Gehzeit: 3 - 3,5 Std.

Hartbelag: 58 %
Wanderwege: 0 %
Wanderpfade: 42 %

Charakteristik: Südlich der Elbe erwartet Sie einen Steinwurf von Hamburg entfernt eine sehr ländliche Gegend – auf Hamburger Stadtgebiet. Von Blankenese fahren Sie erst einmal mit der Fähre über die Elbe nach Cranz. Dort beginnt dann die Wanderung über den Estedeich nach Buxtehude. Unterwegs gibt es mehrere Einkehrmöglichkeiten, viele alte Reetdächer und immer wieder Blicke auf die weiten Obstbaumplantagen im Alten Land. Der unkomplizierte und aussichtsreiche Wegverlauf sowie die Boote auf der Este entschädigen dafür, dass die entspannende Tour ohne größere Höhepunkte auskommt.

Markierung: keine

Anfahrt: Vom S-Bahnhof Blankenese mit dem Bus 448 zur Haltestelle Blankenese Fähre. Mit der Fähre Blankenese – Cranz über die 2,5 Kilometer breite Elbe. Alternativ können Sie auch vom S-Bahnhof Hamburg-Altona mit dem Bus 150 direkt nach Cranz (Fähre) fahren, wo die Tour beginnt. Einen Parkplatz gibt es in Cranz am Beginn der Straße Estedeich in der Nähe des Cranzer Hauptdeiches.

Mit der S 3 zum Bahnhof Hamburg-Altona, von dort mit dem Bus 150 weiter.

Abfahrt: Vom Ende der Tour in Buxtehude mit der S 3

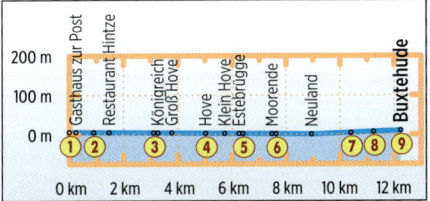

Buxtehude, Heimatmuseum

oder dem **RE 5** zurück nach Hamburg.

Cranz (Hamburg)

Vorwahl: 040

- **Fähre Cranz-Blankenese**, ☏ 3117070. Fährzeiten: April-Anf. Okt., tideabhängig tägl. 7-20 Uhr, Anf. Okt.-März, Mo-Fr 7-8 Uhr und 13-17 Uhr, Sa 9-16 Uhr, @ ltr728

- **Zur Post**, Estedeich 88, ☏ 7459409, ◷ Mi-So 11-14.30 Uhr und 17-20.30 Uhr, @ gpp824

1 0,0 Vom **Fähranleger Cranz/Altes Fährhaus** gehen Sie vor zur Straße ～ noch vor der Straße links auf den **Hochwasserschutzdamm** ～ rechts hinter den Häusern erkennen Sie bereits die ersten Obstbaumplantagen des Alten Landes ～ am **Alten Estesperrwerk** geradeaus weiter.

2 0,9 An der **Bushaltestelle Estebogen** geradeaus über die Straße ～ auf dem Damm weiterhin zwischen der kurvigen **Este** und der ruhigen Straße entlang.

Königreich (Jork)

Vorwahl: 04162

- **Harmshof**, Königreicher Str. 88, ☏ 435, ◷ Hofcafé: Mitte April-Mitte Okt. mind. 14-17.30 Uhr. Original erhaltene Hofanlage mit herrlichen Obstbäumen. @ mpg458

- **Restaurant Hintze**, Leeswig 106, ☏ 040/7459386, ◷ in der Saison Fr-Mi 10-18 Uhr, @ ihf611

3 3,1 Der Damm wird zur **Königreicher Straße** ～ nach dem letzten Haus auf der linken Seite folgen Sie dem schönen Pfad auf der Dammkrone ～ immer geradeaus auf dem Deich bleiben.

4 5,0 Geradeaus über die Straße in den **Brauerstegel** ～ geradeaus auf den kleinen Pflasterweg, weiterhin auf dem Deich entlang ～ in Estebrügge direkt an den Hauseingängen entlang ～ in der Ortsmitte kurz auf den Bürgersteig der Hauptstraße ausweichen.

Estebrügge (Jork)

Vorwahl: 04162

- **Museum Estebrügge**, Steinweg 7, ☏ 914755, ◷ April-Okt., So 14-17 Uhr. Sammlung zur Kulturgeschichte des Alten Landes. @ wla128

- **St. Martini**, Steinweg 11, ☏ 911441. Die 1700-1702 erbaute Kirche besitzt einen hölzernen Turm. @ grg468

- **Esteburg – Obstbauzentrum Jork**, Moorende 53, ☏ 60160. Das Obstbauzentrum versammelt Kompetenzen zum norddeutschen Obstbau. @ sfj862

Im Ort zeugen die schönen Fachwerkhäuser vom einstigen Wohlstand der Fischer und Handwerker. Es gab hier früher eine der wenigen Brücken, um die Este queren zu können, was den Ortsnamen begründete.

5 6,4 Ab dem Ortsende wieder auf einem deutlich erhöhten Deich mit

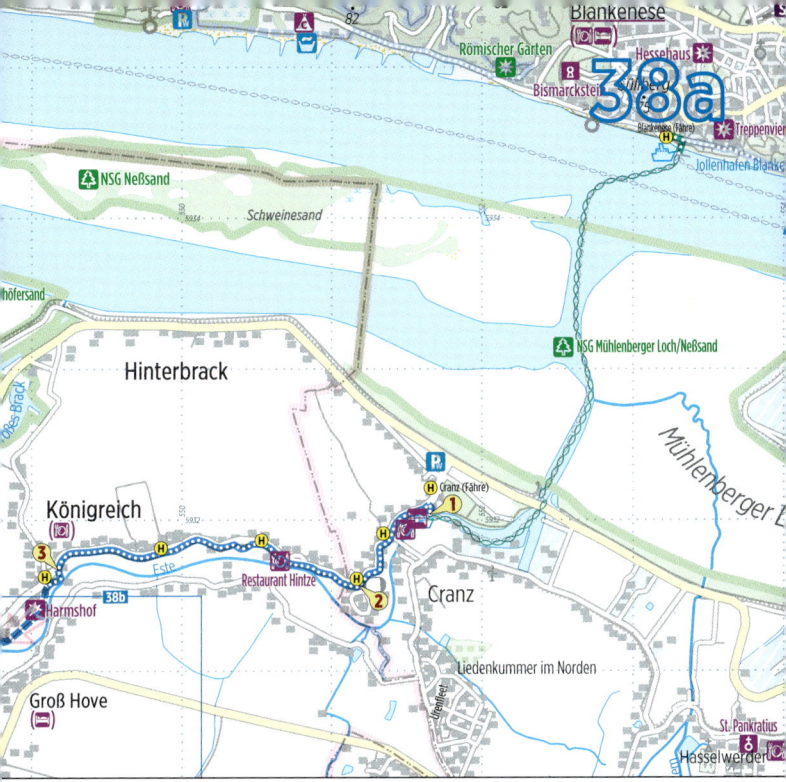

Blick auf die Este ∿ geradeaus auf der Dammkrone bleiben, der Weg ist nun nicht mehr deutlich ausgeprägt.
6 7,6 An der Rastbank vor der Straßenverzweigung knickt der Deich nach links ∿ auf den nächsten 2,7 km immer dem grasbedeckten Damm folgen.

Buxtehude-Neuland
7 10,4 Am Beginn des Neubaugebietes auf den Gehsteig entlang der **Pamirstraße** wechseln ∿ am Abzweig rechts hinunter zur Hauptstraße und auf dem Gehsteig nach links weiter ∿ an der Ampelkreuzung geradeaus ∿ am Fleth entlang durch die Altstadt von Buxtehude.
8 11,2 Nach dem **Hotel zur Mühle** gehen Sie links in die Fußgängerzone ∿ am nächsten Abzweig rechts und immer geradeaus ∿ vor den Bahngleisen rechts.
9 12,2 Sie erreichen den Bahnhof Buxtehude.

Buxtehude

Buxtehude

Vorwahl: 04161

- 🛈 **Servicecenter Kultur & Tourismus**, Breite Str. 2, Rathaus, ✆ 5012345, @ raw261
- 🏛 **Buxtehude-Museum**, Stavenort 2, ✆ 04163/5012333, 🕐 wegen Sanierungsarbeiten bis 2021 geschlossen. Regionalgeschichte und Kunst rund um Buxtehude. @ owd175
- ♁ **St. Petri**, St.-Petri-Pl., ✆ 04163/559370. Die gotische Gewölbebasilika aus dem 13. Jh. hat einen 75 m hohen Spitzturm.
- ✺ **Flethanlage**, Ostfleth/Westfleth. Der im 13. Jh. als innerstädtischer, grachtartig angelegter Hafen nach niederländischem Vorbild wurde bis 1962 genutzt.
- ✺ **Abthaus**, Abtstr. 6, ✆ 554077. Seit dem 15. Jh. Stadthaus der Erzäbte von Harsefeld, heute ein Restaurant mit historischem Ambiente. @ ucv542
- ✺ **Hafen**, Hafenbrücke 1, ✆ 502556. Überreste des mittelalterlichen, vor der Stadt gelegenen Hafenbeckens, wo die Schiffe vor dem Be- oder Entladen ankern konnten. Im Kulturforum am Hafen gibt es das ganze Jahr über vielfältige Veranstaltungen. @ swk841
- ✺ **Stadtmauer**. Vereinzelte Reste aus dem 18. Jh.
- ✺ **Waldfriedhof**, Heitmanns Weg 18. Der 1957 eröffnete Friedhof am Rand der Stadt wurde 2014 von einer Fachjury unter die 10 schönsten Friedhöfe Deutschlands gewählt. Auf dem Gelände, das als Naturparadies für Tiere und seltene Pflanzen gilt, wird gezielt die Artenvielfalt unterstützt.
- 🌊 **Aquarella**, Konopkastr. 4, ✆ 727162. Hallenbad und Sauna. @ hmh773

Spätestens mit der „Tante Trude aus Buxtehude" wurde die Stadt an der Este in den 1970er Jahren weit über die Grenzen Deutschlands hinaus bekannt. Rudi Carrell, Ilja Richter und Chris Roberts sorgten in der Verwechslungs- und Liebeskomödie rund um einen Koffer voller Kleider, in denen der Schlüssel für ein Schließfach mit einer Million Mark versteckt war, für Gags am laufenden Bande. Ursprünglich entwickelte sich Buxtehude vor rund 1.000 Jahren aus einem bedeutenden Frauenkloster zu einer zentralen Hafen- und Handelsstadt. Vor allem die umfangreichen Ochsentransporte von Jütland in die Niederlande brachten der Stadt lange Zeit einen beachtlichen Wohlstand. Mit der Verlagerung des Elbüberganges von Buxtehude nach Harburg im 18. Jahrhundert verlor die Stadt an Bedeutung und auch an Einwohnern. Rund 50 Jahre später schaffte Buxtehude jedoch wieder einen wirtschaftlichen Aufschwung durch die beginnende Industrialisierung. Die schiffbare Este sorgte für die Ansiedlung von zahlreichen Mühlen, Seifensiedereien, Gerbereien, Lederfabriken und Brauereien. Weitere Betriebe kamen durch den Eisenbahnanschluss 1881 dazu.

Heute präsentiert sich die Stadt als „Märchenstadt" und ist Mitglied der Deutschen Märchenstraße. Bestimmt kennen Sie den Wettlauf von Hase und Igel, die hier in Buxtehude von Wilhelm Schröder veröffentlicht wurde: Der hochmütige Hase fordert den sichtlich langsameren Igel zu einem Wettlauf, woraufhin der Igel – gemeinsam mit seiner Frau – mit List und Tücke den Hasen besiegt.

Jork

Herzäpfelhof

Obsthof Lefers

adekop

Königreich Wiem Moorende Wetten

Harmshof

Königreicher Str.

38b

Groß Hove

Hove

38a

Klein Hove

Estebrügger Str.

St. Martini

Museum Esterbrügge

Obstbauzentrum

Estebrügge

Moorende

Buxtehuder Str.

Neuland

Vogelsang

Landwettern

Landwettern

Finkenr

Weide

Hohentannen

Neuland K30

Neulander Wettern

Vogelsanger Wettern

Weidbek

Weidbek

NSG Moore bei Buxtehude

Randkanal Buxtehu

Harmswörkanal

Alter Hafen

St. Petri

Ewer Margareta

Harburger Str.

Buxtehude

Buxtehude

Hohes oder Har

Tour 39

Tour 39   **6,7 km**

Im Neukloster Forst

Start: Buxtehude, Bahnhof
Ziel: Neukloster, Bahnhof

Aufstieg: 72 m	*Hartbelag:* 41 %
Abstieg: 76 m	*Wanderwege:* 55 %
Gehzeit: 1,5 Std.	*Wanderpfade:* 4 %

**Charakteristik: Wenn Sie das Stadt-
gebiet von Buxtehude hinter sich
gelassen haben, erwartet Sie eine
sehr schöne Wanderung durch den
Neukloster Forst, einen der größten
und schönsten Buchenwälder Norddeutschlands. Im Wald sind mehrere
kleine Seen versteckt, die zu einer
Rast am Ufer einladen. Im Zielort
Neukloster gibt es direkt am Seeufer
eine Einkehrmöglichkeit.**

Markierung: keine

**Anfahrt: Mit der S 3 oder dem RE 5
zum Bahnhof in Buxtehude. Dort
gibt es auch einen Parkplatz.**

**Abfahrt: Vom Ende der Tour in
Neukloster mit der S 3 zurück nach
Hamburg.**

Buxtehude   s. S. 184

1 0,0 Am Bahnhof gehen
Sie in der Unterführung
rechts Richtung Stader
Straße und Hauptstraße
~ auf dem Fußweg ent-
lang der **Stader Straße**
leicht bergauf ~ an der
Straßengabelung vor
dem **Denkmal** die St-

ader Straße queren und rechts auf
den begleitenden Rad- und Fußweg
~ kurz vor der **Bushaltestelle** nach
links versetzt in den Fußweg.

2 1,1 Nach 300 m links in den **Langen-
beckweg** ~ rechts in den **Eichenweg**
~ links in den **Schlangenweg** ~ nach
der Unterführung kurz links halten
und gleich rechts abbiegen ~ über
mehrere Treppenstufen bergauf ~
über die Querstraße und geradeaus
durch das Gelände des **Waldfried-
hofs**, der 2014 unter die zehn schönsten Friedhöfe in Deutschland gewählt
wurde ✈ ~ am Ende des Friedhofs
geradeaus in den Waldweg ~ kurz
steil bergab und geradeaus über den
Bachlauf, links sehen Sie einen schönen kleinen See.

3 2,6 Nach dem Links-
knick des Weges rechts
das Bahngleis überque-
ren ~ links am Waldrand
entlang ~ am Fahrrad-
wegweiser rechts in
den Wald ~ auf dem
Wilhelm-Cohrs-Weg
1,3 km lang immer ge-

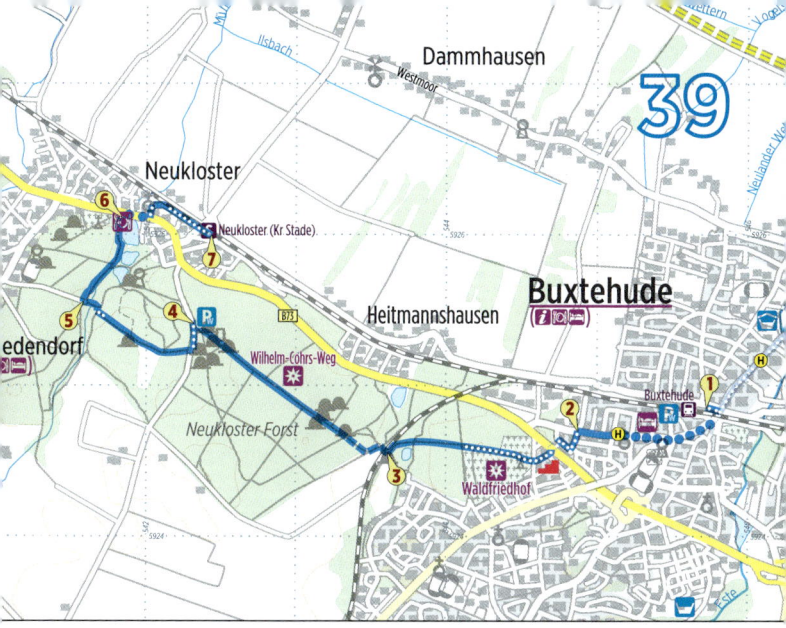

radeaus durch den Neukloster Forst, u. a. vorbei an einem **Waldkindergarten**.

✳ **Wilhelm-Cohrs-Weg**. Wilhelm Cors (1909-1991) war bis 1973 „Haumeister" der Revierförsterei Neukloster und galt als besonders guter Kenner dieses Waldes.

4 4,2 Am Wanderparkplatz links auf die Asphaltstraße ～ nach 150 m rechts in den breiten Forstweg ～ vorerst immer geradeaus ～ nach dem kurzen asphaltierten Abstieg an der Gabelung links.

5 5,3 Über den kleinen Bach, dann an der folgenden Kreuzung rechts ～ Sie wandern oberhalb des Baches, rechts durch die Bäume erkennen Sie später den ersten der drei **Mühlenteiche** ～ an den Abzweigungen immer ge-

radeaus ～ am Waldrand geradeaus über den Parkplatz 🚻.

6 6,0 An der Bundesstraße rechts auf den Fußweg ～ nach der Brücke die stark befahrene Straße überqueren und auf die Kirche zu ～ vor der **Kirche** rechts und gleich wieder links ～ dem Rechtsbogen folgen ～ der Weg führt direkt zum Bahnhof Neukloster.

7 6,7 Die Wanderung endet am Bahnhof.

Neukloster (Buxtehude)
Vorwahl: 04161

🏨 **Robbys House**, Cuxhavener Str. 147, ☎ 702800, 🕐 tägl. 11-23 Uhr, @ wai387

Tour 40   11,5 km

Von Harsefeld nach Horneburg

Start: Harsefeld, Bahnhof
Ziel: Horneburg, Bahnhof

Aufstieg: 53 m   *Hartbelag:* 58 %
Abstieg: 75 m   *Wanderwege:* 32 %
Gehzeit: 2,5 - 3 Std.   *Wanderpfade:* 11 %

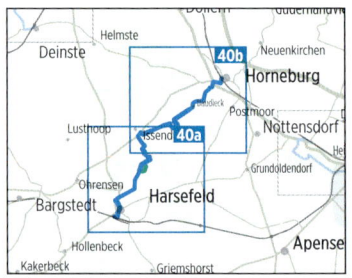

Charakteristik: Auf der Wanderung von Harsefeld nach Horneburg erwartet Sie Natur pur. Sie wandern mitten durch das Naturschutzgebiet Aueniederung und Nebentäler. In der Nekropole Daudieck gibt es alte Hügelgräber zu bestaunen, in Daudieck selbst einen malerischen Gutshof mit Mühlenteich. In Harsefeld können Sie den Klosterpark besuchen, im Garten der Steine eiszeitliche Findlinge bestaunen. Wälder und Felder wechseln sich immer wieder ab, sodass die Tour sehr abwechslungsreich ist.

Markierung: Vereinzelt gibt es Jakobsweg-Markierungen (Aufkleber mit der Jakobsmuschel).

Anfahrt: Mit der S 3 oder dem RE 5 nach Buxtehude. Von dort mit der RB 33 (EVB) zum Bahnhof in Harsefeld. Dort gibt es auch einen Parkplatz.

Abfahrt: Von Horneburg kommen Sie mit dem RE 5 oder der S 3 zurück nach Hamburg.

Harsefeld
Vorwahl: 04164
🛈 **Tourist-Information**, Herrenstr. 25, im Rathaus, 📞 887135, 📞 887132, @ muf126
🏛 **Museum Harsefeld**, Am Amtshof 3, 📞 6910, 🕒 Di-So 15-18 Uhr, So/

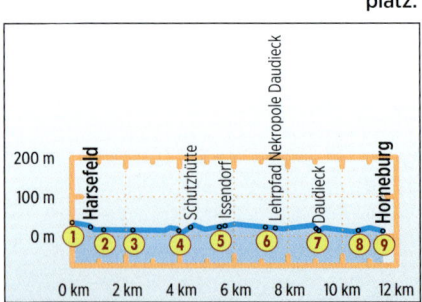

Harsefeld, Bodendenkmal Kloster Harsefeld

Fei 10-12 Uhr. Das Museum befindet sich in der ehemaligen Gerichtsstube des Amtes Harsefeld. Neben der Dauerausstellung zur Geschichte Harsefelds und dem Modell des ehemaligen Klosters sind wechselnde Ausstellungen zu sehen. @ nxa156

🔵 **St.-Marien-und-Bartholomäi-Kirche**, Denkmalsweg 1, ☎ 811361. Die ehemalige Klosterkirche aus dem 14. Jh. wurde im 19. Jh. im Stil der Neugotik umgebaut. Besonders sehenswert ist das Taufbecken von 1454.

✳ **Amtshof**, Am Amtshof 2. Im Amtshof, dessen Bausubstanz teilweise noch aus der Klosterzeit stammt, befindet sich die Friedrich-Huth-Bücherei und im Kellergewölbe ein gastronomischer Betrieb.

✳ **Kino-Hotel-Meyer**, Marktstr. 17-19, ☎ 81460. Das preisgekrönte, etwa 100-jährige Nostalgiekino ist dem Hotel Meyer angegliedert. @ uxh811

✳ **Museumszug WUMAG**. Die historische Eisenbahn fuhr zwischen Harsefeld und Buxtehude. Das aus dem Jahr 1926 stammende Fahrzeug befindet sich gegenwärtig auf unbestimmte Zeit in der Werkstatt. @ uly564

✳ **Eissporthalle**, Eishallenweg, ☎ 887180, ☉ Mitte Okt.-Mitte März, @ xuo877

🟢 **Klosterpark**. Im 5 ha großen Klosterpark mit seinen alten Mauern, den Wiesen und dem Teich finden regelmäßig Konzerte und Führungen statt.

🔷 **Freibad**, Quellenweg 1, ☎ 887182, @ sij244

Die 969 gebaute Burg Harsefeld wurde später in ein Stift umgewandelt. Von 1101 bis 1647 bestand an derselben Stelle ein bedeutendes Benediktiner-Kloster, es zählte zu den wichtigsten geistigen Machtzentren im Elbe-Weser-Dreieck. Neben den freigelegten Grundmauern des Klosters erinnert heute der Rosenbornteich, der um 1400 von den Mönchen angelegt wurde, an diese Zeit. Auf den Fundamenten der Abtei wurde 1742 der heute noch erhaltene Amtshof als Verwaltungssitz des Flecken Harsefeld erbaut. Der Amtshof ist umgeben vom schönen Klosterpark.

1 0,0 Am Bahnhofsgebäude gehen Sie rechts, vorbei an den Fahrradboxen ⌁ vor der Fußgänger- und Radfahrerbrücke links auf die Rampe ⌁ dann links und entlang der **Böberstroot** bergab ins Ortszentrum ⌁ an der Vorfahrtsstraße links ⌁ am Kreisverkehr rechts ⌁ links in den **Denkmalsweg** ⌁ unmittelbar vor der Kirche gehen Sie rechts ⌁ links in den Weg **Am Amtshof** ⌁ an der Radwegbeschilderung links und durch den schönen **Klosterpark** ⌁ rechts über die Brücke, auf der anderen Seite links auf den Holzbohlenweg ⌁ nach dem Holzbohlenweg links über die Brücke.

2 [1,2] Am Spielplatz rechts und an der Straße entlang ⌁ rechts in die **Teichstraße** und gleich wieder links in die Straße mit Fahrverbotsschild ⌁ an der Ampelkreuzug über die Querstraße ⌁ auf dem Rad- und Fußweg an der Straße **Im Sande** entlang ⌁ auf die linke Straßenseite wechseln.

3 [2,3] Links in die Straße **Im Butendiek** ⌁ 🚏 Sie verlassen das Stadtgebiet und tauchen in das **Naturschutzgebiet Aueniederung und Nebentäler** ein ⌁ durch die kleine Siedlung.

> **AUSFLUG** Am Wanderparkplatz können Sie nach rechts einen Abstecher zum Garten der Steine machen und weiter nördlich wieder auf die Hauptroute treffen.

❇ **Garten der Steine**. Eine beeindruckende Sammlung von mehr als 170 eiszeitlichen Findlingen, mit Erläuterungen. @ tdy466

Auf der Hauptroute wandern Sie einfach geradeaus auf dem breiten Weg weiter ⌁ am Abzweig des Naturlehrpfades geradeaus weiter ⌁ am Waldrand entlang, nach links bieten sich

schöne Blicke in die Aueniederung.

4 [4,0] An der Infotafel Nr. 10 biegen Sie links ab Richtung Horneburg ⌁ über die Brücke und weiter dem Holzbohlenweg folgen.

🅐 **Naturschutzgebiet Aueniederung und Nebentäler**. Das vermoorte Gebiet der Aueniederung wird regelmäßig überschwemmt. Der Höhenunterschied zwischen der Talsohle der Aue und den seitlichen Flanken beträgt heute etwa 40 m. Ein Naturlehrpfad erklärt die Besonderheiten der Flora und Fauna. @ mbc157

Am breiten Querweg nach rechts und danach der Linkskurve folgen ⌁ ⚠ sofort nach Verlassen des Waldes rechts in den bergab führenden Weg mit der breiten Grasmittelnarbe ⌁ auf dem Pfad direkt am Ufer des Teichs entlang ⌁ über den schmalen Holzsteg ⌁ oben am Querweg links ⌁ geradeaus auf der Straße durch das Wohngebiet.

Issendorf (Harsefeld)

5 [5,5] An der **Horneburger Straße** rechts ⌁ rechts in den **Daudiecker Weg** ⌁ am Querweg links ⌁ am Wendeplatz geradeaus auf den gepflasterten Weg an der Baumreihe entlang ⌁ am Abzweig geradeaus weiter ⌁ am kleinen Parkplatz beginnt der archäologische Lehrpfad Nekropole Daudieck.

❇ **Nekropole Daudieck**. Nekropole bezeichnet eine „Stadt der Verstorbenen". Ein ca. 2,5 km langer archäologischer Lehrpfad führt an Grabanlagen aus 3 Jahrtausenden vorbei, u. a. Großsteingräber und bronzezeitliche Hügelgräber. @ ele436

6 [7,2] Am nächsten Abzweig biegen Sie scharf rechts ab ⌁ nach dem

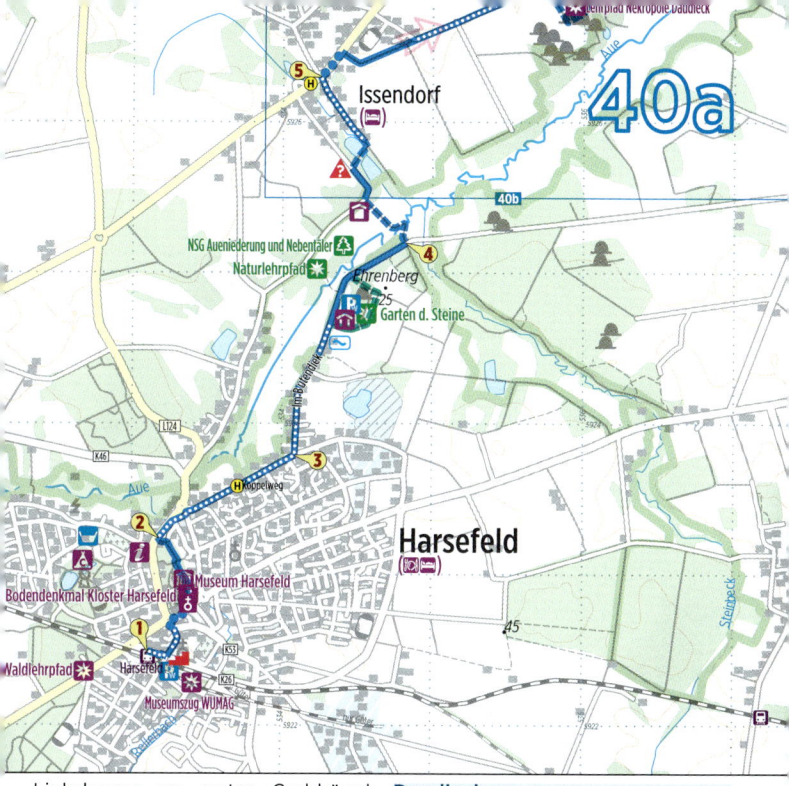

Linksbogen am ersten Grabhügel vorbei 〰 am Abzweig geradeaus 〰 an der T-Kreuzung links 〰 vorbei an einem weiteren Grabhügel 〰 Sie verlassen den Lehrpfad, indem Sie der Rechtskurve des Weges folgen 〰 rechts auf den Querweg 〰 auf dem anfangs sandigen Weg 1 km immer geradeaus.

7 ⁹'¹ An der Scheune dem Linksbogen folgen 〰 an einem Teich entlang 〰 durch das schöne Gut Daudieck.

Daudieck

Sie gehen geradeaus in den **Stucks Weg** 〰 auf Asphalt durch die Felder 〰 der Linkskurve folgen 〰 bei den ersten Häusern von Horneburg rechts auf die Querstraße.

8 ¹⁰'⁶ Links in die kleine Straße **Haselhain** 〰 an der Ampelkreuzung geradeaus nach Horneburg hinein 〰 links in den **Leineweberstieg** 〰 nach dem Kindergarten rechts auf die Brücke 〰 über die Treppenstufen kommen Sie direkt auf den Bahnsteig.

9 **11,5** Die Tour endet am Bahnhof Horneburg.

Horneburg
Vorwahl: 04163

🛈 **Tourist-Information**, Im Großen Sande 2, im Café Gretchens, ☎ 8267074

🏛 **Handwerksmuseum**, Marschdamm 2c, ☎ 6320 ✉ Das Museum befindet sich in dem ehemaligen von Düring'schen Pferdestall, einem Backsteinbau aus dem 19. Jh. @ vvo817

🛡 **Liebfrauenkirche**, Bleiche 1, ☎ 2340. Im Jahre 1729 wurde die Kirche im Stil des Barocks erbaut.

🛡 **Horneburger Schloss**. Das zweigeschossige Herrenhaus aus dem Jahr 1886 ist von einem englischen Landschaftspark umgeben.

🛡 **Gertrudenkapelle**. Der Grundriss der früheren Kapelle aus dem 14./15. Jh. ist durch Feldsteine markiert und befindet sich in der Mitte des Alten Friedhofes.

✉ **Freibad Horneburg**, Bürgermeister-Löhden-Str. 22, ☎ 0160/95606315, @ ocp817

Der Moorexpress

Start: Deinste, Bahnhof
Ziel: Stade, Bahnhof
Aufstieg: 41 m
Abstieg: 51 m
Gehzeit: 3 - 3,5 Std.

Hartbelag: 63 %
Wanderwege: 34 %
Wanderpfade: 3 %

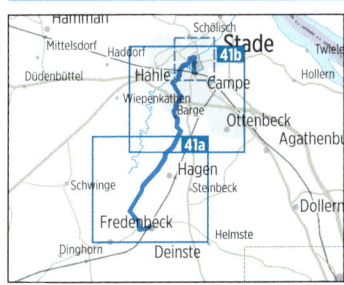

Charakteristik: Der bekannteste Abschnitt des Moorexpresses führt durch das Teufelsmoor bei Worpswede. Aber auch auf dem kurzen Abschnitt von Stade nach Deinste ist die Fahrt mit dem alten Schienenbus bereits ein besonderes Erlebnis. Vom liebevoll sanierten Bahnhof in Deinste geht es dann durch landwirtschaftlich geprägtes Gebiet zurück nach Stade, wo Sie mitten durch die sehenswerte Altstadt wandern.

Markierung: keine

Anfahrt: Stade ist mit dem RE 5 und der S 3 leicht erreichbar. Der Moorexpress nach Deinste fährt an Sommerwochenenden mehrmals täglich. Von Montag bis Sonnabend verkehrt auch die Buslinie 2370 zwischen Stade und Deinste.

Tipp: Wenn Sie eine etwas längere Anreise nicht scheuen, empfiehlt sich diese über Bremen. Von hier fährt der Moorexpress 2,5 Stunden bis nach Deinste und durchquert unter anderem das Teufelsmoor.

Deinste
Vorwahl: 04149
🏛 **Feld- und Kleinbahnmuseum**, Bahnhofstr. 3, 📞 0171/3607104 ↻ ↺, @ unw481
✳ **Moorexpress**, Stade, 📞 04141/776980. Fährt von Mai bis Ant. Okt., Sa, So/Fei auf der Stre-

...cke zwischen Bremen und Stade. @ joc528

🎬 **Kulturbahnhof**, 📞 920026, 🕒 Mai-Sept., So/Fei 13-17 Uhr. Café im denkmalgeschützten Bahnhof.

1 0,0 Vom Bahnhof Deinste gehen Sie entlang der Gleise zum Bahnübergang ～ rechts auf den straßenbegleitenden Rad- und Fußweg ～ 📷 am Ortsausgang rechts in die **Schrankenstraße**.

> Am Parkplatz lohnt sich ein Abstecher nach links zur Deinster Mühle, die zum Tagungshaus ausgebaut ist. Im Bistro können Sie sich mit frisch zubereiteten Fischbrötchen und anderen hausgemachten Speisen stärken.

Deinster Mühle

🏰 **Stadt.Land.Gut**, Im Mühlenfeld 30, 🕒 Di-Fr 9-18 Uhr, Sa, So 10-18 Uhr. Hofladen und Bistro. @ nhw111

Die Deinster Mühle wurde erstmals 1235 erwähnt. Einst betrieb das St.-Georgs-Kloster hier eine Wassermühle, eine Fischzucht und eine Brauerei. Seit dem Jahr 1634 wird das Gut Deinster Mühle von ein und derselben Familie bewirtschaftet.

Auf der kleinen Straße Richtung Hagen, Sie wandern durch das **Golfplatzgelände**.

2 1,6 Rechts in den **Fredenbecker Weg** ～ geradeaus über den Querweg ～ nach dem Ende des Golfplatzes ist die Umgebung des Weges landwirtschaftlich geprägt ～ über die Brücke und vorbei am **Mühlenteich** ～ am alten Gutshof vorbei.

Hagener Mühle

♒ **Wassermühle**, Fredenbecker Weg. Die Hagener Mühle befindet sich heute in Privatbesitz.

3 3,0 An der Gabelung die Straße verlassen und auf dem mittleren Weg in den Wald ～ immer geradeaus auf dem breiten Weg bleiben, durch offene Landschaft und an Baumreihen entlang.

4 4,6 An der Dreierkreuzung dem Hauptweg nach links folgen ～ geradeaus an der neuen **Heidesiedlung** entlang.

5 6,3 An der Kreuzung vor dem Friedhof biegen Sie links ab auf den Asphaltweg ～ am nächsten Abzweig rechts in den gepflasterten Weg ～

Der Moorexpress

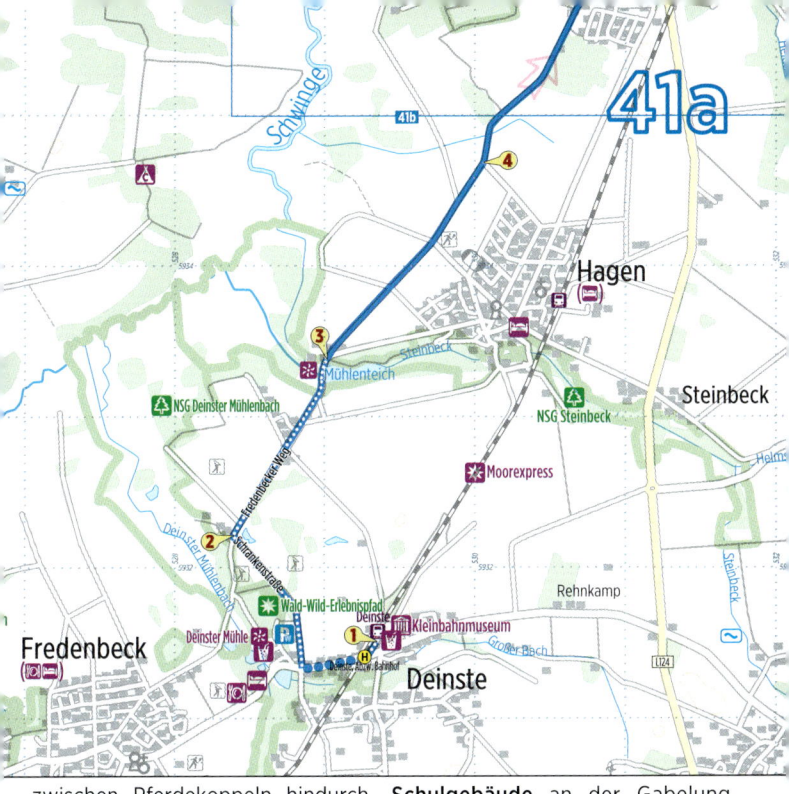

zwischen Pferdekoppeln hindurch ⌇ an der Gabelung rechts auf den Schotterweg ⌇ vorbei am schönen **Hof Barge** ⌇ auf der Brücke über den kleinen Bach, danach links halten 🏠 ⌇ entlang der Straße durch das Wohngebiet.

6 ⁷,³ Rechts in die **Tilsiter Straße** ⌇ geradeaus in die **Linzer Straße** ⌇ nach 150 m links in den Rad- und Fußweg ⌇ nach der Unterführung links ⌇ in der Linkskurve rechts auf den Schotterweg ⌇ vor dem Schulgebäude an der Gabelung rechts bergauf ⌇ vor dem Spielplatz links ⌇ am Ende der Treppenstufen rechts.

7 ⁸,⁴ An der Ampelkreuzung gehen Sie geradeaus in den Rad- und Fußweg ⌇ am Ende der **Wynekenstraße** rechts über die Brücke und gleich wieder links in den Rad- und Fußweg ⌇ geradeaus über die Querstraße ⌇ am Beginn der Steigung rechts in den schmalen Pfad mit Geländer ⌇ geradeaus wieder auf den Asphaltweg

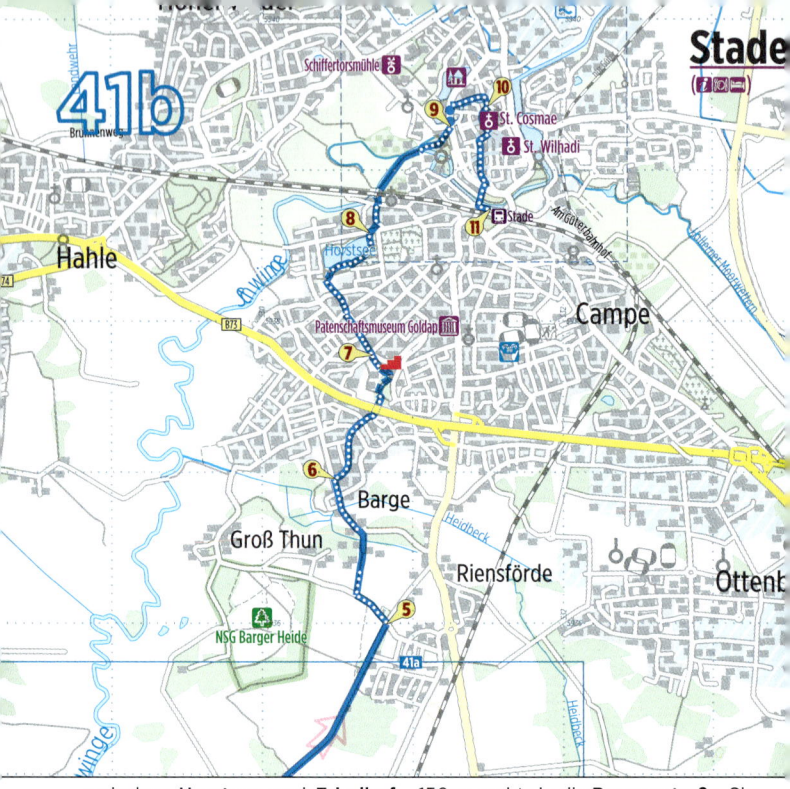

zwischen **Horstsee** und **Friedhof** hindurch.

8 9,5 An der Straße gehen Sie rechts und gleich wieder links in den Kiesweg links auf die Straße durch das Wohngebiet an der **Jahnstraße** geradeaus in den gepflasterten Weg und unter der Bahn hindurch geradeaus über den Querweg und an der **Schwinge** entlang am Spielplatz links halten.

9 10,5 An der Ampelkreuzung über die Straße und nach links weiter nach 150 m rechts in die **Bungenstraße**, Sie haben nun die Altstadt von Stade erreicht am **Alten Hafen**, dem bekanntesten Platz von Stade, nach rechts.

10 11,1 An der **Hökerstraße** rechts und durch die Fußgängerzone der Beschilderung zum Bahnhof nach rechts folgen links über den **Pferdemarkt** durch die **Holzstraße** die vielbefahrene **Wallstraße** überqueren nach der Brücke links.

11 11,8 Sie erreichen den Bahnhof von Stade und somit das Ende der Tour.

Stade

Vorwahl: 04141

🛈 **Tourist-Information am Hafen**, Hanse-str. 16, Zimmervermittlung, ✆ 776980, @ rhb143

⛴ **Fähre Elblinien**, Stader Elbstr., Stade-Wedel-Altona, Fähranleger Stadersand, ✆ 04841/9374617. Fährzeiten: März Do-So, April-Okt., tägl. bis zu 4 Fahrten, Infos bei der Tourist-Information Stade, ✆ 776980. @ ehv615

⛴ **Tidenkieker Elbefahrten**, Stadthafen, ✆ 126770. Thema: „Schilfparadiese – Röhricht, Reiher und Riesenpötte", Dauer 3 Std. @ oet181

🏛 **Schwedenspeicher**, Wasser West 39, ✆ 797730 ♿ Kulturgeschichtliches Regionalmuseum mit Schwerpunktthema Hansegeschichte. Interaktive Aktionen sowie dreidimensionale Modelle und Grafiken bieten einen erlebnisreichen Zugang zu den geschichtlichen Themen. @ aui146

🏛 **Kunsthaus**, Wasser West 7, ✆ 7977320 ♿ Wechselnde Ausstellungen zur Kunst der klassischen Moderne. @ sfq777

🏛 **Baumhaus-Museum**, Wasser Ost 28, ✆ 45434 ☺ Das Privatmuseum Baumhaus zeigt Alltagsgegenstände aus den letzten zwei Jahrhunderten. @ gdc824

🏛 **Freilichtmuseum Auf der Insel**, Auf der Insel 2, ✆ 7977330 ♿ Zu sehen ist u. a. ein typisches Altländer Bauernhaus mit seinem ursprünglichen Inventar aus zwei Jahrhunderten. @ iaw213

🏛 **Heimatmuseum**, Inselstr. 12. Das Gebäude zählt zu den ältesten Museumsbauten Deutschlands. Wegen Sanierungsarbeiten zur Zeit geschlossen. @ gmo121

🏛 **Patenschaftsmuseum Goldap**, Harsefelder Str. 44a, ✆ 7977537, ✆ 3552 ☺☺ Regionalgeschichtliches Museum zum Kreis Goldap in Ostpreußen. @ wop381

🔯 **St. Cosmae**, Cosmae-Kirchhof, ✆ 2977. Vom barocken Turm der Kirche (13./17. Jh.) hat man eine wunderbare Aussicht. Innen befindet sich eine bedeutende Barockorgel von B. Huß und Arp Schnitger.

🔯 **St. Wilhadi**, Wilhadi-Kirchhof, ✆ 3423. Auch in dieser Kirche (14./18. Jh.) beeindruckt neben Altar, Kanzel und Kronleuchtern aus dem 16. und 17. Jh. eine Barockorgel – diesmal von E. Bielfeldt – den Besucher.

🔯 **Johanniskloster**, Johannisstr. Das ehem. Franziskanerkloster wurde nach dem Stadtbrand von 1659 in seiner heutigen dreiflügeligen Form in den Jahren 1672/73 wieder aufgebaut. @ quo277

🔯 **Schiffertorsmühle**, Schiffertorsstr. 32. Die erste Bockwindmühle ging auf das 14. Jh.

Am Alten Hansehafen in Stade

zurück. Sie wurde 1850 abgebrochen und durch einen Neubau ersetzt, der bis 1949 als Getreidemühle in Betrieb war. Seit 1993 ist in der Mühle ein Jugendforschungszentrum untergebracht.

Kulturzentrum Stadeum, Schiffertorsstr. 6, ℰ 40910, @ mch777

Historische Altstadt. Prunkvolle Bürgerhäuser wie das Hökerhus, das Kramerhus, das dreigeschossige Traufenhaus und das Senatorenhaus aus dem 16. und 17. Jh. sind eine Augenweide.

Historischer Hansehafen, Fischmarkt. Der um 1250 entstandene Hansehafen mit dem alten Holzkran ist als eine der ältesten Hafenanlagen Europas fast unverändert erhalten und sorgfältig restauriert. Hier befinden sich heute kleine Läden, gemütliche Kneipen und Cafés mit einladenden Sommerterrassen direkt am Wasser.

Historisches Rathaus, Hökerstr. Ein Backsteinbau aus dem Jahr 1668 mit einem eindrucksvollen Portal und einer sehenswerten hölzernen Barocktreppe im Inneren. Die gotischen Kellergewölbe stammen vom Vorgängerbau aus der Zeit vor 1279.

Goebenhaus, Wasser West 21, ℰ 2313. Bei dem Bau aus dem 18. Jh. handelt es sich um das Geburtshaus des preußischen Generals General August Karl v. Goeben. Heute ist darin ein Café untergebracht. @ mfp655

Knechthausen, Bungenstr. 20/22. Das ehemalige Gildehaus aus dem 15. Jh. besteht aus zwei schön verzierten Giebelfachwerkhäusern. Es diente als Versammlungsort der Brauerknechte, heute ist hier ein Restaurant untergebracht. @ qlt816

Zeughaus, Pferdemarkt 11. Das Zeughaus ist von 1697-99 als Waffenarsenal während der schwedischen Besetzung erbaut worden.

Fahrt mit dem Fleetkahn, Holzhafen, ℰ 776980. Auf dem Burggraben kann man 1 Std. rund um die Altstadt schippern. Buchungen über die Tourist-Information. @ nqc654

Holztretkran am Fischmarkt. Einst wurden mit dem Kran die Ewer, ein friesischer Segelschiffstyp, be- und entladen. Der ursprüngliche Kran wurde 1898 abgerissen und 1977 rekonstruiert.

Solemio, Am Exerzierpl. 3, ℰ 40330, @ axb773

Stade hat eine vielfältige und weit in die Vergangenheit zurückreichende Geschichte, wie die Straßen, Häuser und Plätze überall in der Altstadt beweisen.

Auf dem nahe der Elbe gelegenen Geesthügel, wo sich die Stadt im Mittelalter entwickelt hat, haben Menschen wohl schon seit über 2.000 Jahren gelebt. Am Ende des 8. Jahrhunderts legten dann die Franken hier einen befestigten Königshof an. In dessen Schutz entwickelte sich langsam eine Hafen- und Marktsiedlung. 994 wurde Stade von den Wikingern geplündert. Die Nachricht hierüber ist die erste schriftliche Erwähnung der Stadt.

Stader Kaufleute waren seit dem 13. Jahrhundert am Fernhandel in den Niederlanden beteiligt, und daher gehörte Stade fast von Beginn an zur Hanse. Bereits im 11. und 12. Jahrhundert war die Stadt der bedeutendste Hafenplatz an der Unterelbe, wichtiger und größer als Hamburg. Das hat sich im Laufe der Jahrhunderte geändert,

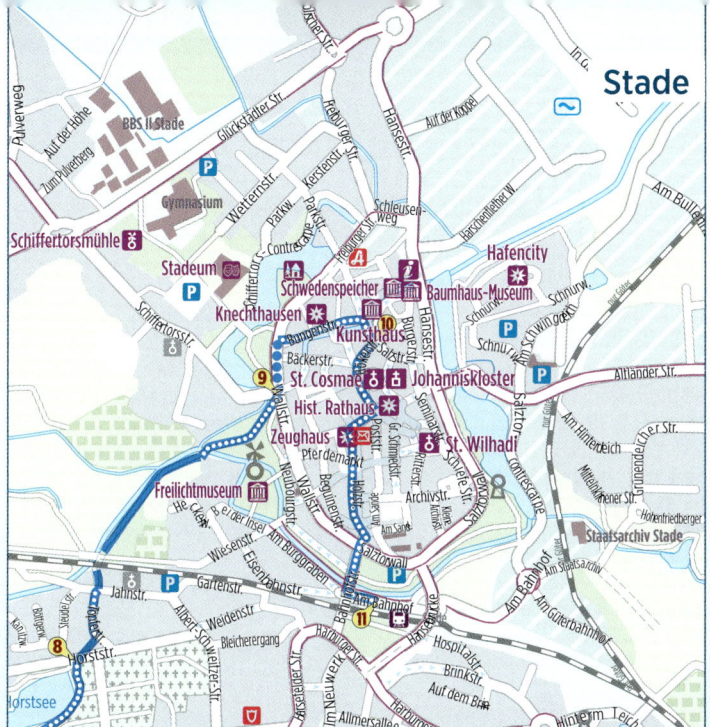

weil der Stader Hafen für die großen Hanseschiffe zu klein wurde. Stade blieb aber bis ins 17. Jahrhundert ein bedeutender Markt- und Umschlagplatz für den Stader und den niedersächsischen Raum.

Die meisten der vielen alten Fachwerkhäuser in der Altstadt sind in der zweiten Hälfte des 17. Jahrhunderts und Anfang des 18. Jahrhunderts, der sog. Schwedenzeit Stades, gebaut worden. Die schwedischen Truppen besetzten Stade 1645 am Ende des Dreißigjährigen Krieges. Sie machten die Stadt

zum Zentrum ihrer Herrschaft über das Gebiet zwischen Weser und Elbe. Stade wurde zu einer bedeutenden europäischen Festung ausgebaut und erhielt eine starke Garnison. An diese Zeit erinnern noch die erhaltenen Wallanlagen und die militärischen Gebäude des Provianthauses (Schwedenspeicher) und des Zeughauses. Auch heute noch ist die historische Altstadt mit ihren verwinkelten Gassen, vielfältigen Einkaufsmöglichkeiten und zahlreichen Cafés komplett von Wasser umgeben.

Tour 42   **14,3 km**

An der Este (West)

Start/Ziel: Hollenstedt, Bushaltestelle Schulzentrum

Aufstieg: 97 m   *Hartbelag:* 39 %

Abstieg: 97 m   *Wanderwege:* 23 %

Gehzeit: 3,5 - 4 Std.   *Wanderpfade:* 38 %

Charakteristik: Die Este ist ein etwa 60 Kilometer langer Heidebach, der in der Nähe von Schneverdingen entspringt. Ihr Bachlauf und der schmale Auenraum am Ufer sind heute Naturschutzgebiet. Der Wanderweg Este West führt Sie durch Wälder und Wiesen nach Moisburg, wo Sie am Wochenende das Mühlenmuseum besuchen können. Auf dem Rückweg besteht die Option für eine Einkehr am idyllischen Appelbecker See.

Markierung: Wander-Tour Este West, gelber Pfeil

Anfahrt: Mo-Fr mit dem RE 5 nach Buxtehude, von dort mit dem Bus 2038 nach Hollenstedt. Von Mitte Juli bis Mitte Oktober erschließt ab Hamburg-Neugraben – mit der S 3 erreichbar – der zweistündlich verkehrende kostenlose Regionalpark-Shuttle an Wochenenden und Feiertagen den Regionalpark Rosengarten (s. S. 12). Parkplätze gibt es in Hollenstedt in der Straße Am Markt.

Hollenstedt
Vorwahl: 04165

🔲 **St. Andreas**, Am Markt, ☏ 80554. Das Fundament stammt aus dem 12. Jh., mit hölzernem Glockenturm aus dem 16. Jh. Auf dem Friedhof ist das Grab der deutschen Boxlegende Max Schmeling und seiner Frau zu finden, beide lebten im Ortsteil Diestorf-Heide.

✳ **Eisenbahnviadukt**. Das Viadukt über die Este gehörte zur 1968 eingestellten Bahnlinie Buchholz – Bremervörde.

✳ **Fachwerkhäuser**. Im Ortskern gibt es einige schöne Fachwerkhäuser im typischen niedersächsischen Stil.

✳ **Kanuverleih**, Am Glockenberg 5, ☏ 80003, ☏ 0171/8415797. Per Kajak können Sie beispielsweise von Hollenstedt nach Moisburg paddeln, Dauer: 2-3 Stunden. @ cln412

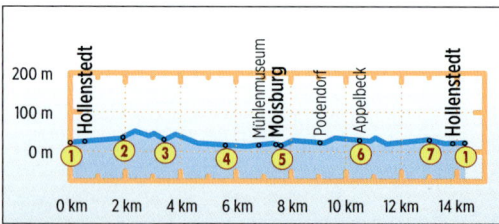

✪ **Küsterhaus**, Am Markt. Das 3-Ständer-Haus von 1669 diente ursprünglich als Wohnung, später auch als Schule und Stall.

✪ **Max-Schmeling-Haus**, Max-Schmeling-Weg 1, Dierstorf-Heide (Wenzendorf). Das im Wald gelegene ehemalige Wohnhaus (1951) von Max Schmeling befindet sich im Privatbesitz.

✪ **Ringwall der Alten Burg**, ca. 1,5 km südl. des Ortes. Von der ehemaligen Alten Burg aus dem 9. Jh. wurde der kreisrunde Burgwall im Jahr 1980 rekonstruiert. Der bis zu 4 m hohe Wall bestand aus Holz und sollte den Este-Übergang sichern. Die Burg war vermutlich eine Wehranlage der Slawen. @ gyy112

✉ **Freibad**, Jahnstr. 9, ✆ 8874, @ usi537

Die Geschichte Hollenstedts ist mit Karl dem Großen (748-814) verbunden, der in der ersten Erwähnung des Ortes im Jahre 804 benannt wird. Die Geschichtsschreibung sagt, dass Karl der Große in diesem Jahr mit seinem Heer in Hollenstädt ein Sommerlager aufgeschlagen hat. Es soll mit Gesandten des Dänenkönigs Gottfried verhandelt haben, dessen Heer sich nördlich der Elbe befand.

Ein überaus bekannter Bürger Hollenstedts war Max Schmeling (1905-2005). Der weltberühmte Boxer lebte nach Ende seiner Boxkarriere mit seiner Frau, der deutsch-tschechischen Schauspielerin Anny Ondra, im angrenzenden Wenzendorfer Ortsteil Diestorf-Heide. Er wohnte über 50 Jahre in dem kleinen Haus auf einem 87.000 Quardratmeter großen Anwesen.

1 0,0 Von der **Bushaltestelle** gehen Sie zur Hauptverkehrsstraße und folgen dieser ein Stück in den Ort ∿ rechts in die Straße **Am Markt** und vor der **Kirche** links ∿ an der T-Kreuzung rechts, dann an der **L 141** links ∿ rechts in die **Pastor-Lange-Straße** und an der T-Kreuzung links ∿ am Stoppschild rechts in den **Dießelkampsweg** und den Ort verlassen ▨ ∿ entlang von Weiden und Pferdekoppeln.

2 1,9 Am Waldrand links und nach etwa 250 m rechts auf den **Waldlehrpfad** und in den Wald ∿ im Wald auf die Markierung achten und dem Pfad folgen ∿ an der Pfadgabelung links, nochmal links und den Wald verlassen.

3 3,4 Am Betonplattenweg rechts und sofort wieder links auf den Pfad.

> **TIPP** Wenn Sie dem Plattenweg folgen, gelangen Sie nach knapp 300 m nach Emmen, wo Sie einkehren können. Über die L 141 kommen Sie auch nach Appelbeck und können so die Wanderung wahlweise abkürzen.

Emmen (Hollenstedt)
Vorwahl: 04165

▥ **Gasthof Emmen**, Koppelweg 2, ✆ 8338, @ syv372

Auf der Hauptroute gehen Sie an der Kette links tiefer in den Wald hinein und kurz darauf rechts ∿ der Weg trifft auf einen weiteren Pfad, hier rechts ∿ den Wald verlassen und an der Straße links ∿ nach 300 m rechts ∿ am Ende des Asphalts weiter auf dem Wiesenweg ∿ auf einer schmalen Brücke über den **Staersbach** ∿ an der Straße rechts, dann weiter auf Schotter.

4 5,6 An der Asphaltstraße weiter geradeaus und hinein nach Moisburg

Amtshaus Moisburg

~ an der **K 17** rechts und an der T-Kreuzung mit der **L 141** links.

Moisburg
Vorwahl: 04165

Wassermühle mit Mühlenmuseum, Auf dem Damm 12, ☎ 040/7901760, ☉ Mai-Okt., So 11-17 Uhr. Seit 1987 ist die Mühle von 1723 Teil des Freilichtmuseums am Kiekeberg und beheimatet mehrere Ausstellungen zur regionalen Mühlengeschichte. Heute dreht sich am Wochenende das schwere Mühlrad und unter den Erläuterungen eines Müllers wird nicht nur Korn gemahlen, sondern auch Amtsmühlenbrot nach altem Rezept gebacken. Mit Café und Museumsladen. @ xyr476

Pfarrkirche, Bei der Kirche, ☎ 6635. Das Gotteshaus stammt aus dem Jahr 1640 und weist im Inneren eindrucksvolle Malereien aus der Spätrenaissance und einen sehenswerten Mittelschrein des Schnitzaltars auf. @ fiu573

Amtshaus Moisburg, Auf dem Damm 5. Das Amtshaus wurde 1711 auf den Fundamenten eines Schlosses errichtet.

Noch vor der Este halten Sie sich an den Informationstafeln rechts ~ links über den Staersbach, dann links am **Sportplatz** entlang ~ hinter den **Tennisplätzen** links und vor der **Este** rechts über die Brücke ~ am Rastplatz vorbei und an der Straße links über das Flüsschen.

5 7,6 Rechts in die Straße **An der Lieht** ~ an der Koppel weiter geradeaus auf den schmaleren Weg ~ der Weg verläuft ein Stück in einem abschüssigen Hang, ehe es hinunter geht und am Waldrand entlang weiter ~ nach rechts über die Wiese, einen kleinen Graben überqueren und weiter am Waldrand entlang ~ am Wirtschaftsweg links ~ noch vor dem Podendorfer Weg rechts in den Wald ~ dem Linksknick des Forstweges folgen.

Daensen

Moisburg

Ruhmannshof

Mühlenmuseum
Amtshaus

Podendorf

Emmen

Appelbeck

Appelbecker See

Appelbecker-Teiche

Wohlesbostel

Borgst

bostel

Estetalstraße

St. Andreas

Hollenstedt

Hofsedter Berg

Schützentrum

Eisenbahnviadukt

Ringwallanlage

Appelbecker See

6 10,5 Kurz darauf an der T-Kreuzung rechts.

Geradeaus über den Spielplatz kommen Sie zum idyllischen Appelbecker See mit Restaurant und Bootsverleih.

Appelbeck

Appelbeck am See, ☎ 04165/8377, ⏱ Di–So, Fei. Mit Tretbootverleih. @ sim657

Vermutlich stand schon im 13. Jahrhundert in Appelbeck eine Mühle, die aber im Gegensatz zu der in Moisburg nicht als Korn-, sonder als Papiermühle genutzt wurde. Im 20. Jahrhundert entdeckten die Hamburger die idyllische Gegend, und seitdem ist Appelbeck ein beliebtes Ausflugsziel.

An der Weide knickt der Weg nach rechts, hier weiter geradeaus auf den Pfad 〜 auf einer Holzbrücke über die Este 〜 kurz nach dem Rastplatz nach links 〜 den Wald verlassen und rechts leicht bergan 〜 vor dem Klärwerk links 〜 am Waldrand rechts und auf dem schmalen Pfad weiter 〜 nach 200 m im Linksbogen in den Wald 〜 einen Weg queren 〜 vor dem Bach links und bald wieder am Waldrand entlang 〜 nun immer geradeaus.

7 13,0 An der **L 141** links nach Hollenstedt und dort in die erste Straße links 🖃 〜 an der **K 31** rechts und vor der Post links 〜 dem Pfad folgen bis zur Kirche und von dort auf bekanntem Weg zurück zum Ausgangspunkt.

🏁 14,3 Die Tour endet an der Bushaltestelle Schulzentrum.

Hollenstedt

Tour 43 9,5 km

An der Este (Ost)

Start/Ziel: Hollenstedt, Bushaltestelle Schulzentrum

Aufstieg: 52 m	*Hartbelag:* 10 %
Abstieg: 53 m	*Wanderwege:* 73 %
Gehzeit: 2 - 2,5 Std.	*Wanderpfade:* 17 %

Charakteristik: Im Bereich zwischen Kakensdorf und Hollenstedt mäandriert der Heidebach Este besonders stark, an vielen Stellen gibt es malerische Steilufer und urwüchsige Auenwälder. Die Wanderung Este Ost führt Sie auf idyllischen Pfaden entlang dieses schönen Abschnittes, unterwegs kann die historische Wallanlage Alte Burg besichtigt werden.

Markierung: Wander-Tour Este Ost, Este-Wanderweg, gelber Pfeil

Anfahrt: Mo-Fr mit dem RE 5 nach Buxtehude, von dort mit dem Bus 2038 nach Hollenstedt. Von Mitte Juli bis Mitte Oktober erschließt ab Hamburg-Neugraben – mit der S 3 erreichbar – der zweistündlich verkehrende kostenlose Regionalpark-Shuttle an Wochenenden und Feiertagen den Regionalpark Rosengarten (s. S. 12). Parkplätze gibt es in Hollenstedt in der Straße Am Markt.

Hollenstedt s. S. 200

1 0,0 Von der Bushaltestelle folgen Sie der Straße **Am Glockenberg** nach Süden 〰 kurz vor dem **Eisenbahnviadukt** links 🪧 〰 an der **Este** rechts

Die Este bei Hollenstedt

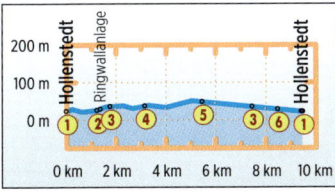

Brücke über die Este

und das Viadukt und die **Autobahn** unterqueren 〰 hinter der Autobahnzufahrt weiter geradeaus, ebenso am nächsten Abzweig.

2 [1,2] Links auf den Pfad Richtung Este. Geradeaus weiter und dann links gelangen Sie nach 100 m zum historischen Ringwall Alte Burg. *TIPP*

✱ **Ringwall der Alten Burg.** Von der ehemaligen Alten Burg aus dem 9. Jh. wurde der kreisrunde Burgwall im Jahr 1980 rekonstruiert. Der bis zu 4 m hohe Wall bestand aus Holz und sollte den Este-Übergang sichern. Die Burg war vermutlich eine Wehranlage der Slawen. @ gyy112

Auf der Holzbrücke überqueren Sie die **Este** 〰 an der Weggabelung rechts 〰 geradeaus auf dem Forstweg.

3 [1,8] Kurz darauf nach rechts dem **Este-Wanderweg** Richtung Drestedt folgen 〰 der Pfad windet sich nun schön durch den Wald 〰 am etwas breiteren Weg halblinks halten 〰 in der Linkskurve des Weges an der **alten Bank** rechts auf den Pfad 〰

gehen Sie an der Kreuzung mit dem Forstweg weiter geradeaus 〰 an der Weggabelung links.

4 [3,2] Vorbei an einer Bank mit Blick auf die Este, kurz darauf den links abzweigenden Weg ignorieren 〰 an der Kreuzung weiter geradeaus 〰 der schmale Pfad verläuft oberhalb der Este, unterwegs bieten sich immer wieder schöne Blicke auf den Heidebach 〰 der Weg wird wieder breiter, weiter geradeaus 〰 ⚠ nach etwa 200 m aufpassen: hier führt der Este-Wanderweg geradeaus weiter, Sie biegen mit der Rundwanderung Este Ost aber nach links ab 〰 fast 1,5 km alle Abzweigungen ignorieren und immer geradeaus.

5 [5,5] Am Landschaftsschutzgebietschild biegen Sie links ab Richtung Hollenstedt.

Rechts gelangen Sie von dieser Stelle aus nach etwa 1,5 km zum Landhaus Drestedt. *AUSFLUG*

Drestedt
Vorwahl: 04186

43

Estetalstraße

St. Andreas

Schulzentrum

1

Eisenbahnviadukt

6

Hollenstedt

Hofsedter Berg
45

Rollbach

2

Ringwallanlage

3

Esle

Siedlung Ochtmannsbruch

Ochtmannsbruch

4

Siepenbach

5

Dierstorf

Butterberg
40

Landhaus Drestedt

Drestedt

Landhaus Drestedt, Bahnhofstr. 9, ☎ 8058, ☎ 0157/30620994, ⏱ Do–Di ab 17 Uhr, Sa, So/Fei auch 11–17 Uhr, @ mvc146

Nun erneut knapp 1,5 km immer geradeaus, zwischen Feldern hindurch ∿ am Waldrand auf die Markierung achten und links in den Wald ∿ an der Gabelung links.

3 ⁷,⁵ Sie erreichen den Hinweg, diesem nun etwa 250 m folgen, dann aber weiter auf dem Hauptweg im Rechtsbogen ∿ noch einmal durch

das **Eisenbahnviadukt**, dieses Mal auf der anderen Seite der Autobahn.

6 ⁸,⁵ Ein Stück gehen Sie parallel zur Autobahn, dann entfernt sich der Weg von dieser ∿ nach 60 m links auf dem Pfad hinunter zu Straße ∿ unter der Autobahn hindurch und entlang der **K 40** zurück nach Hollenstedt 🚌.

1 ⁹,⁵ Das Ende der Wanderung erreichen Sie an der Bushaltestelle Schulzentrum.

Hollenstedt

Tour 44

(sidebar: Tour 44)

11,1 km

Durch das Büsenbachtal zum Brunsberg

Start: Wörme, Bahnhaltepunkt Büsenbachtal
Ziel: Buchholz (Nordheide), Bahnhof
Aufstieg: 103 m   *Hartbelag:* 14 %
Abstieg: 82 m   *Wanderwege:* 42 %
Gehzeit: 3 - 3,5 Std.   *Wanderpfade:* 44 %

Charakteristik: Der Brunsberg gehört zu den schönsten Aussichtspunkten der Lüneburger Heide. Durch das idyllische Büsenbachtal und über den Heidschnuckenweg geht es hinauf zu den Heideflächen am Gipfel. Der Abstieg erfolgt durch die wildromantische Höllenschlucht und endet in Buchholz in der Nordheide.

Tipp: Das Büsenbachtal ist ein idealer Erlebnisraum für Kinder. Viele Picknickmöglichkeiten laden zudem zum Verweilen ein.

Markierung: H (Heidschnuckenweg), gelber Pfeil

Anfahrt: Mit dem RB 41 (metronom) nach Buchholz. Dort umsteigen in den RB 38 (erixx). Am Anfang des Büsenbachtals gibt es auch einen Parkplatz.

Abfahrt: Mit dem RB 41 (metronom) zurück nach Hamburg.

Wörme (Handeloh)
Vorwahl: 04187

✪ **Büsenbachtal**. In der Nähe des Parkplatzes zeigt sich ein typisches Phänomen der Fließgewässer der Lüneburger Heide – eine Bachschwinde. Der Büsenbach versickert aufgrund wasserdurchlässiger sandiger Schichten im Untergrund und taucht erst 400 m östlich der Bahnlinie wieder auf. Im gesamten Tal breitet sich bis zum 78 m hohen Pferdekopf wunderschöne Heidelandschaft aus.

🅿️🅿️**Café im Schafstall**, Am Büsenbach 35, ✆ 1072, ⊙ Mo-Fr ab 12 Uhr, Sa, So/Fei ab 11 Uhr. Ein ehem. Schafstall wurde zum Café-Restaurant umgebaut. @ gil156

1 0,0 Vom Haltepunkt gehen Sie zur Straße und überqueren dort nach rechts die Gleise

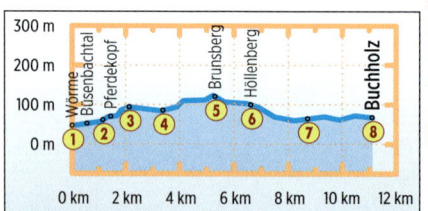

Wegverlauf beim Pferdekopf

~ am Wanderparkplatz und dann am **Café im Schafstall** vorbei, kurz hinter dem Café halbrechts auf den Pfad ~ nach etwa 200 m an der Gabelung rechts ~ am **Picknickplatz** vorbei, weiter auf der linken Seite des Baches bleiben.

2 [1,2] An der nächsten Holzbrücke rechts über den Bach, nun sind Sie auf dem Heidschnuckenweg (H) ~ vor dem großen Forstweg links und hinauf zum Pferdekopf.

Pferdekopf (80 m)
Am höchsten Punkt weiter geradeaus und wieder bergab ~ geradeaus in den Wald ~ an der T-Kreuzung rechts Richtung Brunsberg.

3 [2,1] Am Abzweig des Europaweges (X) weiter geradeaus ~ es geht bergab und wieder bergan ~ an der Weggabelung rechts, kurz darauf links halten ~ auf der rechten Seite liegen einige Häuser, dann sind Sie an der K 72 und am Ortseingang von Holm-Seppensen.

Holm-Seppensen (Buchholz in der Nordheide)
Nicht in den Ort, sondern links auf den Pfad und wieder in den Wald ~ an der Kreuzung rechts auf den Forstweg.

4 [3,4] Die **K 72** überqueren ~ an der Kreuzung weiter geradeaus ~ an der Gabelung links ~ den links abzweigenden Weg ignorieren, an der folgenden Weggabelung rechts ~ an der Schranke vorbei und den Wald verlassen ~ den rechts abzweigenden Weg ignorieren, kurz darauf an der Gabelung links und hinauf zum höchsten Punkt.

Brunsberg (130 m)
Vom Brunsberg haben Sie ein beeindruckendes 360°-Panorama. Bei gutem Wetter reicht der Blick bis zum Wilseder Berg im Süden und bis zu den Harburger Bergen im Norden.

5 [5,3] Am Gipfel rechts und wieder bergab ~ an der Schranke vorbei und in den Wald Richtung Holm-Seppensen ~ an zwei Kreuzungen geradeaus, es geht nun in die schöne **Höllenschlucht** ~ nach 300 m links steil bergan Richtung Buchholz ~ ⚠ nach dem steilsten Teilstück nach rechts auf den Pfad, nicht weiter geradeaus ~ nun wandern Sie etwas

Am Gipfel des Brunsbergs

oberhalb des Trockentals, ehe der Weg nach links abknickt 〜 zuletzt noch einmal bergan.

Höllenberg (100 m)

6 ⁶,⁶ Am höchsten Punkt weiter geradeaus und lange bergab 〜 den geschotterten **Ahornweg** überqueren 〜 an der Gabelung links, kurz darauf einen Forstweg überqueren 〜 auf der rechten Seite können Sie nun die Bahnlinie erkennen 〜 einen weiteren Forstweg queren 〜 ein kurzes Stück über einen Forstweg, dann aber weiter geradeaus auf dem Pfad 〜 dieser endet an einem Forstweg, hier rechts und bei den Briefkästen direkt wieder links auf den Forstweg 〜 an der Grundstückszufahrt weiter geradeaus auf den schmalen Pfad 〜 Sie wandern nun oberhalb des Schotterweges und der Bahngleise.

7 ⁸,⁷ Halbrechts zum **Haltepunkt Suerhop**, am Bahnübergang die Gleise überqueren und dahinter links auf den Fuß- und Radweg 〜 der Weg verläuft zwischen der Bahnstrecke und dem Ortsrand 〜 an der Straße geradeaus auf den Pfad 〜 am **Teich** links über die Holzbrücke und am Nordufer entlang,

dann nach links den Teich wieder verlassen und steil bergan 〜 🚉 an der **Breslauer Straß**e weiter geradeaus 〜 am Ende der Straße links und der **Rütgersstraße** zum Bahnhof folgen.

8 ¹¹,¹ Die Wanderung endet am Bahnhof.

Buchholz in der Nordheide

Vorwahl: 04181

🛈 **Tourist-Information**, Kirchenstr. 6, Passage, ✆ 282810, @ gav377

🕏 **Kulturkirche St. Johannis**, Wiesenstr. 25, ✆ 7429. Die Johanniskirche aus dem Jahr 1967 verfügt über eine gute Akustik im Inneren, die man bei Konzerten auf sich wirken lassen kann. @ nin851

🕏 **St. Paulus**, Kirchenstr. 4, ✆ 216880. Die Kirche ist 1892 in neugotischer Backsteinbauweise errichtet worden.

✸ **Rathausplatz mit Rathaus**. Vor dem großen Rathaus aus Backstein befindet sich ein kleiner Brunnen.

✸ **Kletterzentrum**, Holzweg 6, ✆ 9449393 ♿, @ pak816

🏨 **Achat Plaza LandArt Hotel**, Lindenstr. 21, ✆ 9190, @ ukp814

🏨 **Deutsches Haus**, Kirchenstr. 15, ✆ 6682, ⏰ tägl. ab 11.30 Uhr, @ bbb684

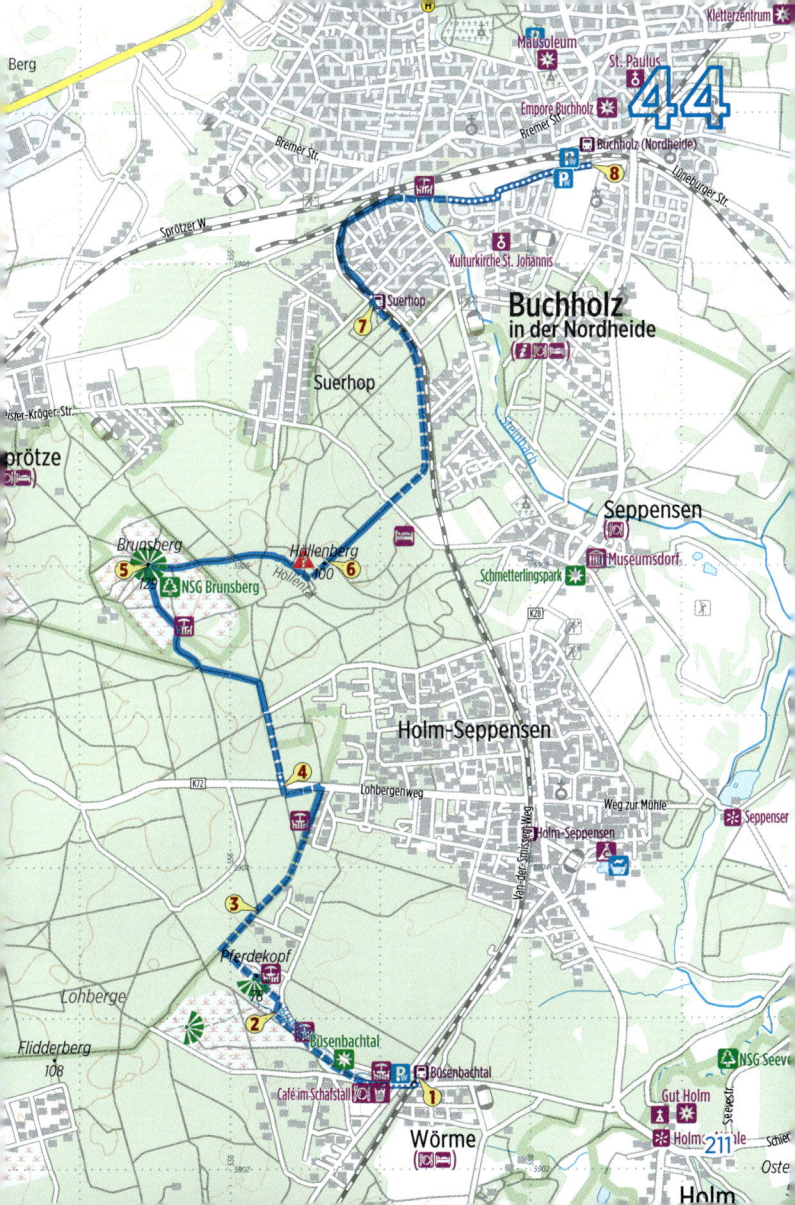

Berg

Kletterzentrum

Mausoleum

St. Paulus

Empore Buchholz

44

Bremer Str.

Buchholz (Nordheide)

Lüneburger Str.

Sprötzer W.

Kulturkirche St. Johannis

Buchholz
in der Nordheide

⑦ Suerhop

Suerhop

Seppensen

Museumsdorf

prötze

Brunsberg

⑤ NSG Brunsberg

Hallenberg ⑥
100

Schmetterlingspark

Holm-Seppensen

④

Lohbergenweg

Weg zur Mühle

Seppenser

Holm-Seppensen

③

K72

Pferdekopf

Lohberge

② Büsenbachtal

Flidderberg
108

Büsenbachtal

①

Café im Schafstall

NSG Seeve

Gut Holm

Holm

Wörme

211

Holm

Oste

Tour 45 — sidebar

Tour 45   10 km

Von Handeloh
nach Wehlen und zurück

Start/Ziel: Handeloh, Bahnhof

Aufstieg: 33 m   *Hartbelag:* 33 %

Abstieg: 33 m   *Wanderwege:* 38 %

Gehzeit: 2,5 – 3 Std.   *Wanderpfade:* 29 %

Charakteristik: Von Handeloh, dem Tor zur Lüneburger Heide, geht es hinein ins Naturschutzgebiet Lüneburger Heide. Sie wandern auf einem Teilstück des Heidschnuckenweges, der sich hier idyllisch in der Nähe des Flusses Seeve durch den Wald windet. Im kleinen Heidedorf Wehlen können Sie noch einen Abstecher zum Quellgrund der Seeve unternehmen, ehe es auf Waldwegen zurück nach Handeloh geht.

Markierung: bis Wehlen H (Heidschnuckenweg)

Anfahrt: Mit dem RB 41 (metronom) nach Buchholz. Dort umsteigen in den RB 38 (erixx). Im Ort gibt es auch Parkmöglichkeiten.

Handeloh

Vorwahl: 04188

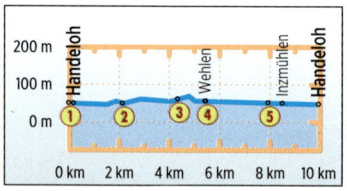

🛈 **Bürger- und Verkehrsverein Handeloh**, Am Markt 1, ✆ 891011, @ olq565

🏛 **Naturkundliches Museum Alte Schmiede**, Hauptstr. 42, ✆ 7413 ⌚ Wissenswertes über die Tier- und Pflanzenwelt Norddeutschlands.

✺ **Planetenlehrpfad**, Timmerloher Weg, ✆ 0175/3335415. Der rund 1,2 km lange Lehrpfad stellt das Sonnensystem im Maßstab 1:5 Mrd. dar. @ wxt123

✺ **Kanuverleih**, Lerchenweg 8a, ✆ 225477, ✆ 0178/4347497. @ gij371

🍽 **Bei Eduard**, Hauptstr. 33, ✆ 4444534, ⌚ Mi-Sa und Mo 17-23 Uhr, So/Fei 12-22 Uhr, @ isu288

🍽 **Fuchs**, Hauptstr. 35, ✆ 414, ⌚ 11.30-14.30 Uhr und 17-21 Uhr, @ hwj121

1 ⁰,⁰ Vom Bahnhof aus folgen Sie dem Fußweg nach Norden und überqueren am **Bahnübergang** die Gleise, direkt dahinter rechts in den **Hubertusweg** ⤳ den Ort verlassen und zunächst parallel zu den Bahngleisen wandern ⤳ der Weg entfernt sich nun nach links von den Gleisen ⤳ am Ende des Asphalts links ⤳ über die kleine Holzbrücke und weiter auf

dem Pfad, schön entlang von Weiden ⁓ am Wirtschaftsweg weiter geradeaus Richtung Wehlen ⁓ der Weg ist nun sandig, erste Heideflächen liegen am Weg.

2 ²,² An der Kreuzung am Rastplatz weiter geradeaus ⁓ am rechts abzweigenden Weg weiter geradeaus in den Wald ⁓ auf der linken Seite liegt ein kleiner **Tümpel**, kurz dahinter auf dem Pfad ⁓ dieser windet sich nun idyllisch durch den Wald ⁓ an der Gabelung den rechten Pfad wählen

⁓ im Wald immer auf dem Hauptpfad bleiben ⁓ auf der linken Seite ist die **Seeve** zu erkennen.

3 ⁴,⁴ Vorbei an einem Unterstand, kurz darauf teilt sich der **Heidschnuckenweg**, hier geradeaus Richtung Wehlen ⁓ am Forstweg nach links, kurz darauf an der T-Kreuzung erneut links.

AUSFLUG Wenn Sie sich hier rechts und kurz darauf links halten, kommen Sie nach etwa 500 m zum Quelltümpel der Seeve. Die eigentliche Quelle liegt

Am Beginn des Naturschutzgebietes

etwas weiter südlich unzugänglich im Sumpfgebiet.

Die **Seeve** überqueren ∿ auf Kopfsteinpflaster durch den kleinen Ort.

Wehlen (Undeloh)

✪ **Quellgrund der Seeve**

Der urige Heideort ist ein typisches Haufendorf, das sich aus vier Höfen entwickelt und seine Ursprünglichkeit bewahrt hat. Erreichbar ist Wehlen nur zu Fuß, auf dem Fahrrad oder auf dem Rücken eines Pferdes. Mit dem PKW dürfen nur Anrainer mit Genehmigung in den Ort fahren.

4 5,5 Am Beginn des Asphalts gehen Sie links auf den Schotterweg Richtung Handeloh ∿ Sie wandern nun ein langes Stück durch Wald ∿ dann ein Stück zwischen Waldrand und Heide, ehe es wieder in den Wald geht.

5 8,0 Weiter dem Asphaltweg folgen ∿ nun liegen vereinzelt Häuser im Wald ∿ am Abzweig zur Jugendherberge vorbei ∿ an der Vorfahrtsstraße links auf den straßenbegleitenden Rad- und Fußweg.

Inzmühlen (Handeloh)

Vorwahl: 04188

✉ **Cassenhof**, Im Seevegrund 2, ☎ 899640 ⊗ Idyllisch gelegener Hof mit Hofladen, der eigene Produkte und regionale Erzeugnisse anbietet. @ tka241

Über die **Seeve** und den Ort wieder verlassen ∿ kurz darauf sind Sie wieder zurück in Handeloh.

1 10,0 Die Wanderung endet am Bahnhof.

Handeloh

Tour 46

Auf dem Pastor-Bode-Weg nach Wilsede

Start/Ziel: Egestorf, Bushaltestelle Kirche

Aufstieg: 144 m   *Hartbelag:* 17 %

Abstieg: 144 m   *Wanderwege:* 51 %

Gehzeit: 5 - 6 Std.   *Wanderpfade:* 32 %

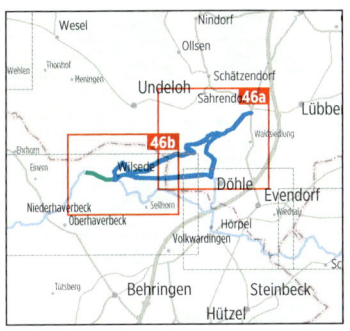

Charakteristik: Der 44 km lange Pastor-Bode-Weg führt auf den Spuren des Heidepastors und Naturschützers von Lüneburg nach Wilsede. Da die Abreise von Wilsede etwas komplizierter ist, haben wir hier das schönste Wegstück des Weges für Sie herausgepickt und die Routenbeschreibung als Rundtour zurück nach Egestorf geführt. Auf dem Weg wandern Sie durch die traumhafte Heidelandschaft und erreichen schließlich das abgeschiedene Dorf Wilsede. Auf einem Ausflug können Sie von hier den Wilseder Berg besteigen und den tollen Rundumblick genießen. Zurück geht es über den Ort Döhle und den Alten Postweg nach Egestorf.

Markierung: Bis Wilsede Pastor-Bode-Weg, gelber Pfeil und H, danach wechselnde Markierungen.

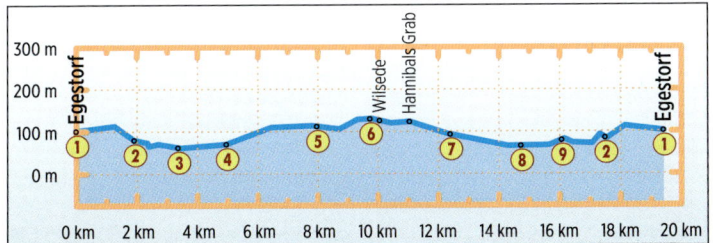

Auf dem Pastor-Bode-Weg

Anfahrt: Von Mitte Juli bis Mitte Oktober erschließt der kostenlose Heide-Shuttle täglich von Buchholz, Handeloh und Schneverdingen aus den Naturpark Lüneburger Heide (s. S. 13). In der restlichen Zeit mit dem RB 41 (metronom) nach Buchholz (Nordheide) und von dort mit der Buslinie 4207 nach Egestorf Kirche. Im Ort gibt es Parkplätze.

Egestorf
Vorwahl: 04175

Tourist-Information, Im Sande 1, Dresslers Hus, ✆ 1516, @ dvw282

St. Stephanus, Alte Dorfstr., ✆ 468. Die Kirche mit dem abseits stehenden hölzernen Glockenturm stammt aus dem Jahr 1645.

Pastor-Bode-Denkmal, Sudermühler Weg. Das Denkmal erinnert an den Heidepfarrer Wilhelm Bode (1860-1927), der von 1886-1923 in Egestorf wirkte und sich intensiv für den Schutz der Lüneburger Heide einsetzte.

Barfußpark Egestorf, Ahornweg 9, ✆ 1516 @ Auf einem 2,7 km langen Rundweg können 60 Stationen mit unterschiedlichem Bodenbelag durchlaufen werden. @ mif827

Philosophischer Steingarten, Alte Dorfstr. Im alten Friedhof gibt es Findlinge zu sehen, die aus der Umgebung zusammengetragen und in einen philosophischen Kontext gesetzt wurden.

Aquadies, Ahornweg 7, ✆ 1423, @ qiy853

Acht Linden, Alte Dorfstr. 1, ✆ 84333, ◷ 11.30-14 Uhr und 17.30-21.30 Uhr, @ fwi776

Egestorfer Hof, Lübberstedter Str. 1, ✆ 480, ◷ Mi-Sa 18-21 Uhr, @ xgt423

1 0,0 Von der Bushaltestelle gehen Sie zum südlich der Kirche gelegenen **Pastor-Bode-Denkmal** 〰 dort rechts und der Wanderwegweisung Richtung Wilsede folgen 〰 an der Weggabelung am Ortsende links halten ⤴ 〰 Sie wandern gerade auf den Wald zu 〰 im Wald an der Kreuzung weiter

geradeaus 〰 nach 250 m halblinks auf den Wiesenpfad, kurz darauf den Forstweg queren.

2 1,9 An der Gabelung rechts auf den Pfad und dem **Pastor-Bode-Weg** folgen 〰 der Pfad windet sich nun schön durch den Wald 〰 am breiten Forstweg rechts und kurz darauf links auf den schmalen Pfad Richtung Wilsede 〰 am Bach **Schmale Aue** gibt es Informationstafeln 〰 über eine Holzbrücke und dahinter auf dem Holzsteg weiter, unterwegs gibt es immer wieder Bänke 〰 am breiteren Weg weiter geradeaus.

3 3,4 Sie verlassen den Wald und erreichen die typische Heidelandschaft 〰 500 m geradeaus – falls nach 100 m noch Schilder nach links weisen, dann ignorieren Sie die, es ist eine alte Wegführung 〰 ein Weg mündet von rechts ein, kurz danach links abzweigen, bis Wilsede verläuft der Heidschnuckenweg parallel 〰 über den **Radenbach** 〰 am breiten Querweg links 〰 an der nächsten Kreuzung zweigen Sie scharf rechts ab.

4 ⁴,⁹ Am **Denkmal** von Alfred Wietjes vorbei ∿ ein kurzes Stück durch Wald ∿ rechter Hand steht ein reetgedeckter Schafstall, Wacholder säumen den Weg.

5 ⁸,⁰ An der gepflasterten Straße gehen Sie rechts und folgen dem Pfad parallel zur Straße in den pittoresken Ort.

Wilsede (Bispingen)

Vorwahl: 04175

ℹ Tourist-Information, Bahnhofstr. 19, Bispingen, ✆ 05194/9879690, @ xpu321

🏛 Heidemuseum „Dat ole Huus", ✆ 802933 ⓝ Wie die Heidebauern vor rund 150 Jahren lebten, wird in diesem Museum mit originaler Einrichtung sehr anschaulich dargestellt. Weiterhin finden Sie im Obergeschoss eine Vor- und Frühgeschichtliche Sammlung. @ dvv363

🏛 Emhoff, ✆ 802933. Im ehemaligen Schafstall ist eine Ausstellung zum Naturschutz in der Lüneburger Heide zu sehen. Der Treppenspeicher nebenan informiert über den Lebensraum Moor. @ btn241

🍴 Wilseder Hof, Wilsede 2c, ✆ 311, ◷ Mi-So 11-17 Uhr, Aug. und Sept., tägl. 11-17 Uhr, @ dgs874

🍴 Zum Heidemuseum, Wilsede 9, ✆ 217, @ lhd863

Zu Fuß, per Rad oder mit der Kutsche kann das kleine Dorf Wilsede inmitten des Naturschutzgebietes erreicht werden, denn motorisierter Verkehr ist hier strengstens verboten. Das historische Dorf, wo übrigens noch 33 Einwohner leben, gilt als absolut ruhig und beschaulich. Neben einigen Wohnhäusern gibt es vor allem zwei Gaststätten, einige renovierte Schafställe und mehrere historisch wertvolle Fachwerkhäuser und Scheunen zu entdecken. Doch die Ruhe inmitten des großen Waldgebietes kann täuschen – nämlich genau dann, wenn die Heide blüht. Und so kann es vorkommen, dass Sie sich im August beim gemütlichen Ausflug plötzlich unter mehreren hundert Menschen in Wilsede wiederfinden.

Im Zentrum gehen Sie rechts Richtung Wilseder Berg.

Wilsede, Fachwerkhaus

AUSFLUG Kurz darauf links können Sie einen Ausflug zum 1,5 km entfernten Wilseder Berg unternehmen, der höchsten Erhebung der Lüneburger Heide.

Ausflug zum Wilseder Berg   3 km

Wandern Sie auf dem Pfad neben dem Kopfsteinpflastersträßchen entlang ~ gut 400 m später nach rechts auf den breiten Schotterweg ~ bald darauf ist der Gipfel des Wilseder Berges erreicht.

Wilseder Berg (169 m)

Mit rund 170 Metern Seehöhe ist der Wilseder Berg die höchste Erhebung von Nord-West-Deutschland und markiert die Wasserscheide zwischen Aller, Elbe und Weser. Von hier aus, dem Quellgebiet der Wümme, haben Sie einen wunderschönen Blick über die Lüneburger Heide mit ihrer typischen Vegetation. Eine Informationstafel mit Entfernung und Richtung zahlreicher deutscher Hauptstädte erinnert an die hier unternommenen kartographischen Vermessungen von Carl Friedrich Gauß. Bei klarer Sicht können Sie die Türme von Hamburg sehen.

6 9,7 Auf der Hauptroute geht es nun ohne Ausschilderung geradeaus und der Ort wird nach Norden verlassen ~ wieder in die Heidelandschaft und rechts auf den breiten Sandweg mit 30t-Verbot-Schild ~ den **Wilseder Bach** überqueren.

5 10,6 Am bereits bekannten Punkt folgen Sie halblinks der Straße bergan, links der Straße ist ein Pfad ~ links zu **Hannibals Grab**.

Hannibals Grab

✿ **Hannibals Grab.** Es handelt sich um eine wacholderumstandene Findlingsgruppe, die ihren Namen durch den Maler Eugen Bracht erhielt.

Hinunter zur Straße und dort links, auf dem Weg parallel zur Straße ∿ es geht bergab.

7 12,4 Am **Holztor** endet die gepflasterte Straße, geradeaus weiter auf dem Forstweg und in den Wald ∿ durch ein weiteres Tor, dann den Wald verlassen, die Straße ist wieder gepflastert ∿ am Abzweig nach Wilsede geradeaus und an einem Rastplatz vorbei ∿ die **Schmale Aue** überqueren.

8 14,7 Am Ortsanfang von Döhle am Beginn des Asphalts links auf den Forstweg Richtung Egestorf.

Döhle (Egestorf)
Vorwahl: 04175

✿ **Historischer Triebwagen Ameisenbär**, Am Bahnhof, Soltau, ✆ 05191/828282. Fahrten: Mitte Juli bis Mitte Sept. jeden So ab Bahnhof Soltau. Die Fahrt im Triebwagen der Bauart Wismar von 1937, der seinen Namen der markanten Nase wegen trägt, führt Sie von Soltau über Bispingen nach Döhle ins Naturschutzgebiet Lüneburger Heide. @ uvh522

✿ **Kutschenfahrten.** Fahrten in die Lüneburger Heide Anbieter in Döhle: Britta Alpers, ✆ 04175/1066 oder 0160/4152548; Dennis Dierking, ✆ 0172/4220479. @ ttv423

🏠 **Heide-Landhaus**, Dorfstr. 44, ✆ 802848, @ wvl836

Sie befinden sich nun auf dem Alten Postweg ∿ nach etwa 800 m links dem gelben Pfeil auf den schmalen Pfad folgen ∿ der Weg ist teilweise recht zugewuchert und verläuft am Waldrand entlang, achten Sie gut auf die Markierung ∿ im Wald wird der Weg dann besser.

9 16,1 Den abzweigenden Weg rechts ignorieren, kurz darauf an der Gabelung rechts halten ∿ der schmale Pfad verläuft nun schön durch den Wald ∿ den Reit- und dann den Forstweg überqueren ∿ an der Weggabelung links.

2 17,4 Am bereits bekannten Hinweg halten Sie sich rechts und wandern zurück nach Egestorf.

1 19,4 Die Tour endet an der Kirche.

Egestorf

Tour 47 — 7,2 km

Zur Oldendorfer Totenstatt

Start/Ziel: Amelinghausen, Bushaltestelle Bahnhof
Aufstieg: 50 m | *Hartbelag:* 46 %
Abstieg: 50 m | *Wanderwege:* 37 %
Gehzeit: 1,5 Std. | *Wanderpfade:* 17 %

Charakteristik: Trotz des relativ hohen Anteils an hartgepflasterten Wegen ist diese kleine Rundtour bei Amelinghausen eine lohnende Unternehmung. Sie kommen nicht nur am malerischen Lopausee vorbei, wo ein Sprung ins kühle Nass einlädt, sondern besuchen vor allem die Oldendorfer Totenstatt. Diese gut gepflegte Anlage mit teilweise über 5.000 Jahre alten Steingräbern liegt reizvoll in einer farbenprächtigen Heidelandschaft. Ein Abstecher führt Sie anschließend zum Archäologischen Museum in Oldendorf.

Markierung: namentliche Beschilderung, gelbe Richtungspfeile

Anfahrt: Von Mitte Juli bis Mitte Oktober bringt Sie an Wochenenden und an Feiertagen der kostenlose Heide-Shuttle von Lüneburg nach Amelinghausen (s. S. 13). Ansonsten mit dem RB 3 (metronom) nach Lüneburg und von dort mit der Buslinie 5700 nach Amelinghausen zum ehemaligen Bahnhof. Parkmöglichkeiten im Ort.

Amelinghausen s. S. 226

1 0,0 Von der Bushaltestelle in Amelinghausen folgen Sie der **Olsdorfer Straße Richtung Süden** die Vorfahrtsstraße kreuzen und in das gegenüberliegende Sträßchen **Im Suderfelde** nach dem letzten Haus an der T-Kreuzung nach links rechts in den **Promenadenweg** am Hochseilgarten vorbei am Querweg kurz nach rechts, dann links zum Lopausee, rechts kommen Sie zu einer schönen Gaststätte.

Seestübchen, An der Lopau 4, ☎ 04132/336, ⌚ Mai-Mitte Okt. täglich ab 11 Uhr, Nov.-April mind. Sa, So ab 12 Uhr, @ pwv685

2 1,4 Am Seeufer wenden Sie sich nach links.

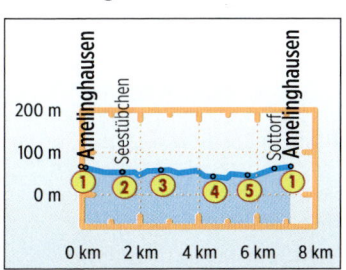

Oldendorfer Totenstatt

VARIANTE Falls Sie den See komplett umrunden wollen, zweigen Sie an dieser Stelle nach rechts ab.

Am Nordufer des Sees über den Zufluss, gleich dahinter links unter der Straße hindurch ⌇ der Wanderweg führt links von der Straße weg und am Parkplatz vorbei ⌇ auf dem Schotterweg geradeaus weiter.

3 2,7 Am Kronsberg an der Kreuzung beim Unterstand links in Richtung Oldendorfer Totenstatt ⌇ gleich darauf nach links auf den Pfad ⌇ den Hang hinab und direkt neben der Lopau durch das liebliche Tal ⌇ am Forstweg nach rechts ⌇ an der folgenden T-Kreuzung nach links ⌇ nach etwa 500 m nach rechts in Richtung Totenstatt ⌇ kurz am Waldrand entlang, wenig später erreichen Sie die Totenstatt.

Oldendorfer Totenstatt (Oldendorf (Luhe))

Oldendorfer Totenstatt. Die 4.000 Jahre alte Begräbnisstätte besteht aus 6 Grabhügeln. @ jld543

Dieser Ort am Zusammenfluss von Luhe und Lopau hat eine jahrtausendealte Tradition als Friedhof. Schon vor über 4.000 Jahren wurden hier erste Großsteingräber angelegt und in den folgenden Jahrhunderten mehrmals nachbestattet. In der Bronzezeit entstanden außerdem einige Grabhügel. Aufgrund des Fundes von Urnenresten lässt sich schließen, dass dieser Ort bis ins 5. Jahrhundert als Grabstätte genutzt wurde. In der gut gepflegten Anlage informieren zahlreiche Tafeln über die verschiedenen Grabanlagen. Beim Unterstand dem breiteren Weg nach links folgen.

4 4,5 Am Schotterweg am westlichen Rand der Totenstatt gehen Sie nach links ⌇ an der Infotafel zum Naturlehrpfad nach rechts auf den Pfad Richtung Lopau und Luhe ⌇ an der Lopau entlang ⌇ auf der Brücke über die Luhe hinüber ⌇ am abzweigenden Pfad Richtung Museum vorbei.

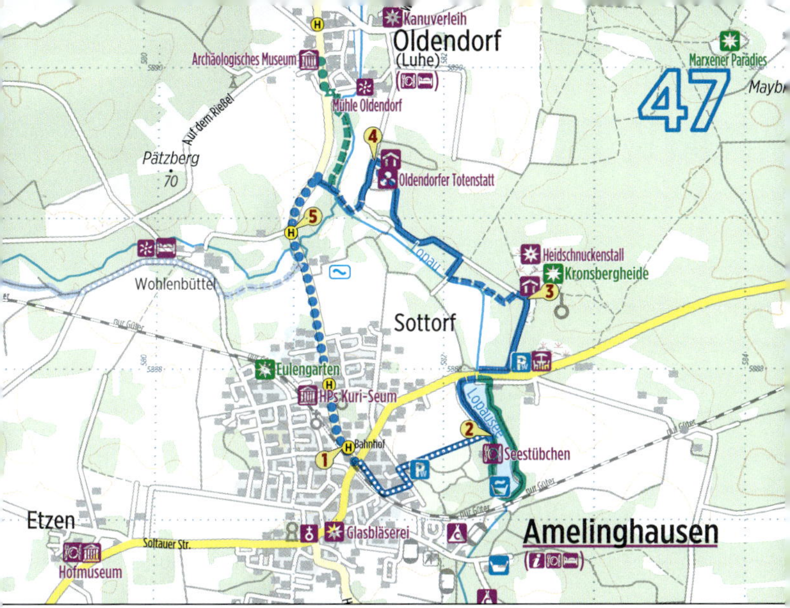

(Map area with labels: Oldendorf (Luhe), Kanuverleih, Archäologisches Museum, Mühle Oldendorf, Marxener Paradies, Mayb…, Pätzberg 70, Auf dem Riedel, Oldendorfer Totenstatt, Heidschnuckenstall, Kronsbergheide, Wohlenbüttel, Sottorf, Eulengarten, HPS-Kuri-Seum, Bahnhof, Seestübchen, Etzen, Glasbläserei, Höfmuseum, Soltauer Str., Amelinghausen, 47)

AUSFLUG Falls Sie das archäologische Museum in Oldendorf besuchen wollen, zweigen Sie hier rechts ab und folgen der Luhe.

Oldendorf (Luhe)

Vorwahl: 04132

🏛 **Archäologisches Museum**, Amelinghausener Str. 16, Schemmes Hus, ☏ 933123 ☞ In der Rauchkate können Sie die archäologische Ausstellung „Wohnungen für die Ewigkeit – 5.700 Jahre Oldendorfer Totenstatt" besuchen. @ tlp313

❀ **Oldendorfer Mühle**, Mühlenweg 1, ☏ 342. Erstmals erwähnt wurde die Mühle durch die Kirche in Amelinghausen im Jahr 1511. Seit 1994 wird wieder Getreide gemahlen, mit modernster Umwelttechnik. Hochwertige Spezial- und Roggenvollkornprodukte werden hier hergestellt und verkauft. @ uia761

❀ **Kanuverleih Heide-Kanu**, Marxener Str. 23, ☏ 933933, ☏ 0162/7953509. Kanufahrten auf der Luhe, Seeve, Este und Ilmenau. @ vvy725

Auf der Hauptroute die **L 234** überqueren und links in den straßenbegleitenden Rad- und Gehweg einbiegen.

5[5,7] An der **Bushaltestelle Abzweig Wohlenbüttel** vorbei 〰 auf der Brücke über die Luhe und auf dem Gehweg neben der Straße nach Amelinghausen hinein 🚏 〰 der **Oldendorfer Straße** zum ehemaligen Bahnhof folgen.

1[7,2] An der Bushaltestelle ist das Ende der Tour erreicht.

Amelinghausen

Tour 48   **46 km**

Lila Krönung (2-Tages-Tour)

Start: Amelinghausen, Bushaltestelle Bahnhof

Ziel: Schneverdingen, Bahnhof

Aufstieg: 334 m   *Hartbelag:* 22 %

Abstieg: 308 m   *Wanderwege:* 54 %

Gehzeit: 13 - 15 Std.   *Wanderpfade:* 24 %

Charakteristik: Diese abwechslungsreiche 2-Tages-Wanderung durch die einzigartige Lüneburger Heide führt Sie zu den Highlights des Naturparks: Sie kommen zur Oldendorfer Totenstatt, einer Anlage mit zum Teil über 4.000 Jahre alten Gräbern, und passieren die Schwindebachquelle. Hinter Hörpel geht es in das Naturschutzgebiet Lüneburger Heide hinein. Dort erwartet Sie mit dem Totengrund ein beeindruckender Talkessel, dessen Rand Sie folgen. Gleich darauf erreichen Sie das urige Heidedörfchen Wilsede, das am Fuße des gleichnamigen Berges liegt. Von dessen Gipfel bietet sich ein herrlicher Blick über die farbenprächtige Heidelandschaft. Hinter Niederhaverbeck durchwandern Sie die malerische Niederung der Haverbeeke, ehe Sie durch dichten Wald und am Silvestersee vorbei nach Scheverdingen gelangen.

Übernachtung: Es gibt unterwegs mehrere Möglichkeiten für eine Über-

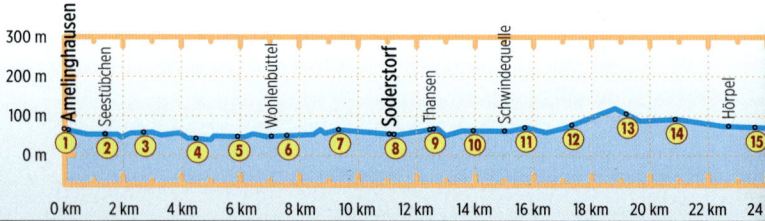

Amelinghausen, St. Hippolit.

nachtung, sodass auch eine 3-Tages-Tour geplant werden kann. Unterkünfte finden Sie in Soderstorf, Thansen, Hörpel, Döhle (über einen Abstecher erreichbar), Wilsede und Niederhaverbeck. Da die Lüneburger Heide ein beliebtes Urlaubsziel ist, sollten Sie vor Beginn der Tour Zimmer reservieren.

Markierung: Lila-Krönung, ab Wilsede auch Heidschnuckenweg

Tipp: Zwischen Mitte Juli und Mitte Oktober verkehrt mehrmals täglich der Heide-Shuttle (s. S. 13). Die vier Busrundlinien verbinden die wichtigsten Orte der Lüneburger Heide miteinander. Dadurch besteht auch die Option, die Strecke in Tagestouren zu unterteilen.

Anfahrt: Von Mitte Juli bis Mitte Oktober bringt Sie an Wochenenden und an Feiertagen der kostenlose Heide-Shuttle von Lüneburg nach Amelinghausen (s. S. 13). Ansonsten mit dem RB 3 (metronom) nach Lüneburg und von dort mit der Buslinie 5700 nach Amelinghausen zum ehemaligen Bahnhof. Parkmöglichkeiten im Ort.

Abfahrt: Von Schneverdingen mit dem RB 38 (Heidesprinter) bis Buchholz, von dort mit dem RB 41 (metronom) nach Hamburg. Wollen Sie zurück nach Lüneburg, fahren Sie nur bis Hamburg-Harburg und steigen dort um in die RB 31.

28 km 30 km 32 km 34 km 36 km 38 km 40 km 42 km 44 km 46 km

Sellhorn ⑰ Wilsede ⑱ Wilseder Berg ⑲ ⑳ Niederhaverbeck ㉑ ㉒ ㉓ ㉔ Eine-Welt-Kirche Schneverdingen

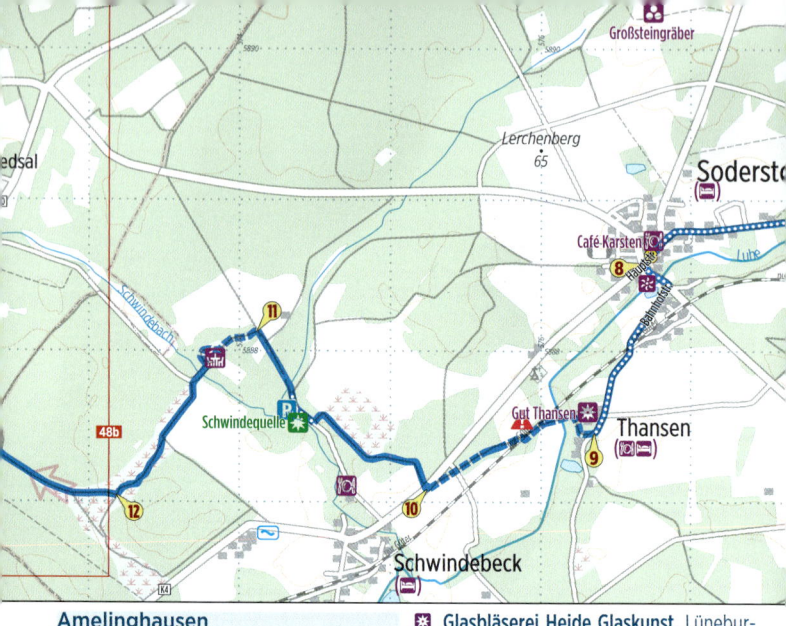

Amelinghausen

Vorwahl: 04132

ℹ️ Tourist-Information, Marktstr. 1, Markthus, ☎ 920943, @ lhc884

🏛 HPs Kuri-Seum, Eulenkamp 10, ☎ 8171, ☎ 0151/12800300 🕐 Ausgefallene Gegenstände aus aller Welt können besichtigt werden. @ qnw282

🏛 Zinnfigurenausstellung, Marktstr. 1, Markthus, ☎ 920943 🖼 In über 50 detailverliebten Dioramen stellen Zinnfiguren 4.000 Jahre Weltgeschichte dar.

⛪ St. Hippolit. Die evangelische Kirche wurde nach einem Brand in den Jahren 1818-20 im klassizistischen Stil wieder aufgebaut. @ orf651

❄️ Heideblütenfest, ☎ 8282. Alljährlich findet für 9 Tage bis zum vorletzten Sonntag im Aug. eines der größten Volksfeste Norddeutschlands statt. @ erc433

❄️ Glasbläserei Heide Glaskunst, Lüneburger Str. 59, ☎ 7984. Fast täglich Live-Vorführungen. @ cbj282

❄️ Lama-Trekking, Gärtnerweg 8, ☎ 932335, ☎ 0160/94986282, @ omo741

❄️ Eulengarten, Finkenweg 18, ☎ 7804, 🕐 Mai-Sept. Führungen Mi und Sa 15 Uhr. In dem privaten Garten können 15 Eulenarten beobachtet werden. @ sbs728

🛥 Waldbad, Zum Lopautal 30, ☎ 930088, @ wif888

1 **0,0** Von der Bushaltestelle in Amelinghausen gehen Sie auf der **Olsdorfer Straße Richtung Süden** 〰 die Vorfahrtsstraße kreuzen und in das gegenüberliegende Sträßchen **Im Suderfelde** 〰 nach dem letzten Haus an der T-Kreuzung nach links 〰 rechts in den **Promenadenweg** 🚶 〰 am

Hochseilgarten vorbei ᔚ am Querweg kurz nach rechts, dann links zum Lopausee, rechts kommen Sie zu einer schönen Gaststätte.

🏠 **Seestübchen**, An der Lopau 4, ☎ 04132/336, ⏱ Mai-Mitte Okt. täglich ab 11 Uhr, Nov.-April mind. Sa, So ab 12 Uhr, @ pwv685

2 ¹,⁴ Am Seeufer wenden Sie sich nach links ᔚ am Nordufer des Sees über den Zufluss, gleich dahinter links unter der Straße hindurch ᔚ der Wanderweg führt links von der Straße weg und am Parkplatz vorbei ᔚ auf dem Schotterweg geradeaus weiter.

3 ²,⁷ An der Kreuzung beim Unterstand links in Richtung Oldendorfer Totenstatt ᔚ gleich darauf nach links auf den Pfad ᔚ den Hang hinab und

direkt neben der Lopau durch das liebliche Tal ᔚ am Forstweg nach rechts ᔚ an der folgenden T-Kreuzung nach links ᔚ nach etwa 500 m nach rechts in Richtung Totenstatt ᔚ kurz am Waldrand entlang, wenig später erreichen Sie die Totenstatt.

Oldendorfer Totenstatt

❄ **Oldendorfer Totenstatt**. Die 4.000 Jahre alte Begräbnisstätte besteht aus 6 Grabhügeln. @ jld543

Dieser Ort am Zusammenfluss von Luhe und Lopau hat eine jahrtausendealte Tradition als Friedhof. Schon vor über 4.000 Jahren wurden hier erste Großsteingräber angelegt und in den folgenden Jahrhunderten mehrmals nachbestattet. In der Bronzezeit entstanden außerdem einige Grab-

hügel. Aufgrund des Fundes von Urnenresten lässt sich schließen, dass dieser Ort bis ins 5. Jahrhundert als Grabstätte genutzt wurde. In der gut gepflegten Anlage informieren zahlreiche Tafeln über die verschiedenen Grabanlagen.

Beim Unterstand dem breiteren Weg nach links folgen.

4 4,5 Am Schotterweg am westlichen Rand der Totenstatt gehen Sie nach links ⌇ an der Infotafel zum Naturlehrpfad nach rechts auf den Pfad Richtung Lopau und Luhe ⌇ an der Lopau entlang ⌇ auf der Brücke über die Luhe ⌇ am abzweigenden Pfad Richtung Museum vorbei ⌇ die **L 234** überqueren und links in den straßenbegleitenden Rad- und Gehweg einbiegen ⌇ an der **Bushaltestelle Abzweig Wohlenbüttel** vorbei ⌇ auf der Brücke über die Luhe.

5 5,9 Gleich nach der Brücke zweigen Sie rechts ab ⌇ nach wenigen Metern den Feldweg verlassen und rechts auf dem Wanderpfad weiter ⌇ für etwa 500 m folgen Sie dem reizvollen Weg durch den dichten Waldstreifen ⌇ an der Asphaltstraße nach rechts und in den Ort hinein.

Wohlenbüttel (Oldendorf (Luhe))
Vorwahl: 04132

▒ **Wassermühle Wohlenbüttel**, Wohlenbüttel 2. Die aus dem Jahr 1870 stammende Wassermühle ist heute noch funktionsfähig, wird allerdings nicht mehr genutzt.

▭ **Mühlenhof Wohlenbüttel**, Wohlenbüttel 2, ✆ 8414, @ bxt382

An der Kreuzung im Dorf geradeaus weiter ⌇ Sie lassen den Ort hinter sich.

6 7,6 Im Linksbogen der Straße, die etwas später über die Bahngleise führt, zweigen Sie dem Luhe-Wanderweg folgend rechts ab auf den zweispurigen Feldweg ⌇ an der nächsten Gabelung rechts halten ⌇ nach etwa 100 m halten Sie sich links und wandern am Waldrand entlang ⌇ auf Asphalt dem Linksbogen folgen, gleich danach auf dem Luhe-Wanderweg nach rechts ⌇ an der T-Kreuzung der Lila-Krönung-Tour nach rechts folgen ⌇ an der Gabelung der Feldwege, die in abgesperrte Gelände führen, in der Mitte geradeaus auf den Wanderpfad ⌇ auf dem schmalen Brücklein über die Luhe und weiter durch den Wald.

7 9,4 An der Schranke vorbei kommen Sie zur Straße, hier noch kurz vorher links auf den zweispurigen Feldweg ⌇ wenig später geradeaus auf das asphaltierte Sträßchen und nach Soderstorf hinein 🏚.

Soderstorf
Vorwahl: 04132

⚑ **Nekropole Soderstorf**, Wohlenbütteler Str. Die Begräbnisstätte besteht aus einem jungsteinzeitlichen Großsteingrab, einem bronzezeitlichen Hügelgrab, einem eisenzeitlichen Urnenfriedhof sowie einem Flachgrab und Steinkreisen.

▒ **Wassermühle Soderstorf**, Mühlenstr. 4. Die bereits 1427 erstmals erwähnte Wassermühle befindet sich seit 1650 im Besitz der Familie Vogt. Bis in die 1960er Jahre wurde die Anlage genutzt, seither steht sie still. Die heutigen Gebäude, u. a. ein Backhaus und 6 m hohes Wasserrad, stammen vom Anfang des 19. Jhs.

🔲 **Café und Bäckerei Karsten**, Hauptstr. 2, ✆ 388

🔲 **Jornitz**, Westerfeld 7, ✆ 1201

Kurz vor der Kreuzung halten Sie sich links ↝ geradeaus auf den straßenbegleitenden Rad- und Gehweg ↝ an der **Bushaltestelle Hauptstraße** vorbei.

8 ¹¹,² An der Kreuzung am Infohäuschen links in die **Mühlenstraße** ↝ die Luhe überqueren, dann rechts in die **Bahnhofstraße** ↝ 🔲 die Bahngleise kreuzen und auf Kopfsteinpflaster weiter ↝ an der Kreuzung bei der Einfahrt zum Gut Thansen geradeaus weiter.

Thansen (Soderstorf)

Vorwahl: 04132

🔲🔲 **Gut Thansen**, Rehrhofer Weg, ✆ 933321. Einsam an einer alten kopfsteingepflasterten Eichenallee gelegen, wird der denkmalgeschützte Fachwerkhof heute als Seminar- und Eventzentrum genutzt. @ prc756

9 ¹²,⁶ Am Ende der Kopfsteinpflasterstraße zweigen Sie der Wanderwegmarkierung folgend rechts ab auf den Pfad ↝ erst über mehrere Holzbrücklein, dann auf einer Metallbrücke über die **Luhe** ↝ in der Nähe des Bahnüberganges geradeaus auf den geschotterten Weg ↝ im Linksbogen des Weges geradeaus auf den Pfad ↝ nach etwa 200 m rechts über die Gleise, hier gibt es keinen offiziellen Bahnübergang! – ⚠ Achten Sie auf eventuell herannahende Güterzüge! ↝ auf der anderen Seite auf dem Wiesenpfad am Zaun entlang ↝ am Ende des Feldes geradeaus weiter auf dem zweispurigen Weg ↝ im Rechtsbogen des Weges gehen Sie geradeaus auf den etwas schlechteren Weg ↝ am Waldrand entlang und die Straße kreuzen.

10 ¹⁴,⁰ Sie überqueren die Vorfahrtsstraße und wandern auf dem gegenüberliegenden Weg am Rand des Feldes weiter ↝ dem Weg links in den Wald hinein folgen ↝ wenig später befinden Sie sich in einer wunderbaren Heidelandschaft ↝ links in den breiten, etwas sandigen Querweg einbiegen ↝ an der Straße nach rechts ↝ am Parkplatz an der Schwindebachquelle vorbei.

❇ **Schwindequelle**. Die Quelle ist mit einer Schüttung von 60 l/s nach der Rhumequelle im Harz die zweitwasserreichste Quelle Niedersachsens. Die schön gestaltete Anlage lädt zu einer kühlenden Rast im schattigen Wald.

An der nächsten Gabelung links halten und auf Schotter weiter.

11 ¹⁵,⁷ Bei der nächsten Infotafel zweigen Sie links auf den ersten der beiden Feldwege ab ↝ an der Gabelung halten Sie sich rechts ↝ um den Rastplatz herum und vor zum breiteren Feldweg, hier nach rechts ↝ über den **Schwindebach** hinüber und geradeaus durch die wunderbare Heidelandschaft ↝ an der Gabelung beim Feld halten Sie sich rechts und laufen in sanften Kurven leicht bergauf.

12 ¹⁷,³ Oben auf der kleinen Anhöhe zweigen Sie bei der Rastbank rechts ab auf den sandigen, zweispurigen Weg, ⚠ Achtung hier fehlt möglicherweise die Wegmarkierung! ↝ an der nächsten Kreuzung geradeaus auf den Feldweg ↝ es geht in den Wald

Blick auf den Totengrund

hinein ～ an der Schranke vorbei und an der folgenden Gabelung links ～ am rechten Rand des Feldes entlang, dann am Ende rechts auf dem etwas zugewachsenen Weg in den Wald hinein ～ geradeaus auf den anderen Weg.

13 ¹⁹,² An der T-Kreuzung nach der scharfen Kurve nach rechts ～ dem Hauptweg folgen ～ nach der langen Geraden kommen Sie zu einer Dreierkreuzung, hier zweigen Sie der Markierung folgend links ab ～ am Waldrand rechts in den breiten Weg einbiegen.

14 ²⁰,⁹ An der Straße wenden Sie sich kurz nach links, dann an der nächsten Möglichkeit rechts auf den Schotterweg ～ die Bahngleise kreuzen ～ geradeaus auf die Straße ～ wenig später überqueren Sie die Vorfahrtsstraße 🚸 ～ an der Kreuzung rechts

in den **Hörpeler Ring** und in den Ort hinein.

Hörpel (Bispingen)
Vorwahl: 05194

- **St. Pauli**, Brandenburg Str. 1. Die Kirche befindet sich seit 1909 in der Mitte des Ortes.
- **Porzellanmanufaktur Calluna**, Alte Landesstr. 2, ☎ 2007. Verkauf von Porzellan aus der Lüneburger Heide und Werksbesichtigung. @ qqh188
- **Zum Naturschutzpark**, Lindenallee 9, ☎ 497, @ rbi376

Nach der Kirche geradeaus weiter Richtung Wilsede ～ 🛫 über die **Autobahn**.

15 ²³,⁶ Gleich nach dem Überqueren der A 7 zweigen Sie links ab.

VARIANTE Wenn Sie hier geradeaus weiter gehen, kommen Sie nach Döhle. Dort gibt es Übernachtungsbetriebe.

Döhle (Egestorf)   s. S. 220
Vorwahl: 04175

🅿️📮 **Heide-Landhaus**,   Dorfstr. 44,
  📞 802848, @ wvl836

📮 **Meyer**, Dorfstr. 5, 📞 264

Auf der Hauptroute geht es in das **Naturschutzgebiet Lüneburger Heide** hinein 〰 im Rechtsbogen von der Autobahn weg 〰 gleich darauf an der Gabelung rechts halten 〰 über die **Schmale Aue** hinüber und neben dem Reitweg entlang durch die farbenprächtige Heide.

16 25,6 An der Kreuzung geradeaus weiter in Richtung Totengrund 〰 vorübergehend auf einem Pfad links des Reitweges entlang 〰 nach knapp 300 m links haltend auf dem guten Schotterweg bergab.

17 27,3 An der asphaltierten Straße kurz nach links, dann nach etwa 100 m rechts auf den zweispurigen Waldweg 〰 der Weg führt bergauf in den Wald hinein 〰 an der Kreuzung nach dem Rechtsbogen halten Sie sich rechts und folgen dem **Hermann-**

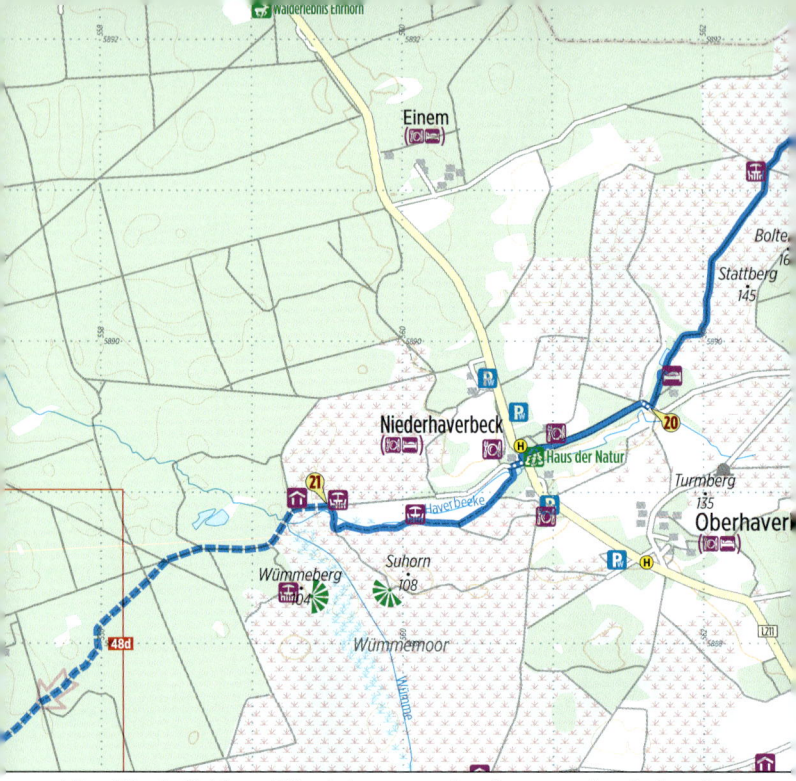

Löns-Weg in Richtung Wilsede bergauf 〰 am Rande eines Abhanges eröffnet sich ein wunderbarer Blick über den Totengrund.

Totengrund (Bispingen)

✳ **Totengrund**. Der mystische ca. 30 ha große Talkessel entstand vermutlich durch glaziale Überprägung während der Saale-Eiszeit vor 300.000 bis 130.000 Jahren. @ ihs734

Der mit Heidekraut und Wacholder bewachsene Talkessel südöstlich von Wilsede zählt neben dem Wil- *seder Berg zu den bekanntesten Landschaften in der Lüneburger Heide. Bereits im Jahr 1906 konnte der Egestorfer Pastor Wilhelm Bode dank Spendengeldern das Heidetal kaufen, um es für die Nachwelt zu schützen. Der Totengrund gilt somit als erste Basis für das im Jahr 1921 geschaffene Naturschutzgebiet Lüneburger Heide. Der Name lässt sich aller Wahrscheinlichkeit nach auf den trockenen und kargen – also toten – Boden zurückführen.*

Sie wandern am Rand des Totengrundes entlang, dabei eröffnen sich immer wieder reizvolle Blicke über den Talkessel.

18 ²⁹,¹ Am westlichen Rand des Tales zweigen Sie an der Kreuzung mit dem Markierungsstein rechts ab in Richtung Wilsede ⌇ an der Scheune vorbei und auf dem breiten Weg quer durch die Heide ⌇ den sandigen Weg kreuzen und in den Ort hinein ⌇ an der Kopfsteinpflasterstraße nach links ⌇ Sie zweigen gleich

nach dem ersten Gasthaus rechts ab und passieren das **Heidemuseum**, ab hier verläuft der Heidschnuckenweg parallel.

Wilsede (Bispingen)

Vorwahl: 04175

🛈 **Tourist-Information**, Bahnhofstr. 19, Bispingen, ✆ 05194/9879690, @ xpu321

🏛 **Heidemuseum „Dat ole Huus"**, ✆ 802933 ⓘ Wie die Heidebauern vor rund 150 Jahren lebten, wird in diesem Museum mit originaler Einrichtung sehr anschaulich dargestellt. Weiterhin finden Sie im Obergeschoss eine Vor- und Frühgeschichtliche Sammlung. @ dvv363

🏛 **Emhoff**, 📞 802933. Im ehemaligen Schafstall ist eine Ausstellung zum Naturschutz in der Lüneburger Heide zu sehen. Der Treppenspeicher nebenan informiert über den Lebensraum Moor. @ btn241

▣ **Wilseder Hof**, Wilsede 2c, 📞 311, 🕒 Mi-So 11-17 Uhr, Aug. und Sept., tägl. 11-17 Uhr, @ dgs874

▣ **Zum Heidemuseum**, Wilsede 9, 📞 217, @ lhd863

Zu Fuß, per Rad oder mit der Kutsche kann das kleine Dorf Wilsede inmitten des Naturschutzgebietes erreicht werden, denn motorisierter Verkehr ist hier strengstens verboten. Das historische Dorf, wo übrigens noch 33 Einwohner leben, gilt als absolut ruhig und beschaulich. Neben einigen Wohnhäusern gibt es vor allem zwei Gaststätten, einige renovierte Schafställe und mehrere historisch wertvolle Fachwerkhäuser und Scheunen zu entdecken. Doch die Ruhe inmitten des großen Waldgebietes kann täuschen – nämlich genau dann, wenn die Heide blüht. Und so kann es vorkommen, dass Sie sich im August beim gemütlichen Ausflug plötzlich unter mehreren hundert Menschen in Wilsede wiederfinden.

Nach dem Museum die querende Dorfstraße kreuzen und geradeaus bergauf Richtung Wilseder Berg auf dem Pfad neben der Pflasterstraße 🔁 ～ nach etwa 400 m an der Gabelung den rechten Weg nehmen ～ vorbei am Rastplatz, dann an der nächsten Gabelung geradeaus weiter

～ bald darauf ist der Gipfel des Wilseder Berges erreicht.

Wilseder Berg (169 m)

✳ **Wilseder Berg**. Der Berg markiert die Wasserscheide zwischen Aller, Elbe und Weser. @ vuv172

Mit rund 169 Metern über Seehöhe ist der Wilseder Berg die höchste Erhebung der nordwestdeutschen Tiefebene. Von hier aus können Sie bei klarer Sicht bis zu den Türmen von Hamburg und Lüneburg sehen. Eine Informationstafel mit Entfernung und Richtung zahlreicher deutscher Hauptstädte erinnert an die hier unternommenen kartographischen Vermessungen von Carl Friedrich Gauß.

Sie wandern geradeaus über den Berg hinüber und im Westen wieder hinab. **19** [31,9] An der Gabelung halten Sie sich links Richtung Niederhaverbeck ～ an der nächsten Kreuzung den sandigen Weg überqueren und geradeaus weiter ～ der von Rastbänken gesäumte Weg führt durch die reizvolle Heidelandschaft ～ oberhalb eines kleinen Sees entlang, links sind ein paar Höfe zu sehen.

20 [34,4] An der Kopfsteinpflasterstraße nach rechts, hier treffen Sie auf den Leine-Heide-Radweg ～ dem Linksbogen der Straße folgen und auf dem geschotterten Wanderweg neben der Straße weiter ～ am Eickhof vorbei, dann an der Gabelung links halten.

Niederhaverbeck (Bispingen)
Vorwahl: 05198

ℹ **Tourist-Information**, Bahnhofstr. 19, Bispingen, 📞 05194/9879690, @ xpu321

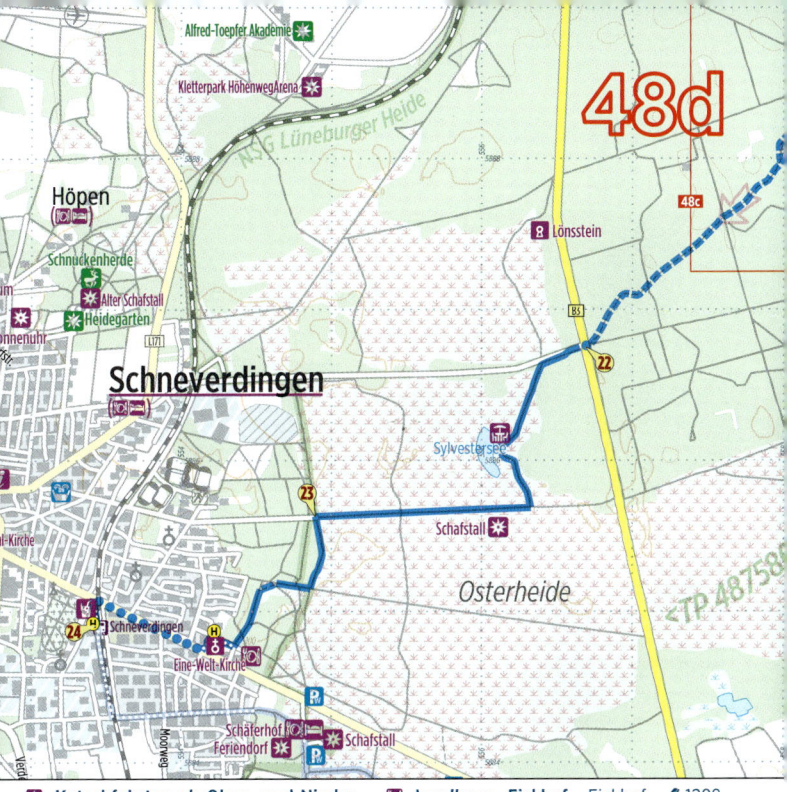

✹ **Kutschfahrten ab Ober- und Niederhaverbeck**, ✆ 05194/9879690. Fahrten in die Lüneburger Heide. Anbieter: Bartels, ✆ 05194/2075; Dierßen, ✆ 05194/7556; Hillmer, ✆ 05194/7235; Hillmer, ✆ 210; Jungemann, ✆ 744. @ bpn885

🅐 **Naturinformationshaus Niederhaverbeck**, Niederhaverbeck 3, ✆ 379, ✆ 982430, ☉ Mai-Juni, Sa, So 10-17 Uhr, Juli-Mitte Okt., tägl. 10-17 Uhr. Mit einer Ausstellung über das Leben der Bienen und die Heideimkerei. @ rnl111

🄾 **Landhaus Eickhof**, Eickhof, ✆ 1288, @ vgi258

🄾 **Landhaus Haverbeckhof**, Niederhaverbeck 2, ✆ 98980, ☉ tägl. 12-20.30 Uhr, @ njg323

🄾 **Menke**, Niederhaverbeck 12, ✆ 330, @ vcp156

Am Naturinfohaus und der Bushaltestelle vorbei zur Vorfahrtsstraße, hier kurz nach links, dann aber gleich nach dem Gasthof nach rechts ∿ am Ende des Teiches nach links und auf dem Brücklein über die **Haverbeeke** ∿ der

Aussicht vom Wilseder Berg

reizvolle Wanderweg führt parallel zum Flüsschen durch das liebliche Tal ∿ an der T-Kreuzung wenden Sie sich nach rechts ∿ auf dem Holzbohlenweg entlang und erneut über die Haverbeeke. **21** ³⁶,⁸ An der T-Kreuzung mit dem breiten Querweg nach links und auf dem gut begehbaren Pfad neben dem sandigen Weg weiter ∿ am Abzweig Richtung Wümmeberg vorbei ∿ der Pfad kreuzt den breiten Weg und führt als **Spitzbubenweg** in den Wald hinein ∿ der gut erkennbare Pfad führt quer durch den Wald, dabei kreuzen Sie mehrmals breitere Wege.

22 ⁴⁰,⁷ Sie überqueren die Bundesstraße und laufen auf dem linksseitig straßenbegleitenden Pfad, der sich bald zu einem zweispurigen Feldweg entwickelt ∿ an der Kreuzung zweigen Sie links ab und folgen dem guten Feldweg ∿ am **Silvestersee** vorbei ∿ an der folgenden T-Kreuzung nach rechts und schnurgerade durch die Heide ∿ an der nächsten Kreuzung geradeaus weiter.

23 ⁴³,⁵ An der Kreuzung mit den Infotafeln zur Osterheide kurz vor dem Wald zweigen Sie links ab Richtung Bahnhof ∿ an der nächsten Kreuzung nach rechts ∿ an der Kreuzung bei der Rastbank zweigen Sie halb links ab auf den Pfad ∿ wenig später treffen Sie auf einen breiten Weg, hier nach links ∿ am Wendekreis biegen Sie rechts in die **Ernst-Dax-Straße** ein ∿ an der folgenden T-Kreuzung nach links ∿ kurz vor der Landesstraße rechts in die Einbahnstraße ∿ am Stoppschild geradeaus auf den Gehweg an der Vorfahrtsstraße ∿ die Bahngleise kreuzen, gleich danach links zum Bahnhof.

24 ⁴⁶,⁰ Am Bahnhof in Schneverdingen sind Sie am Ende der Tour angelangt.

Schneverdingen   s. S. 239

Tour 49 · **6,6 km**

Der Moorerlebnispfad Pietzmoor

Start/Ziel: Schneverdingen, Parkplatz am Pietzmoor, Heberer Straße 100

Aufstieg: 6 m	*Hartbelag:* 0 %
Abstieg: 6 m	*Wanderwege:* 72 %
Gehzeit: 1,5 Std.	*Wanderpfade:* 28 %

Charakteristik: Diese kleine Wanderung durch das Pietzmoor ermöglicht interessante Einblicke in die Besonderheiten einer Hochmoorlandschaft. Dabei wandern Sie ein gutes Stück des Weges auf einem schön angelegten Holzbohlenpfad quer durch die wild verwachsene, feuchte Landschaft. Unterwegs informieren verschiedene Stationen über das 8.000 Jahre alte Pietzmoor.

Markierung: keine

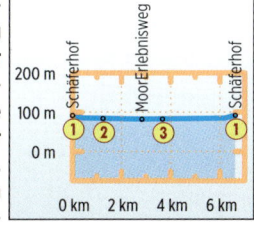

Anfahrt: Mit dem RB 41 bis Buchholz, von dort mit dem RB 38 weiter. Vom Bahnhof Schneverdingen sind es gut 2 Kilometer zu Fuß zum Einstieg in die Tour. Der Wanderparkplatz am Pietzmoor befindet sich westlich von Schneverdingen in der Heberer Straße 100.

EINSTIEG Um zum Startpunkt zu kommen, folgen Sie vom Bahnhof línks der Straße Am Bahnhof entlang der Gleise. Am Bahnübergang die Gleise queren und

Im Pietzmoor

auf dem Alt-Benninghöfer-Weg immer geradeaus. An der Straße Osterheide wenden Sie sich nach rechts und gehen noch 200 m bis zum Parkplatz.

🏠 **Schäferhof**, Heberer Str. 100, ☎ 3547, ⏰ 11.30–20.30 Uhr, nachmittags nur Kaffee und Kuchen, @ wjx652

Schneverdingen

1 [0,0] Vom Parkplatz am Pietzmoor gehen Sie Richtung Süden an der Infotafel vorbei ↝ noch vor dem hölzernen Schaf zweigen Sie links ab auf den zweispurigen Weg ↝ mehrere Rastbänke säumen den Weg.

2 [1,2] Biegen Sie rechts in den breiten Schotterweg ein ↝ nach knapp 1 km geradeaus auf den Holzbohlenweg ↝ den links abzweigenden Weg igno-

rieren und dem anderen Bohlenweg nach rechts folgen ↝ Sie passieren zwei weitere Infostationen ↝ dem Rechtsbogen der Holzbohlen folgen. **3** [3,7] An der Gabelung nach der Station „trickreich" halten Sie sich links, geradeaus ist eine Abkürzung möglich ↝ am Ende der Holzbohlen geradeaus auf den Schotterweg ↝ kurz vor dem Bahnübergang zweigen Sie rechts ab ↝ nach etwa 400 m noch vor dem Wald der Radwegbeschilderung folgend rechts abzweigen ↝ an der T-Kreuzung treffen Sie wieder auf den kurzen Rundweg, hier nach links. **1** [6,6] Am Parkplatz endet die kurze Rundwanderung.

Schneverdingen

Schneverdingen

Vorwahl: 05193

ℹ Schneverdingen Touristik, Rathauspassage 18, ☎ 93800, @ lqq877

🏛 Heimatmuseum „De Theeshof", Langelohsberg 13, ☎ 2199 ☞ Eine Ausstellung zur bäuerlichen Wohn- und Arbeitswelt zwischen 1850 und 1950. @ jqu787

⛪ Peter-und-Paul-Kirche, Friedenstr. 3. Die Kirche stammt aus dem 18. Jh.

⛪ Eine-Welt-Kirche, Ernst-Dax-Str., ☎ 800828 ☞ Führungen sind möglich. Im Rahmen der Expo 2000 wurde diese besondere Kirche aus Holz erbaut. Einzigartig dabei ist der sogenannte „Eine-Erde-Altar", der aus rund 7.000 Erdproben aus den verschiedensten Ländern der Welt geschaffen wurde. @ jne358

⛪ St. Ansgar, Feldstr. Die Architektur der 1964 geweihten Kirche ist an einen Heideschafstall angelehnt.

✳ Sonnenuhr, Schulstr. Mit 16,5 m Höhe und einem Durchmesser von 30,5 m steht eine der größten Sonnenuhren Deutschlands am nördlichen Ortsrand von Schneverdingen. Findlinge bilden das Ziffernblatt, ein geneigter Metallstab dient als Uhrzeiger.

✳ Heideblütenfest. Jedes Jahr findet am letzten Wochenende im August das bekannte Heideblütenfest statt. Mit Konzerten, einem Festumzug und der Krönung der Heidekönigin werden jährlich rund 40.000 Besucher zu dem mehrtägigen Spektakel angelockt. @ hkq381

✳ Kutschfahrten, ☎ 93810. Ausflüge zu verschiedenen Zielen in der Heide. Nähere Infos bei der Tourist-Information. @ wlb174

✳ Kletterpark HöhenwegArena, Camp Reinsehlen 20, Insel (Schneverdingen), ☎ 05198/987373 ☞ Künstliche 30 m hohe Anlage mit über 150 Kletterstationen. @ npa132

✳ Schnuckenherde, Overbeckstr., Schafstall in Höpen, ⏱ April–Okt., Austrieb 10.30 Uhr, Rückkehr 17.30–19 Uhr

✳ Heidegarten, Overbeckstr., Höpen. Etwa 200 verschiedene Heidesorten und über 200.000 Pflanzen können bei einem Spaziergang durch den weitläufigen Garten erkundet werden. Informationstafeln auf dem eigens angelegten Naturlehrpfad informieren über Fauna, Flora und Bewirtschaftung der Heidelandschaft. @ cfq827

✳ Pietzmoor. Unweit von Schneverdingen mischt sich hier die charakteristische Heidelandschaft mit wildromantischen Moorstrecken. Auf dem ca. 5 km langen Rundweg „MoorErlebnisweg" lässt sich die Flora und Fauna entdecken. @ wdf557

🛁 Quellenbad, Inseler Str. 97, ☎ 988829, @ sms674

🛁 Heidjers Wohl, Osterwaldweg 8, ☎ 988828. Mit Sauna. @ pyi454

Schneverdingen, Heidegarten

Tour 50

27 km

NORDPFADE – Rotenburger Wasserreich und Dör´t Moor

Start/Ziel: Rotenburg (Wümme), Bahnhof

Aufstieg: 87 m   *Hartbelag:* 33 %

Abstieg: 87 m   *Wanderwege:* 62 %

Gehzeit: 6 - 7 Std.   *Wanderpfade:* 5 %

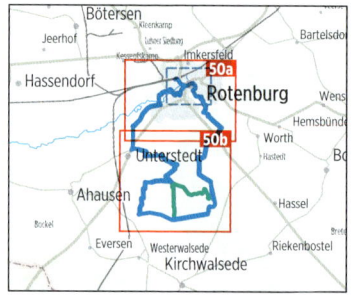

Entlang der Wümme und über Felder und Wälder gelangen Sie südlich von Rotenburg zum Großen und Weißen Moor, dieses zählt zu den am besten erhaltenen Hochmooren Nordwestdeutschlands. Im Naturschutzgebiet laufen Sie größtenteils auf Mulch- und Naturwegen. Sie kommen an Informationstafeln und Themenpavillons vorbei, an denen die Besonderheiten der Region erläutert werden.

Charakteristik: Auf dieser Wanderung lernen Sie zwei der insgesamt 24 NORDPFADE-Wanderwege im Landkreis Rotenburg (Wümme) kennen. Der NORDPFAD Dör´t Moor wurde 2019 sogar als „Qualitätsweg Traumtour" vom Deutschen Wanderverband ausgezeichnet.

Tipp: Wenn Sie mit dem Auto anreisen, können Sie die Route erheblich abkürzen. Der Parkplatz am Großen Bullensee ist Startpunkt des 10,3 km langen NORDPFAD Dör´t Moor. Dieser lässt sich noch auf 7,5 km reduzieren, wenn Sie der Variante durch

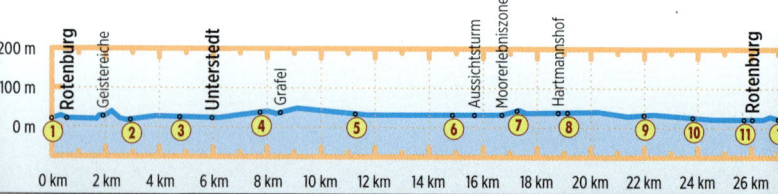

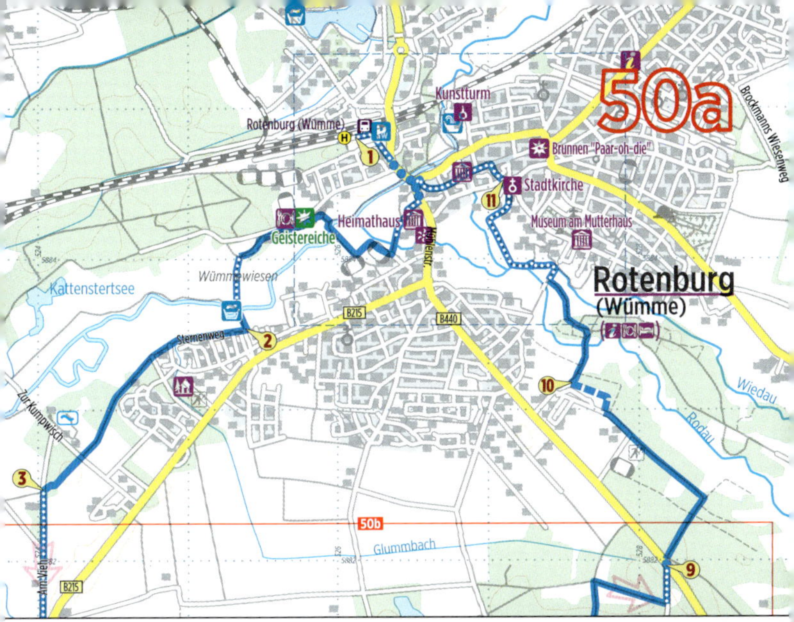

Rotenburg (Wümme)

Kunstturm

Brunnen "Paar-oh-die"

Stadtkirche

Heimathaus

Geistereiche

Museum am Mutterhaus

Wümmewiesen

Kattenstertsee

Sternenweg

B215

B440

zur Kampwisch

Glummbach

50b

Wiedau

Rodau

Bockmanns Wiesenweg

das Moor über den Butterweg folgen. Mit Aussichtsturm, Moorerlebniszone und Badestelle am Bullensee eignet sich die kurze Runde bestens für eine Wanderung mit Kindern.

Markierung: Die NORDPFADE-Wege sind in beide Richtungen „unverlaufbar" markiert. Für die Runde nördlich vom Moor folgen Sie den Schildern „Rotenburger Wasserreich", für die südliche Runde denen vom „Dör't Moor".

Anfahrt: Mit dem RE 4 oder der RB 41 (metronom) bis nach Rotenburg (Wümme). Am Bahnhof gibt es Parkplätze.

Rotenburg (Wümme)   s. S. 245

1 **0,0** Vom Bahnhof gehen Sie links, vor dem Parkplatz rechts ab in die

NORDPFADE-Beschilderung

Bahnhofstraße ᰃ vor der Querstraße rechts auf den Rad- und Fußweg ᰃ nach der Brücke geradeaus weiter ᰃ am **Heimathaus** rechts in die Straße **Am Schloßberg** ᰃ vorbei am schönen Bauerngarten ᰃ auf der Brücke über die Wiedau und vor der Schule rechts ᰃ 🚩 bei den Sportplätzen am Ende der Sprintbahn rechts in den schnurgeraden Weg ᰃ über die Wümme und kurz darauf links halten ⌇ hinterm Waldrand links in den kleinen Weg und vorbei am Schützenhaus.

🏠 **Am Ahewald**, ✆ 04261/961205, 🕐 Mi–So ab 11.30 Uhr

Nach etwa 500 m verlassen Sie den Wald nach links ⌇ durch die Ahewiesen weiter ⌇ auf einer Brücke die **Wümme** überqueren.

2 ³,⁰ Vor dem ersten Haus rechts in den **Sternenweg** und am Ortsrand entlang ⌇ am Abzweig zur Jugendherberge weiter geradeaus ⌇ über die Straße und am Waldrand entlang.

3 ⁴,⁸ An der folgenden Kreuzung links abbiegen ⌇ in **Unterstedt** an der B 215 rechts und beim China-Restaurant in die erste Straße links abzweigen ⌇ auf dem **Reithenweg** geradeaus bis zum Waldrand, dort rechts ⌇ an der T-Kreuzung links auf das Sträßchen ⌇ in den Wald hinein.

4 ⁷,⁷ Kurz darauf rechts halten ⌇ am Waldrand entlang und vorbei am **Ferienhof Grafel**.

🍴 **Hofladen**, ✆ 04261/3211, 🕐 Fr, Sa, 9–13 Uhr, 14–18 Uhr

An der Straße rechts und kurz darauf links der Wegweisung folgen ⌇ an der Schranke vorbei, rechter Hand liegt ein kleiner idyllischer See ⌇ in

der scharfen Rechtskurve weiter dem Schotterweg folgen ⌇ an der Mehrfachwegkreuzung geradeaus ⌇ nach 600 m an der zweiten Wegkreuzung den Schildern nach links folgen ⌇ beim Wegweiser am „Moskau-Stein" stoßen Sie auf den NORDPFAD Dör't Moor, hier nach rechts.

VARIANTE An dieser Stelle bieten sich zwei mögliche Abkürzungen an. Sie können entweder links der Beschilderung direkt zum Bullensee folgen oder Sie wählen die Variante NORDPFAD Dör´t Moor und laufen auf dem Butterweg quer durchs Moor.

Großes und Weißes Moor

Das Kerngebiet des Hochmoors rund um die vier Kolke wurde bereits 1953 unter Naturschutz gestellt. Dies verschonte das Moor vor dem Torfabbau und der damit verbundenen kompletten Zerstörung. Über die Jahrhunderte wurden jedoch weite Teile des Gebietes für die Landwirtschaft entwässert. Durch Wiedervernässung wird mittlerweile versucht, das 654 Hektar große Moor langsam in seinen Ursprungszustand zurückzuversetzen.

Auf der Hauptroute am Waldrand also nach rechts, immer geradeaus ⌇ nach ca. 1 km auf einem Asphaltweg zwischen den Feldern weiter.

Themenpavillon am Abzweig Butterweg

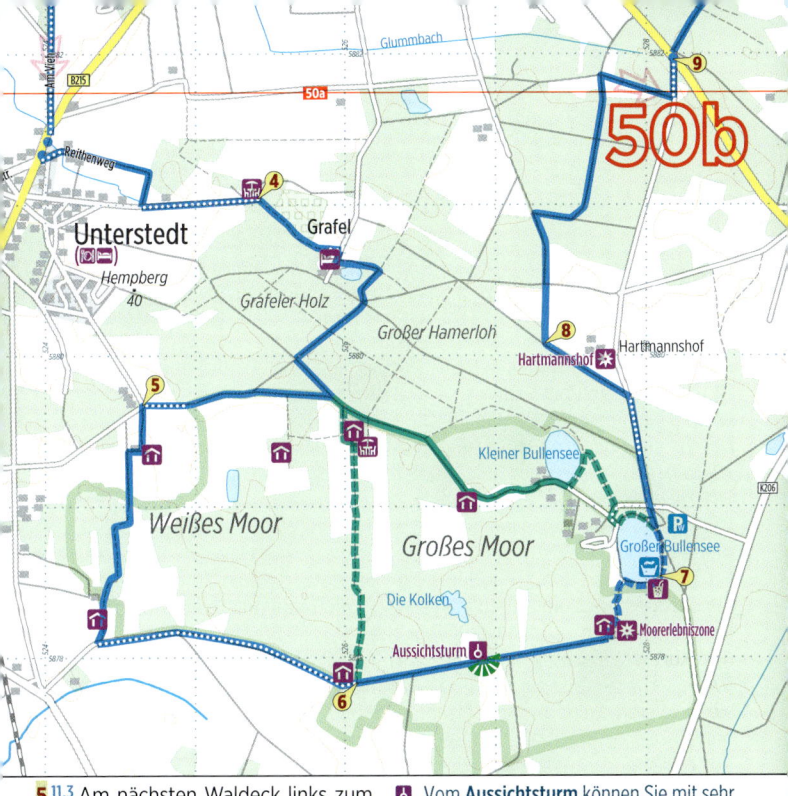

5 **11,3** Am nächsten Waldeck links zum etwa 250 Jahre alten Schafstall 〰 vor der Streuobstwiese rechts, dann wieder links 〰 dem Wegverlauf an Grabhügeln und später am Themenpavillon vorbei folgen 〰 an dem Sträßchen dann links 〰 am Ende des Asphalts geradeaus weiter auf dem Weg ins Moor.

6 **14,9** Am Themenpavillon bei den Moorseen stößt von links der Butterweg hinzu, hier weiter geradeaus durch das Moor 〰 Sie erreichen wenig später den Aussichtsturm.

🄰 Vom **Aussichtsturm** können Sie mit sehr viel Glück Vögel wie Kranich oder Mäusebussard beobachten.

Nach etwa 1 km links über die kleine Holzbrücke auf den Pfad, hier sind Sie nun in der **Moorerlebniszone**.

✳ In der **Moorerlebniszone** können Sie an verschiedenen Stationen das Moor mit allen Sinnen erleben.

Sie folgen dem Erlebnispfad bis zum Ende und kommen zum Großen Bullensee 〰 nach der Holzbrücke auf den Uferweg nach rechts.

Moorsee Großes und Weißes Moor

7 ^{17,3} Die Badestelle mit den Bänken und dem Seesteg eignet sich bestens für eine längere Rast.

Großer Bullensee

Der Große Bullensee ist als Badesee weithin bekannt. Durch das dunkle Wasser und die niedrige Wassertiefe kann das Wasser an sonnigen Sommertagen bis zu 30° C warm werden.

Nach der halben Seeumrundung stoßen Sie kurz vor dem Spielplatz rechter Hand wieder auf den NORDPFAD Rotenburg Wasserreich, dem Sie nun folgen ⌇ geradeaus bis zum Ende des Waldes, dort links und am Erlebnisgarten des NABU sowie am Gelände des Hartmannshofes entlang.

Hartmannshof (Rotenburg (Wümme))

✿ **Hartmannshof**, ✆ 04261/8888, ⊘ Café: Fr-So 9-22 Uhr, Do-So 13-15 Uhr und 15.30-17.30 Uhr. Der Hof wird von den Rotenburger Werken betrieben, einer Einrichtung für Menschen mit Behinderungen. Mit weitläufigem Mitmach- und Erlebnisgarten, Hofladen und einem Hofcafé, das u. a. selbstgemachte Torten anbietet.

8 ^{19,1} Vor dem Wald rechts abbiegen ⌇ geradeaus, bald in den Wald hinein ⌇ nach 250 m rechts ⌇ nach den nächsten 250 m links, dann nochmals links halten ⌇ nun 750 m geradeaus ⌇ aus dem Wald kommend, an der Kreuzung rechts und dem Pferdepfad 500 m folgen ⌇ an der T-Kreuzung nach links auf die Asphaltstraße.

9 ^{22,0} Sie überqueren die **B 440** und gehen gegenüber auf dem Forstweg in den Wald ⌇ nach etwa 500 m am Waldrand links ⌇ vorbei an **Tennisplätzen**, dann an einem Reiterhof ⌇ am Ende des Waldes rechts.

10 ^{23,8} Am **Stockforthsweg** biegen Sie rechts ab ⌇ nach der Brücke über die **Rodau** im Wäldchen links ⌇ am Asphaltweg rechts Richtung Ortsmitte ⌇ vor der Brücke links auf den **Kulturpfad** und am Ufer der **Wiedau** entlang ⌇ auf einer Holzbrücke wechseln Sie ans andere Ufer ⌇ 🚏 am Spielplatz links halten und zur **Stadtkirche**.

11 ^{25,7} Leicht links versetzt über die Goethestraße in die **Kirchstraße** ⌇ an der **Großen Straße** links ⌇ durch die Fußgängerzone zum Rathaus mit Tourist-Info ⌇ nach dem Markt dem Rechtsbogen folgen ⌇ vor der Wümme treffen Sie auf den bekannten Zuweg zum Bahnhof.

1 ^{27,0} Die Tour endet am Bahnhof.

Rotenburg (Wümme)

Rotenburg (Wümme)

Vorwahl: 04261

- 🛈 **Informationsbüro der Stadt Rotenburg**, Große Str. 1, ✆ 71100, @ fgk541
- 🛈 **Touristikverband Landkreis Rotenburg (Wümme) e. V.**, Harburger Str. 59, ✆ 81960, @ cyq127
- 🏛 **Heimathaus Rotenburg**, Burgstr. 2, ✆ 4520 ⊝ ⊙ Das im 18. Jh. errichtete Heimathaus zeigt eine Ausstellung zum bäuerlichen Leben in der Region. Im Außenbereich laden ein Bauern- und Apothekergarten samt Kneippbecken und kleinem Barfußpfad zu einem gemütlichen Spaziergang ein. @ ihn725
- 🏛 **Cohn-Scheune**, Am Kirchhof 1, ⊙ So 14.30-17 Uhr. Das wiederaufgebaute Gebäude diente früher der jüdischen Textilhandels-Familie Cohn als Scheune. Heute beherbergt es ein kleines Museum, welches das jüdische Leben in der Stadt dokumentiert. @ xlj388
- 🏛 **Museum am Mutterhaus**, Elise-Averdieck-Str. 17, ✆ 772206 ⊙ Im Diakonissen-Mutterhaus wird die Geschichte der Schwesternschaft veranschaulicht, die 1856 in Hamburg ins Leben gerufen wurde und sich der Pflege von Bedürftigen, Kindern und Kranken widmete. @ xoj417
- 🏛 **Rudolf-Schäfer-Haus**, Große Str. 15, ✆ 83125, ⊙ Sa 10-12.30 Uhr u. n. V. In einem der ältesten Fachwerkhäuser (1675) der Stadt wird die bürgerliche Wohnkultur des letzten Jahrhunderts präsentiert. @ vro818
- 🔯 **Stadtkirche**, Am Kirchof 2, ✆ 2927. In mehreren Etappen wurde das heute neugotische Gotteshaus mit seinem Kirchturm aus Feldsteinen erbaut. Als Besonderheit gelten zum einen das alte Taufbecken aus dem 16. Jh. und zum anderen die 1983 eingebaute Kirchenorgel, auf der regelmäßig bekannte Kirchenmusiker Konzerte geben.
- 🔥 **Kunstturm**, Nödenstr. 9, ⊙ Sa 15-17 Uhr, So 11-13 und 15-17 Uhr. Der ehemalige Feuerwehrturm, rund 24 m hoch, wurde 1997

Rotenburg (Wümme), Fußgängerzone

Rotenburg (Wümme)

renoviert und zu einer Galerie umgewidmet. Auf mehreren Ebenen finden nun wechselnde Ausstellungen statt. @ rji424

Geistereiche, In der Ahe. Die sagenumwobene, mehr als 700 Jahre alte Eiche überlebte Blitz und Feuer und ist beliebter Treffpunkt für Alt und Jung.

Weichelsee, Bremer Str.

Erlebnisbad Ronolulu, Nödenstr. 9, ☎ 67570. Mit Sauna und Wellnessangeboten. @ var562

Begonnen hat die Geschichte der Stadt 1195 mit dem Bau der namensgebenden „Rodeborg", die vom Verdener Bischof Rodolf I. aus roten Backsteinen errichtet worden war. Im 17. Jahrhundert wurde die Burg zu einer Festungsanlage ausgebaut, die

in mehreren Kriegen zur Verteidigung der Stadt diente, später als Verwaltungszentrum diente. Im 19. Jahrhundert verfiel die inzwischen nicht mehr genutzte Anlage. Nachdem Rotenburg den Stadtstatus erhalten hatte, wurden die alten Bauten abgerissen und ein neues Amts- und Gerichtsgebäude errichtet.

Die Siedlung rund um die Rotenburg entwickelte sich nur langsam, erste Bürgermeister und Zolleinnehmer wurden erstmals im 15. Jahrhundert erwähnt. Ein wichtiger wirtschaftlicher Aufschwung kam unter napoleonischer Herrschaft durch den Bau der Straße Harburg-Bremen und dem anschließenden Eisenbahnbau.